A CONSTRUÇÃO JURÍDICA
DO SISTEMA ÚNICO DE
ASSISTÊNCIA SOCIAL

ISABELA RUIZ

Prefácio
Maria Paula Dallari Bucci

A CONSTRUÇÃO JURÍDICA DO SISTEMA ÚNICO DE ASSISTÊNCIA SOCIAL

9

Belo Horizonte

2023

COLEÇÃO FÓRUM
DIREITO
E POLÍTICAS
PÚBLICAS

© 2023 Editora Fórum Ltda.

É proibida a reprodução total ou parcial desta obra, por qualquer meio eletrônico, inclusive por processos xerográficos, sem autorização expressa do Editor.

Conselho Editorial

Adilson Abreu Dallari	Floriano de Azevedo Marques Neto
Alécia Paolucci Nogueira Bicalho	Gustavo Justino de Oliveira
Alexandre Coutinho Pagliarini	Inês Virgínia Prado Soares
André Ramos Tavares	Jorge Ulisses Jacoby Fernandes
Carlos Ayres Britto	Juarez Freitas
Carlos Mário da Silva Velloso	Luciano Ferraz
Cármen Lúcia Antunes Rocha	Lúcio Delfino
Cesar Augusto Guimarães Pereira	Marcia Carla Pereira Ribeiro
Clovis Beznos	Márcio Cammarosano
Cristiana Fortini	Marcos Ehrhardt Jr.
Dinorá Adelaide Musetti Grotti	Maria Sylvia Zanella Di Pietro
Diogo de Figueiredo Moreira Neto (*in memoriam*)	Ney José de Freitas
Egon Bockmann Moreira	Oswaldo Othon de Pontes Saraiva Filho
Emerson Gabardo	Paulo Modesto
Fabrício Motta	Romeu Felipe Bacellar Filho
Fernando Rossi	Sérgio Guerra
Flávio Henrique Unes Pereira	Walber de Moura Agra

FÓRUM
CONHECIMENTO JURÍDICO

Luís Cláudio Rodrigues Ferreira
Presidente e Editor

Coordenação editorial: Leonardo Eustáquio Siqueira Araújo
Aline Sobreira de Oliveira

Rua Paulo Ribeiro Bastos, 211 – Jardim Atlântico – CEP 31710-430
Belo Horizonte – Minas Gerais – Tel.: (31) 99412.0131
www.editoraforum.com.br – editoraforum@editoraforum.com.br

Técnica. Empenho. Zelo. Esses foram alguns dos cuidados aplicados na edição desta obra. No entanto, podem ocorrer erros de impressão, digitação ou mesmo restar alguma dúvida conceitual. Caso se constate algo assim, solicitamos a gentileza de nos comunicar através do *e-mail* editorial@editoraforum.com.br para que possamos esclarecer, no que couber. A sua contribuição é muito importante para mantermos a excelência editorial. A Editora Fórum agradece a sua contribuição.

Dados Internacionais de Catalogação na Publicação (CIP) de acordo com ISBD

R934c	Ruiz, Isabela A construção jurídica do Sistema Único de Assistência Social / Isabela Ruiz. Belo Horizonte: Fórum, 2023. (Coleção Fórum Direito e Políticas Públicas, 9). 296 p. 14,5x21,5cm ISBN 978-65-5518-602-4 1. Políticas públicas. 2. Assistência social. 3. institucionalidade jurídica. 4. Sistema Único de Assistência Social. 5. Desenho jurídico-institucional. 6. Desmonte. 7. Retrocesso. 8. Reconstrução. I. Título. CDD: 342 CDU: 342

Ficha catalográfica elaborada por Lissandra Ruas Lima – CRB/6 – 2851

Informação bibliográfica deste livro, conforme a NBR 6023:2018 da Associação Brasileira de Normas Técnicas (ABNT):

RUIZ, Isabela. *A construção jurídica do Sistema Único de Assistência Social*. Belo Horizonte: Fórum, 2023. 296 p. ISBN 978-65-5518-602-4. (Coleção Fórum Direito e Políticas Públicas, 9).

Aos meus pais, Edison e Eliana, com amor.

AGRADECIMENTOS

Este livro é a publicação da versão revisada da dissertação de mestrado intitulada "Institucionalidade jurídica e retrocesso nas políticas públicas: uma análise do Sistema Único de Assistência Social", defendida por mim em dezembro de 2021, na Faculdade de Direito da Universidade de São Paulo. As alterações pontuais em relação ao texto original foram feitas em atenção às valiosas contribuições recebidas na sessão de defesa da dissertação, da banca examinadora presidida por minha orientadora, Maria Paula Dallari Bucci, e composta pelas professoras Carolina Stuchi, Gabriela Lotta e Renata Bichir.

Agradeço à Faculdade de Direito da Universidade de São Paulo pela oportunidade de realização do mestrado e pela infraestrutura necessária à realização da pesquisa. Aos professores da Universidade de São Paulo, com os quais tive o privilégio de estudar, agradeço por todo o aprendizado. Às professoras que integraram a banca examinadora, tanto no exame de qualificação quanto na defesa, expresso meus agradecimentos pelas relevantes e acuradas observações que nortearam a revisão do trabalho e pelo incentivo à continuidade da pesquisa.

De modo muito especial, agradeço à Maria Paula Dallari Bucci, minha orientadora visionária que me estimulou a pensar sobre as questões do desmonte e da reconstrução das políticas públicas, pouco antes desses temas entrarem de maneira definitiva na agenda política e na pauta das discussões acadêmicas. A ela agradeço pela generosidade em todas as sugestões feitas à minha pesquisa, por me inspirar a refletir com rigor metodológico sobre a relação entre o Direito e a política e pelo incentivo à publicação desta obra.

Aos colegas e amigos do programa de pós-graduação sou grata por terem me ensinado tanto com suas próprias pesquisas. A todos os colegas, professores e amigos do grupo de pesquisa Estado, Direito e Políticas Públicas, agradeço pelo espaço privilegiado de trocas, discussões e de construção de conhecimento.

Aos meus pais, Edison e Eliana, e aos meus avós, Carlos e Theresa (em memória), sou grata por todo o carinho e cuidado. Ao Diogo agradeço pelo amor e pelo companheirismo.

SUMÁRIO

APRESENTAÇÃO DA COLEÇÃO
Maria Paula Dallari Bucci 13

PREFÁCIO
Maria Paula Dallari Bucci 15

INTRODUÇÃO 19
Problema de pesquisa 22
Método e estruturação do trabalho 23

CAPÍTULO 1
FUNDAMENTOS TEÓRICOS E METODOLÓGICOS DA PESQUISA:
ESTADO, DIREITO E INSTITUCIONALISMO 27
1.1   O Estado social brasileiro 28
1.2   O Direito no Estado social 37
1.3   A perspectiva do institucionalismo 47

CAPÍTULO 2
O HISTÓRICO DA ASSISTÊNCIA SOCIAL NO BRASIL 65
2.1   O legado de caridade e filantropia nas práticas assistenciais 66
2.2   A proteção social de caráter corporativo na Era Vargas
      (1930-1945) 68
2.3   Isenções e subvenções no período democrático (1946-1964) 73
2.4   A assistência por convênios do regime militar (1964-1985) 74
2.5   O direito social à assistência na Nova República (pós-1988) 77
2.6   A política pública institucionalizada (2003-2014) 83
2.7   As investidas contra a proteção social (2016-2020) 88

CAPÍTULO 3
O ARRANJO JURÍDICO-INSTITUCIONAL DA POLÍTICA PÚBLICA DE ASSISTÊNCIA SOCIAL 95

3.1	Método de análise jurídica: o quadro de referência de uma política pública	95
3.2	Aplicação do método para análise do SUAS	98
3.2.1	Nome oficial do programa de ação	98
3.2.2	Gestão governamental	98
3.2.3	Base normativa	99
3.2.4	Desenho jurídico-institucional	106
3.2.5	Agentes governamentais	115
3.2.6	Agentes não governamentais	118
3.2.7	Mecanismos jurídicos de articulação	120
3.2.8	Escala e público-alvo	124
3.2.9	Dimensão econômico-financeira do programa	126
3.2.10	Estratégia de implantação	129
3.2.11	Funcionamento efetivo do programa	132
3.2.12	Aspectos críticos do desenho jurídico-institucional	134

CAPÍTULO 4
OS ELEMENTOS DE INSTITUCIONALIDADE JURÍDICA DO SUAS ... 137

4.1	O órgão gestor da política pública	138
4.2	Unidades públicas e ações socioassistenciais: organização e conteúdo das provisões do SUAS	149
4.2.1	Serviços socioassistenciais	151
4.2.2	Benefício de Prestação Continuada (BPC)	159
4.2.3	Programa Bolsa Família (PBF)	164
4.2.4	Benefícios eventuais	170
4.3	Participação e controle social: os conselhos e as conferências de assistência social	173
4.4	Financiamento: os fundos de assistência social e a dinâmica de transferência de recursos federais	184
4.4.1	O Índice de Gestão Descentralizada do Programa Bolsa Família (IGD-PBF)	190
4.4.2	O Índice de Gestão Descentralizada do Sistema Único de Assistência Social (IGDSUAS)	192
4.5	Articulação interfederativa: as comissões intergestores e os pactos de aprimoramento da gestão	195

4.6 Instrumentos de política pública: o Cadastro Único e o Censo SUAS 205
4.6.1 O Cadastro Único para Programas Sociais do governo federal.. 205
4.6.2 O Censo SUAS 209

CAPÍTULO 5
O DESAFIO DA INSTITUCIONALIDADE JURÍDICA DE UMA POLÍTICA PÚBLICA 213

5.1 Reconfiguração política e pandemia: os efeitos do novo contexto na proteção social 214
5.1.1 As adaptações das ofertas do SUAS ao contexto pandêmico 218
5.1.2 O atendimento remoto excepcional para a coleta de dados do Cadastro Único 222
5.1.3 A implantação do Serviço de Proteção em Situações de Calamidades Públicas e de Emergências 225
5.1.4 Oportunidade para regulação dos benefícios eventuais 227
5.1.5 Uma medida excepcional de proteção social: o auxílio emergencial 230
5.1.6 As medidas desestruturantes do SUAS 239
5.2 O que é retrocesso para uma política pública? 247

CAPÍTULO 6
UM QUADRO ANALÍTICO PARA O ESTUDO JURÍDICO DO DESMONTE DE UMA POLÍTICA PÚBLICA 255

6.1 Dimensão organizacional 258
6.2 Dimensão substantiva 261
6.3 Dimensão participativa 262
6.4 Dimensão financeira 264
6.5 Dimensão de articulação 266
6.6 Dimensão instrumental 267
6.7 Construção, desconstrução e reconstrução de institucionalidade jurídica 268

CONCLUSÃO 271

REFERÊNCIAS 279

APRESENTAÇÃO DA COLEÇÃO

A *Coleção Fórum Direito e Políticas Públicas* tem o objetivo de apresentar ao leitor trabalhos acadêmicos inovadores que aprofundem a compreensão das políticas públicas sob a perspectiva jurídica, com triplo propósito.

Em primeiro lugar, visa satisfazer o crescente interesse pelo tema, para entender os avanços produzidos sob a democracia no Brasil depois da Constituição de 1988. É inegável que as políticas públicas de educação, saúde, assistência social, habitação, mobilidade urbana, entre outras estudadas nos trabalhos que compõem a coleção, construídas ao longo de várias gestões governamentais, mudaram o patamar da cidadania no país. Certamente, elas carecem de muitos aperfeiçoamentos, como alcançar a população excluída, melhorar a qualidade dos serviços e a eficiência do gasto público, assegurar a estabilidade do financiamento e, no que diz respeito à área do Direito, produzir arranjos jurídico-institucionais mais consistentes e menos suscetíveis à judicialização desenfreada. O desmantelamento produzido pela escalada autoritária iniciada em meados dos anos 2010, no entanto, explica-se não pelas deficiências dessas políticas e sim pelos seus méritos – não tolerados pelo movimento reacionário. Compreender a estrutura e a dinâmica jurídica das políticas públicas, bem como a legitimação social que vem da participação na sua construção e dos resultados, constitui trabalho importante para a credibilidade da reconstrução democrática.

O segundo objetivo da coleção é contribuir para o desenvolvimento teórico sobre as relações entre Direito e Políticas Públicas. Publicando trabalhos oriundos de teses e dissertações de pós-graduação, constitui-se um acervo de análises objetivas de programas de ação governamental, suas características recorrentes e seus processos e institucionalidade jurídicos. Neles estão documentados os impasses inerentes aos problemas públicos de escala ampla, e estudadas algumas soluções ao mesmo tempo jurídicas e políticas, presentes em práticas de coordenação e articulação, seja na alternância de governo, nas relações federativas, ou na atuação intersetorial. Assim, sem perder a multidisciplinaridade característica dessa abordagem, valendo-se da bibliografia jurídica em cotejo com a literatura especializada, publica-se material de pesquisa empírica (não quantitativa) da qual se extraem os conceitos e relações que numa organização sistemática dão base para a teorização jurídica da abordagem Direito e Políticas Públicas. Com essa preocupação, a coleção também publicará trabalhos de alguns dos raros autores estrangeiros com obras específicas na área.

Finalmente, o terceiro objetivo da coleção é contribuir para a renovação teórica do direito público brasileiro, fomentando o desenvolvimento de uma tecnologia da ação governamental democrática, engenharia jurídico-institucional para o avanço da cidadania do Brasil. Isso permitirá ampliar a escala de experiências bem-sucedidas, inspirar melhores desenhos institucionais pela comparação com experiências similares, além de avançar na cultura da avaliação, agora positivada na Constituição Federal.

São Paulo, 22 de agosto de 2022.

Maria Paula Dallari Bucci
Professora da Faculdade de Direito da Universidade de São Paulo. Coordenadora da *Coleção Fórum Direito e Políticas Públicas*.

PREFÁCIO

Isabela Ruiz chegou à Faculdade de Direito da Universidade, com a modéstia que lhe é característica, e pediu autorização para acompanhar a disciplina de graduação *Direito e Políticas Públicas*. A partir daí, como uma prévia daquilo que viria a ser o tema deste livro, veio institucionalizando uma presença acadêmica cada vez mais importante, como pós-graduanda, depois como pesquisadora madura e, nos intervalos, como representante discente do MovimentA, grupo de mulheres ativistas acadêmicas pela inovação intelectual humanizada.

Com dupla formação, em Ciências Sociais e Direito, Isabela Ruiz tem uma percepção singular sobre o fenômeno multidisciplinar, que demonstrou ao propor o *Quadro de Problemas de Políticas Públicas*, que publicamos em coautoria* e caiu no gosto do público como ferramenta analítica para reduzir a complexidade das políticas públicas – pelo ângulo jurídico, mas não só por ele.

Este livro, que teve origem em sua dissertação de mestrado, traz importantes contribuições para a abordagem Direito e Políticas Públicas. Cada capítulo é uma referência. Inicialmente, examina-se o Estado social brasileiro e o então novo direito subjacente ao compromisso da Constituição de 1988. Compreender as condições em que essa construção foi feita é muito importante na retomada do processo democrático; os aprendizados políticos, técnicos e jurídicos das políticas públicas são a base que pode sustentá-la.

Sob a perspectiva do institucionalismo, tanto o institucionalismo clássico da formação do Direito Público como a vertente contemporânea do neoinstitucionalismo histórico, toma-se a institucionalidade como elemento central da contribuição do Direito para as políticas públicas. Ela explica a capacidade de permanência de uma política para além do momento em que o impulso de sua criação ainda está vivo com a presença do seu criador, seja ele uma pessoa ou uma força política. A

---

* RUIZ, Isabela; BUCCI, Maria Paula Dallari Quadro de Problemas de Políticas Públicas: uma ferramenta para análise jurídico-institucional. *REI – Revista Estudos Institucionais*, 5(3), p. 1142-1167, 2019. https://doi.org/10.21783/rei.v5i3.443.

organização jurídica capaz de amalgamar esse impulso político em regras que alcancem funcionalidade e legitimidade é a premissa de um sistema institucionalizado.

O livro passa a testar essa premissa ao organizar a análise da política pública de assistência social como objeto. O histórico da evolução desse direito no Brasil é apresentado numa cronologia inteligente, recortada – como não poderia deixar de ser – segundo as viradas políticas e a alternância das forças dominantes. Cada período tem marcas próprias na realização da assistência, como a caridade e a filantropia no início do século XX, que cedem lugar ao caráter corporativo da proteção no período varguista e à multiplicação de instrumentos posterior, como as isenções e subvenções e, mais tarde, os convênios do regime militar. Com esse legado, a assistência social custará a se firmar como direito sob a Constituição de 1988. Alcançar o *status* de sistema institucionalizado em lei tomará mais quase uma década, a partir do primeiro governo Lula. Mas, conforme o livro demonstra, essa institucionalização passa pelo teste da sucessão de governos, resistindo mesmo no período autoritário posterior a 2016.

O arranjo jurídico-institucional do Sistema Único de Assistência Social (SUAS) é apresentado de maneira sistemática, estruturando-se os elementos que documentam e explicam essa resiliência. Seu objeto são as unidades e ações socioassistenciais que organizam as provisões materiais: serviços socioassistenciais, Benefício de Prestação Continuada (BPC), Programa Bolsa Família (PBF) e benefícios eventuais. O processo de decisão é bem estruturado e atua ao longo da implementação da política, compondo-se de um órgão gestor, articulação interfederativa – comissões intergestores orientadas por pactos de aprimoramento da gestão – e participação e controle social, na forma de conselhos e conferências. O aspecto do financiamento, fundamental para a institucionalização da política, neste caso é integrado pelos fundos de assistência social, havendo uma dinâmica bem estabelecida de transferência de recursos federais. Completam esse quadro os Índices de Gestão Descentralizada do Programa Bolsa Família (IGD-PBF) e do Sistema Único de Assistência Social (IGD-SUAS), além dos instrumentos do Cadastro Único e do Censo SUAS.

Pavimentado o caminho com essa estrutura sólida, os capítulos finais do livro trazem a sua contribuição original. Tendo em mente o processo de institucionalização, procura-se validar esse pressuposto teórico e empírico, submetendo-o ao crivo do retrocesso da política pública ocorrido no período autoritário de Jair Bolsonaro, quando a política de assistência passa a ser submetida a um tratamento incongruente. De um lado, sua aparente valorização, com o aumento do montante dos benefícios, a sugerir a mesquinhez dos governos anteriores. De outro lado, o desmantelamento das práticas de gestão, tanto as organizativas do sistema quanto as que regulam a relação direta com os beneficiários, a reintroduzir o caráter clientelista que caracterizava as políticas no passado. Sob a aparente modernização dos aplicativos para o pagamento do auxílio emergencial, ocultou-se o reforço à marginalização dos excluídos digitais, propícia à volta do paternalismo. Com isso, aqueles que haviam se fortalecido como cidadãos ao adquirir consciência de seus direitos expõem-se ao rebaixamento típico de quem recebe favores do poder público.

No capítulo final, Isabela exercita o refinamento de sua capacidade analítica ao apresentar o *Quadro analítico para o estudo jurídico do desmonte de uma política pública,* em seis dimensões: organizacional, substantiva, participativa, financeira, de articulação e instrumental. Esse precioso referencial epistêmico se presta a avaliar não apenas a desconstrução, mas também a construção e a reconstrução da institucionalidade dessa mesma política pública.

Investigar a sua sustentabilidade, tomando por base as variáveis que explicam a resiliência do arranjo jurídico-institucional, isto é, sua capacidade de sobreviver a câmbios políticos e sociais profundos, mantendo seus traços fundamentais, permite entender a contribuição específica do elemento jurídico para a compreensão das políticas públicas, como afirma a conclusão do livro.

> (...) o Direito confere estabilidade ao acordo dos atores, garante que a decisão seja vinculante e não facultativa – o que é especialmente importante no contexto federativo, em que os entes federados são dotados de autonomia e, ainda, em contextos políticos instáveis, que sinalizam possibilidades de mudança nas prioridades da agenda política.
> Verificou-se que a institucionalidade, ainda que acordada entre diversos atores públicos e privados, quando materializada por normas jurídicas, reveste-se de imperatividade. E essa imperatividade é maior ou menor a depender do tipo de norma que concretiza o acordo entre os atores: algumas com maior força cogente, outras mais flexíveis, abrindo maior ou menor espaço para os agentes políticos realizarem modificações e adaptações do desenho da política a novos contextos.

Desse modo, evidencia-se o elemento jurídico como componente fundamental para a compreensão da estrutura e do funcionamento da política pública, de sua estabilidade e resiliência, uma vez que é a conformação normativa que nos permite vislumbrar os detalhes de operacionalização dos incentivos, dos instrumentos e dos arranjos institucionais que possibilitam o planejamento e a implementação da política pública. Mas mais do que isso, é o elemento jurídico que permite compreender o grau de institucionalização de uma política pública, na medida em que a escolha política por determinado arranjo normativo também é reveladora da intencionalidade de permanência de determinado desenho jurídico-institucional.

Num campo epistêmico multidimensional e multidisciplinar como é o "campo de públicas", em que outras áreas do conhecimento podem ter melhores recursos analíticos para explicar o apoio político ou a previsibilidade de financiamento, o papel do Direito não pode ser negligenciado como fator explicativo da organização, da funcionalidade e da legitimação de uma política pública.

Todas essas percepções nos vêm da leitura do importante trabalho de Isabela Ruiz, para a qual convidamos todos os interessados na construção de um Estado social verdadeiramente inclusivo no Brasil.

São Paulo, 11 de julho de 2023.

Maria Paula Dallari Bucci
Professora da Faculdade de Direito da Universidade de São Paulo

INTRODUÇÃO

Este estudo, realizado entre 2018 e 2021, procurou documentar o processo de construção do arranjo jurídico-institucional da política pública de assistência social no Brasil, que culminou na organização da provisão sob a forma de um sistema descentralizado e participativo, o Sistema Único de Assistência Social (SUAS).

Desenvolvida a partir da abordagem Direito e Políticas Públicas (DPP), a pesquisa buscou compreender a estruturação jurídica da política de assistência social, considerando o contexto político-institucional desse processo. O trabalho realizou uma análise da estrutura normativa do SUAS, desenhada no período compreendido entre 2003 e 2014, e identificou as alterações realizadas no período subsequente, tendo em vista que a agenda governamental de contenção de gastos sociais e de reformas na estrutura da seguridade social, iniciada em meados de 2015 e intensificada no período de 2016 a 2020, alterou significativamente a conjuntura política na qual se estruturou a forma de organização dessa política de proteção social.

O objetivo da pesquisa era verificar o potencial do arranjo jurídico-institucional de uma política pública de conferir estabilidade às ações coordenadas pelo Estado para a provisão de serviços e benefícios que materializam o acesso e a garantia a um direito social. A intenção era iluminar o papel do elemento jurídico na construção da política pública, por meio da identificação da sequência de normas e dos tipos de normas que materializaram as principais decisões acerca do funcionamento do desenho institucional do SUAS ao longo dos últimos anos.

A construção do SUAS, nos governos Lula (2003-2010) e Dilma (2011-2014), reforçou a perspectiva constitucional de responsabilização estatal pela política de assistência social, organizou a oferta de ações socioassistenciais em equipamentos públicos e fortaleceu a concessão de benefícios para a garantia de renda, com a consolidação do BPC e a estruturação do Programa Bolsa Família (PBF).

A ampliação da oferta pública de benefícios e serviços se deu em razão da estruturação do SUAS, com fortalecimento dos arranjos jurídico-institucionais de operacionalização da política e maior regulamentação das entidades privadas de assistência social. A estruturação do SUAS foi possível, em grande medida, pela aprovação de diversos atos normativos que progressivamente foram capazes de conferir materialidade e institucionalidade à política pública, garantindo o direito à assistência social para aqueles que dela necessitam.

O pressuposto deste estudo é que a permanência de uma política pública depende de sustentação política e de sustentação jurídica. Considerando-se que o sustentáculo político, no caso da assistência social, encontra limitações (na medida em que a clientela das ações socioassistenciais é formada majoritariamente por pessoas em situação de vulnerabilidade e risco social, sem acesso aos centros de poder), o caso do SUAS mostra-se bastante apropriado para um estudo mais aprofundado acerca da sustentação jurídica de uma política pública.

Nesse sentido, o presente estudo procurou demonstrar que a transferência de recursos e de responsabilidade pela gestão das unidades e das ações socioassistenciais para os níveis municipal, distrital e estadual permitiu a estruturação de capacidades estatais, a criação de burocracias e clientelas locais, o fortalecimento dos níveis subnacionais e a ampliação do acesso da população às provisões da política. Acordada pelos principais atores envolvidos no planejamento e na provisão da política e consolidada em normas jurídicas, essa institucionalidade tendeu, como será sustentado ao longo deste trabalho, a reduzir as possibilidades de alteração unilateral do desenho da política por parte do governo federal.

Apesar dos significativos avanços observados na ampliação da oferta e na previsibilidade das ações da política pública, desde a constitucionalização do direito à assistência social até a implementação do SUAS, as mudanças no cenário político brasileiro entre 2015 e 2020 colocaram novos desafios para a continuidade da oferta e manutenção da cobertura das ações socioassistenciais. A partir de 2014, o Brasil passou a sentir de maneira mais severa os efeitos da crise econômica que abalou o capitalismo global em meados de 2008. A isso, somou-se a profunda crise política que eclodiu a partir das manifestações de junho de 2013, se aprofundou com a disputa presidencial de 2014 e culminou no *impeachment* de Dilma Rousseff em 2016. E, em 2020, a pandemia de covid-19 acrescentou o elemento da crise sanitária ao já conturbado contexto político e econômico brasileiro.

A pauta do ajuste fiscal e das reformas tomou a agenda pública a partir de meados de 2015, com o contingenciamento de recursos nas despesas não obrigatórias e o avanço dos constrangimentos orçamentários e financeiros ao investimento público. No governo Temer (2016-2018) foram aprovadas a reforma trabalhista e o Novo Regime Fiscal, medidas que implicaram uma redução da proteção social. Com a eleição de Jair Bolsonaro, o debate público foi tomado pelo tema da revisão de direitos e do desmantelamento, parcial, mas progressivo, dos arranjos institucionais de políticas públicas – sinalizando a desconstrução da institucionalidade que havia sido arquitetada a partir da Constituição de 1988. Isso gerou instabilidade política e imprevisibilidade financeira no sistema de seguridade social brasileiro, apontando para um cenário de retrocesso na provisão de proteção social construída de forma incremental na Nova República.

Diante desse cenário, a pesquisa se debruçou sobre o tema da sustentabilidade da política pública, considerando, para além do apoio político e da previsibilidade de financiamento, a resiliência do arranjo jurídico-institucional, isto é, sua capacidade de atravessar diferentes gestões políticas sem que seus traços fundamentais sofram alteração. Para tanto, o estudo destacou, por um lado, o grau de coercitividade e imperatividade dos diferentes tipos de normas que estruturam o arranjo jurídico-institucional e, por outro, o caráter impositivo ou reflexivo do tipo de Direito que conforma a política pública, a partir da arena de discussão e aprovação da norma. O objetivo final dessa discussão é abordar a estabilidade do desenho jurídico em face dos câmbios políticos do quinquênio 2016-2020.

Cumpre ressaltar que as normas que regulam determinadas ações socioassistenciais estão em constante mudança. A pesquisa não abrangeu muitas das alterações ocorridas principalmente nos programas de transferência de renda no período posterior a 2020. Por esse motivo, foram incluídas notas de rodapé ao texto para demarcar as mudanças normativas mais relevantes ocorridas entre a data da defesa da dissertação e a publicação desta obra, que não poderiam deixar de ser mencionadas.

Problema de pesquisa

Esta pesquisa foi orientada pela seguinte questão: qual a capacidade do arranjo jurídico-institucional de conferir estabilidade a um determinado desenho de política pública, de modo a evitar retrocessos na provisão de serviços e benefícios?

Para responder a essa questão, a investigação também buscou responder questões intermediárias: quais normas estruturam o desenho jurídico-institucional do Sistema Único de Assistência Social, quais as características dessas normas e em que contexto político elas foram elaboradas? Quais normas podem ser identificadas como desestruturantes do SUAS, sobre quais aspectos da política elas incidem e qual o contexto político de edição dessas normas desestruturantes? Em que medida as normas jurídicas que conformam uma política pública são instrumentos suficientes e eficazes para conferir estabilidade ao desenho jurídico-institucional de um programa de ação governamental? Qual a capacidade do desenho jurídico-institucional de frear os retrocessos numa política pública e que elementos desse desenho são demonstrativos da sustentabilidade de uma política pública?

Adotou-se como *premissa* que os instrumentos normativos (leis, decretos, portarias, resoluções, normas operacionais), uma vez aprovados em suas respectivas arenas de discussão, em observância a procedimentos juridicamente regulados, materializam decisões importantes e impõem aos agentes governamentais e não governamentais envolvidos no planejamento e execução da política regras e procedimentos que representam o resultado de um conflito político até certo ponto superado no processo de aprovação da norma.[1] A partir da norma posta, e ao longo de um processo contínuo de estruturação de um determinado desenho jurídico-institucional para o funcionamento da política pública, pressupõe-se que haja o desenvolvimento de uma institucionalidade que se torna paulatinamente mais estável e menos suscetível de desmantelamento por parte de medidas unilaterais de uma gestão governamental.

Presume-se que as mudanças em políticas bem institucionalizadas, por acarretarem altos custos de transição, tendem a ser mais

---

[1] "[A] decisão [política], expressada em geral por meio de uma formulação jurídica, representa a cristalização de um momento no estado da relação de forças entre os distintos atores que intervêm no processo de definição das regras do jogo" da regulação estatal (ROTH, 2007, p. 19 *apud* COUTINHO, 2013b, p. 200).

incrementais do que abruptas. Nesse sentido, a *hipótese* deste estudo é de que a institucionalidade, materializada pelo Direito, seja responsável por garantir relativa sustentabilidade para uma política pública em face dos câmbios políticos no governo, freando eventuais retrocessos.

Método e estruturação do trabalho

Para responder às perguntas de pesquisa, adotou-se como objeto a política pública de assistência social, uma política de proteção social não contributiva, de abrangência nacional, organizada sob a forma de sistema.

A Constituição Federal de 1988 reconheceu a assistência social como direito, estabeleceu as diretrizes de descentralização e participação para a organização das ações socioassistenciais, mas não constitucionalizou um sistema de assistência social. Além disso, não determinou a vinculação constitucional de recursos, deixando a priorização do financiamento das ações socioassistenciais a cargo das gestões governamentais.

A estruturação normativa da política foi elaborada na perspectiva de rompimento com um legado histórico de ações fragmentadas, promovidas de maneira desarticulada entre os diferentes entes federados e instituições filantrópicas. A construção de um novo desenho jurídico-institucional para a política, visando à universalização do acesso coincide, portanto, com a Nova República. Nesse novo desenho jurídico, previu-se o compartilhamento da execução e do financiamento entre os três níveis de governo e a participação de organizações da sociedade civil na provisão, regulada pelo Estado. Essa construção foi materializada, em muitos aspectos, por normas infralegais, o que denota "fragilidade" normativa no arranjo jurídico-institucional do SUAS.

A resiliência do arranjo foi colocada à prova, especialmente a partir de 2016, com a mudança do contexto político nacional. E o objetivo deste trabalho, nesse sentido, é identificar os elementos jurídicos que lograram manter certa estabilidade na provisão da política no quinquênio 2016-2020. Os elementos jurídicos são aqui considerados como componentes da política pública que são mais abrangentes do que sua base normativa, na medida em que abarcam questões orçamentárias e de controle, rotinas e procedimentos de operacionalização – que estão sujeitos aos princípios jurídicos do Estado de Direito, mas compreendem práticas e articulações não necessariamente detalhadas em normas.

As fontes da pesquisa são essencialmente bibliográficas e documentais e o trabalho é analítico. O método de pesquisa consistiu no levantamento, análise e organização do conteúdo dos atos normativos que estruturam o SUAS, a partir da utilização do quadro de referência de uma política pública (BUCCI, 2016). Para mapear e compreender o sentido sistemático dessas normas, foram consultados os cadernos de orientações e manuais produzidos pelo órgão gestor federal. A interpretação do conjunto normativo também considerou as análises constantes na literatura especializada na política pública de assistência social, bem como as interpretações de atores que atuaram na concepção e implementação do SUAS, captadas por meio de material audiovisual disponível na internet (como cursos, palestras, *lives* e reuniões organizados ou transmitidos pela Rede SUAS, pelo CONGEMAS, pelo CNAS e pela Frente Nacional em Defesa do SUAS e da Seguridade Social). Para obter acesso ao conteúdo dos pareceres da AGU citados em resoluções do CNAS e em documentos do Ministério, foi necessário recorrer à Lei de Acesso à Informação, via plataforma Fala.BR. Para elencar as alterações normativas adotadas em razão da situação de emergência e calamidade pública decorrentes da pandemia, foram consultadas as Notas Técnicas emitidas pelo órgão gestor federal.

A investigação se situa no campo da Teoria do Estado e aborda a relação entre o Direito e a política na análise de uma política pública. Para a análise do elemento jurídico, adotou-se a abordagem Direito e Políticas Públicas, que foca seu viés analítico nos arranjos jurídico-institucionais que determinam os procedimentos e rotinas que conformam a ação governamental, sem perder de vista o contexto político-institucional. Para a análise do elemento político, o estudo se beneficiou de conceitos e abordagens da Ciência Política e do Campo de Públicas, constituindo-se, dessa forma, em um trabalho de caráter multidisciplinar.

A hipótese de pesquisa foi verificada por meio da análise dos tipos de normas e da sequência de normas no tempo, como fator explicativo. Foram utilizados os conceitos de instrumentos de política pública e de capacidades estatais numa perspectiva institucionalista histórica. As capacidades estatais, que se referem às burocracias com missão de interpretar e implementar não apenas as normas, mas os objetivos da política pública, permitiram uma compreensão mais abrangente do que a mera análise do aspecto formal relacionado às normas.

Utilizou-se a noção de arranjo jurídico-institucional para a descrição da estruturação da política pública e o conceito de Direito Social para uma discussão do papel do elemento jurídico na consolidação da institucionalidade da ação governamental, a partir de uma revisão da literatura pertinente.

Esse livro se divide em seis capítulos, subsequentes a essa introdução. O primeiro capítulo apresenta reflexões sobre a construção e o conteúdo do Estado social no Brasil, com base na literatura que trata das características dos Estados de bem-estar social. Identifica as políticas públicas como modo de operacionalização do Estado social e apresenta uma discussão sobre os atributos do Direito das políticas públicas, que introduzem uma nova forma de racionalidade jurídica, fundamentada no enfoque prestacional do Estado. Em seguida, apresenta os pressupostos teóricos e metodológicos da pesquisa, sob a perspectiva do institucionalismo jurídico e do neoinstitucionalismo histórico.

O segundo capítulo traça um histórico da assistência social no Brasil. Recupera o legado de caridade e filantropia nas práticas assistenciais, observado desde o período colonial. Aborda o caráter corporativo da proteção social instituída na Era Vargas, a ampliação do financiamento público das ações assistenciais privadas (por meio de subvenções e isenções tributárias) e o processo incremental de ampliação do Estado social brasileiro no regime militar. Identifica a Constituição Federal de 1988 como marco inicial de um processo de universalização da proteção social no país, que reconhece a assistência social como direito de seguridade social não contributiva. Reconstrói o processo de estruturação normativa da política pública de assistência social na Nova República, com ênfase no período de construção institucional do Sistema Único de Assistência Social, entre 2003 e 2014. E, por fim, elenca as investidas contra a proteção social no período compreendido entre 2015 e 2020.

O terceiro capítulo apresenta o arranjo jurídico-institucional da política pública de assistência social, a partir das normas que estruturam o Sistema Único de Assistência Social. Para tanto, utiliza-se o *quadro de referência de uma política pública* (BUCCI, 2016), ferramenta metodológica que viabilizou a identificação, análise e organização do conjunto de regras jurídicas que conformam o desenho institucional do SUAS.

No quarto capítulo, são identificados os elementos de institucionalidade jurídica do SUAS, que determinam a capacidade do Estado brasileiro de implementar a política pública de assistência social. São eles: os órgãos gestores das ações socioassistenciais, o conteúdo e a estrutura de provisão da política pública (as ações socioassistenciais e os equipamentos públicos), as instâncias de participação e controle social (conselhos e conferências de assistência social), as regras de financiamento da política (por meio dos fundos de assistência social e da dinâmica de transferência de recursos federais), as instâncias de articulação interfederativa (comissões intergestores bi e tripartite) e os instrumentos de implementação das ações da política (o Cadastro Único para Programas Sociais e o Censo SUAS).

No quinto capítulo, discute-se o desafio da institucionalidade jurídica de uma política pública, a partir da transformação do contexto político. Para tanto, são elencadas as transformações jurídicas ocorridas na política pública de assistência social no contexto de crise econômica, política e social iniciado com o *impeachment* da presidenta Dilma Roussef, em 2016, e agravada pela pandemia de covid-19, em 2020. O capítulo apresenta os efeitos dessa conjuntura sobre a estrutura do SUAS, com ênfase nas alterações da política observadas no quinquênio 2016-2020. Por fim, apresenta-se uma discussão acerca do conceito jurídico de retrocesso, identificando-se em que circunstâncias esse termo pode ser aplicado às políticas públicas.

No sexto capítulo, a partir dos achados dos capítulos anteriores, sugere-se um quadro analítico para o estudo jurídico do desmonte de uma política pública. O quadro procura sistematizar os elementos de institucionalidade do SUAS, identificados no quarto capítulo, categorizando-os em seis dimensões: organizacional, substantiva, participativa, financeira, de articulação e instrumental. O quadro tem como objetivo fornecer subsídios para a identificação de diferentes dimensões jurídicas que podem ser consideradas para caracterizar a desestruturação de uma política pública.

Ao final, apresentam-se as conclusões da pesquisa e sugere-se a potencialidade da utilização do quadro analítico descrito no sexto capítulo para o estudo jurídico tanto da desconstrução quanto da (re)construção de uma política pública.

CAPÍTULO 1

FUNDAMENTOS TEÓRICOS E METODOLÓGICOS DA PESQUISA: ESTADO, DIREITO E INSTITUCIONALISMO

Este primeiro capítulo identifica os fundamentos teóricos e metodológicos da pesquisa, situando a investigação no campo da Teoria Geral do Estado e abordando a relação entre o Direito e a política na análise de uma política pública setorial, de abrangência nacional, organizada sob a forma de um sistema.

O objetivo do capítulo é circunscrever a análise empreendida nesta pesquisa, que identifica os elementos jurídicos de construção do Sistema Único de Assistência Social e aponta os tipos de normas e a sequência temporal de edição dessas normas como elementos explicativos para a potencial estabilidade de um determinado desenho institucional face a um contexto político mutável. Nesse sentido, procura contribuir com o campo de análise de políticas públicas, por meio de uma abordagem jurídica do tema da estabilidade das provisões públicas para garantia de um direito social.

A discussão deste capítulo está dividida em três seções. A primeira seção aborda o tema do Estado, a partir de uma caracterização do processo de construção de um Estado social no Brasil, com ênfase no conteúdo da provisão estatal, em especial na garantia dos direitos sociais. A formação do Estado social brasileiro é caracterizada a partir da noção de regimes de bem-estar social, em especial por meio dos modelos utilizados para tipificar a experiência histórica de países com desenvolvimento industrial e econômico tardio, como aqueles do contexto latino-americano, no qual se insere o Brasil. A seção busca demarcar a existência de um Estado social no Brasil, bem como elucidar o lugar da assistência social como um componente da oferta de proteção social do Estado brasileiro, a partir da dimensão de cidadania.

Na segunda seção, são discutidos os atributos das normas que instituem as políticas públicas, uma vez que, em Estados sociais democráticos, o Direito se reveste de uma nova racionalidade, voltada para o enfoque prestacional da ação estatal. A seção descreve o Direito Social como um novo paradigma jurídico característico do Estado social, identificando-o como um Direito de transação, reflexivo, produzido conjuntamente pelo Estado e pelos demais atores envolvidos no planejamento e execução das políticas públicas, e composto por normas flexíveis e revisáveis.

Na terceira seção são apresentados os principais conceitos utilizados na pesquisa, em um diálogo entre o institucionalismo jurídico e o neoinstitucionalismo histórico. Considerando-se a sequência de eventos no tempo como fator explicativo para a estabilidade de determinado desenho jurídico-institucional, discute-se o tema da mudança e da permanência institucional, por meio das noções de institucionalidade e de capacidades estatais.

1.1 O Estado social brasileiro

O Estado de bem-estar social (*welfare state*) é entendido pela literatura como aquele que procura garantir o bem-estar básico dos seus cidadãos (ESPING-ANDERSEN, 1991, p. 98), como via de resolução da questão social.[2]

Muitos autores se dedicaram a explicar a origem e o desenvolvimento do *welfare state*, as especificidades da experiência latino-americana e do caso brasileiro e o conteúdo da proteção social. Para tanto, se valeram de estudos comparativos entre diferentes países e diferentes modelos de sistemas de proteção, o que gerou um conjunto de classificações, a partir de perspectivas analíticas diversas.

Em um esforço de organização da produção teórica sobre o *welfare state*, Marta Arretche (1995) ordenou as correntes teóricas e os argumentos analíticos do debate sobre o *welfare state*, identificando argumentos de ordem *econômica* e argumentos de ordem *política* para

---

[2] Ou seja, do risco de desintegração social em virtude das desigualdades que são provocadas pelo sistema capitalista de produção, especialmente pelo conflito entre igualdade formal e desigualdade material (CAMPANA ALABARCE, 2015, p. 28).

explicar os condicionantes da emergência e desenvolvimento do *welfare state*. A classificação da pesquisadora contribuiu para a seleção dos autores referenciados nesta seção. O presente estudo beneficiou-se particularmente das perspectivas analíticas que reconhecem os direitos, as condições políticas e as estruturas estatais como fatores causais de explicação para a emergência e desenvolvimento do *welfare state*.[3]

Dentre os trabalhos que tratam do *welfare state*, destaca-se a tipologia clássica proposta por Esping-Andersen (1991), referenciada por grande parte da literatura, que diferencia os regimes de bem-estar em *liberal, corporativista* e *social-democrata*, a partir da forma como as atividades estatais se entrelaçam com o papel do mercado e da família em termos de provisão social. Nessa tipologia, o regime *liberal* é caracterizado pelo fato de o Estado garantir apenas o mínimo e subsidiar esquemas privados de previdência, nos quais prevalece a assistência aos comprovadamente pobres, muitas vezes associada ao estigma. Esse regime liberal estaria fundado em uma solidariedade de base individual e seria caracterizado pela predominância do mercado na provisão social. No modelo *corporativista*, os direitos estariam ligados à classe e ao *status* e o impacto em termos de redistribuição seria desprezível. Esse regime corporativo estaria fundado em uma solidariedade de base familiar, em que o mercado atua de forma marginal e o Estado aposta na capacidade de cuidado das famílias. O modelo *social-democrata* adotaria o princípio do universalismo e da desmercadorização dos direitos sociais, configurando um regime fundado na solidariedade de base universal em que o Estado desempenharia o papel principal na provisão social, em relação às posições marginais do mercado e da família (ESPING-ANDERSEN, 1991, p. 109; DRAIBE, 2007, p. 34).

Esping-Andersen defendeu que uma teoria do desenvolvimento do *welfare state* deveria considerar o legado histórico da institucionalização do regime. E argumentou que uma teoria que pretendesse explicar o crescimento do *welfare state* também deveria ser capaz de entender sua redução ou declínio (ponto que interessa particularmente ao presente trabalho, como será explicitado ao longo do texto).

Os *tipos ideais* de regime, identificados por Esping-Andersen, baseavam-se na experiência histórica de países desenvolvidos (DRAIBE,

---

[3] Interessa à presente pesquisa, em especial, os autores que argumentaram que o *welfare state* seria: i) o resultado de uma ampliação progressiva de direitos, dos direitos civis aos políticos e sociais e ii) o resultado de configurações históricas particulares de estruturas estatais e instituições políticas (ARRETCHE, 1995, *passim*).

2007, p. 34) e foram diferenciados a partir de três características: i) a relação público-privada na provisão social, ii) o grau de desmercantilização dos bens e serviços sociais (ou seja, do quanto esses bens e serviços perdem seu caráter de mercadoria e passam a ser identificados como direitos sociais) e iii) seus efeitos na estratificação social.[4]

A utilização dessa tipologia demonstrou grande valor heurístico. Mas em estudos comparativos, o emprego dos regimes se mostrou insuficiente para explicar experiências de países e regiões muito distintas daquelas sobre as quais os paradigmas foram construídos, em razão de suas especificidades históricas e de seus diversos graus de desenvolvimento econômico. Assim, a literatura construiu novas categorias de regimes, mais sensíveis às peculiaridades históricas de países e regiões, como o "Estado latino-americano desenvolvimentista de bem-estar social" (ELADBES) para caracterizar os países da América Latina (DRAIBE, 2007, p. 37-43).[5]

No entanto, o modelo do ELADBES não captava as diferenças entre os diversos países da América Latina, motivo pelo qual parte da literatura se dedicou a identificar padrões de desenvolvimento social que permitissem agrupar os países da região de acordo com suas trajetórias históricas de modernização.[6]

Esse tipo de caracterização, a partir de padrões ou modelos de desenvolvimento, cumpriu um papel importante nos estudos

---

[4] Posteriormente, em resposta às diversas críticas de teóricas feministas, que apontaram a inadequada consideração do papel estruturante da família, da dimensão de gênero e da divisão sexual do trabalho na configuração dos tipos, a caracterização dos regimes de bem-estar passou a incorporar o grau de *desfamilização*, ou seja, da redução da dependência dos indivíduos em relação à família em suas análises (DRAIBE, 2007, p. 37).

[5] O modelo do ELADBES procurou identificar elementos característicos dos sistemas nacionais de proteção social nos diversos países da América Latina, para diferenciar a experiência histórica da região com relação a outras regiões do globo. Caracterizou o Estado de bem-estar da região como *desenvolvimentista*, com forte participação do Estado no desenvolvimento econômico (como grande promotor da industrialização), de viés corporativista (com prioridade de proteção aos trabalhadores inseridos no mercado formal de trabalho e benefícios destinados exclusivamente aos trabalhadores industriais e comerciais assalariados) e viés familista (referido ao homem-provedor e à mulher-cuidadora). A população rural e os trabalhadores informais ficaram à margem do sistema de proteção social, gerando significativa dívida social (DRAIBE; RIESCO, 2011, p. 240).

[6] Nesse sentido, o Estado de bem-estar brasileiro foi enquadrado em um padrão das sociedades escravistas de *plantations*, caracterizado pelo legado de baixa produtividade agrícola, pelo extermínio precoce de populações indígenas, pela grande indústria de exportação colonial (açúcar, café, borracha, minérios etc.), pela importação massiva de escravos africanos, pela presença da grande propriedade senhorial colonial e pós-colonial, pela forte incidência da imigração tardia e pela emergência tardia de repúblicas modernas (DRAIBE; RIESCO, 2011, p. 237).

comparativos dos regimes de bem-estar entre os diferentes países. Mas para o presente estudo interessa menos a posição do Brasil no contexto global de surgimento dos Estados de bem-estar e mais o conteúdo, os elementos e características que permitem qualificar o Estado brasileiro como um Estado de bem-estar social, na perspectiva de que "a magnitude do esforço implícito em políticas de bem-estar social deve ser aferida não apenas por comparações internacionais, mas, sobretudo, pela magnitude dos problemas a serem resolvidos" (SANTOS, 1979, p. 100).

Nesse sentido, adota-se neste estudo o método sugerido por Célia Lessa Kerstenetzky (2012), que propõe demarcar a existência de um Estado de bem-estar a partir do registro de fatos relevantes indicativos da presença de *condições mínimas*, estabelecidas a partir da ruptura com um estado de coisas anterior (em direção a um novo paradigma da assistência social pública descentralizada). Utiliza-se aqui, portanto, a caracterização do Estado como "Estado de bem-estar social" no sentido *substantivo*, principalmente descritivo, e não no sentido *adjetivo*, que procura comparar a realidade brasileira a um ideal social-democrata igualitário, no qual estariam presentes as condições máximas conhecidas de existência de um modelo ideal de *welfare state* (KERSTENETZKY, 2012, p. 3).

Sendo assim, é possível afirmar, a partir da literatura, que o processo de construção de um Estado de bem-estar social substantivo no Brasil tem início a partir da Lei Eloy Chaves, na década de 1920. Essa primeira iniciativa de proteção social era de padrão corporativo e consistia em seguros coletivos que vinculavam a proteção às ocupações, cobrindo riscos associados à participação do indivíduo no mercado de trabalho (KERSTENETZKY, 2012, p. 177).[7]

A extensão da cidadania ficou dependente, na primeira metade do século XX, da regulamentação de novas ocupações e da ampliação do escopo dos direitos associados a essas profissões, o que Wanderley Guilherme dos Santos (1979) designou como *cidadania regulada*. A cidadania não estava atrelada à noção de membro de uma comunidade nacional, mas sim vinculada às ocupações reconhecidas e definidas em lei, às quais correspondiam determinados direitos de seguridade social (SANTOS, 1979, p. 75). Ao concentrar-se na legislação do trabalho, a proteção social cobria apenas uma pequena parcela da população urbana, vinculada à indústria, ao funcionalismo público e ao comércio.

---

[7] Ver seção 2.2 no segundo capítulo.

Não foram tomadas providências para a incorporação dos ex-escravos à economia, não se reconheceram situações de informalidade e os trabalhadores rurais permaneceram excluídos, o que deixou a esmagadora maioria dos brasileiros em situação "pré-cívica" (SANTOS, 1979, p. 104), dependente de redes de ajuda mútua e sem proteção do Estado.

A prática de regulamentação das profissões permaneceu como o primeiro degrau de ingresso na arena da cidadania até meados dos anos 1960 (SANTOS, 1979, p. 80), quando surgiram iniciativas de cunho universalista, como a proteção previdenciária estendida aos trabalhadores rurais (fora da lógica contributiva), às empregadas domésticas e aos autônomos, a unificação do sistema previdenciário público do país e a estruturação de serviços públicos e privados de saúde, complementares ao segmento contributivo (KERSTENETZKY, 2012, p. 181). Mas a expansão da cobertura dos direitos sociais se deu num contexto de rompimento democrático, que colocou em recesso a dimensão política da cidadania brasileira (SANTOS, 1979, p. 100). E, apesar da perspectiva universalista, a incorporação de uma grande clientela aos serviços sociais (na previdência não contributiva, na educação e na saúde) não se fez acompanhar por uma expansão proporcional da provisão pública desses serviços, gerando uma proteção social residual e com retrocesso na participação dos beneficiários na governança das políticas sociais (KERSTENETZKY, 2012, p. 181-182).

Com o fim do regime militar e a redemocratização, foram recuperados os direitos civis, de liberdade de expressão, de imprensa e de organização. A promulgação da Constituição de 1988 garantiu o sufrágio universal, os direitos políticos plenos e muitos direitos sociais – o que conferiu à Carta o título de *Constituição cidadã*. Os direitos sociais se desvincularam da lógica contratual e adquiriram *status* de direitos de cidadania. Essa eliminação da barreira de titularidade do regime conservador (que vinculava direitos à inserção no mercado formal de trabalho) permitiu a inclusão dos *outsiders*, ou seja, a incorporação de indivíduos até então excluídos da cobertura da proteção social à titularidade de direitos de aposentadoria, saúde e educação (ARRETCHE, 2018, p. 18). Com isso, teve início um novo período do Estado social brasileiro, de *universalismo estendido* (KERSTENETZKY, 2012, p. 181). O rol de direitos constantes na CF/88 resultou na estruturação de um Estado de bem-estar social de conteúdo ampliado, de pretensões igualitárias, com objetivos expressos de erradicação da pobreza, redução das desigualdades e promoção da justiça social.

É importante destacar que o caminho do desenvolvimento da cidadania no Brasil foi diverso daquele dos países pioneiros na estruturação do *welfare state*. Enquanto na Inglaterra a sequência de conquista de direitos reforçou a convicção democrática de que, com base na garantia das liberdades, era possível o exercício dos direitos políticos e a conquista de direitos sociais,[8] no Brasil, a inversão dessa sequência afetou o tipo de cidadão e o tipo de cidadania que resultaram desse processo – uma vez que os direitos sociais foram implantados a partir do Estado, depois vieram os direitos políticos e os direitos civis (CARVALHO, 2001, p. 220).

Os direitos garantidos pela Constituição de 1988 vão na direção de intensificar a universalização do bem-estar, pela ampliação da proteção social e pela criação de um mínimo social para a seguridade. O salário mínimo, adotado no período corporativo e descontinuado no regime militar, foi incluído na CF/88 como uma expressão do mínimo social, convertido em um indexador social de referência, tanto para o salário de base no mercado de trabalho como para a garantia de renda às pessoas idosas e com deficiência[9] (KERSTENETZKY, 2012, p. 183). As transferências governamentais (de caráter contributivo e não contributivo) e os ganhos salariais vinculados a esse indexador alcançaram, ao longo dos anos, um número crescente de beneficiários – e a progressiva valorização do salário mínimo, especialmente a partir de meados dos anos 2000, contribuiu para a redução da desigualdade de renda em favor dos mais pobres (ARRETCHE, 2018, p. 9).

Além disso, a CF/88 integrou as áreas da saúde, assistência e previdência, como componentes da seguridade social. A seguridade social passou a ser dotada de orçamento próprio, exclusivo e com pluralidade de fontes de financiamento. Foi prevista a gestão descentralizada (com compartilhamento de responsabilidades entre os três níveis de governo, por meio da descentralização de competências e dos recursos), além da participação e do controle social das ações governamentais (LOBATO, 2017, p. 148).

---

[8] Na Inglaterra, os direitos civis, necessários à liberdade individual (de ir e vir, de pensamento, fé, propriedade), surgiram no século XVIII; os direitos políticos, de participar no exercício do poder político (como eleitor ou candidato), foram ampliados para novos setores da população no século XIX; e os direitos sociais, relativos ao bem-estar econômico e à segurança e de participar do sistema educacional e dos serviços sociais, foram conquistados no século XX (MARSHALL, 1967, p. 75).
[9] O Benefício de Prestação Continuada (BPC). Ver subseção 4.2.2 no quarto capítulo.

O texto da CF/88 assegurou a todos os brasileiros o acesso à proteção social contributiva e não contributiva, sob responsabilidade estatal. Mas é preciso ponderar que o Estado social não se legitima por mera previsão constitucional ou simplesmente pela produção do Direito. O Estado social depende da realização de programas de ação para se efetivar (COMPARATO, 1985, p. 407-408). Nesse sentido, para organizar as bases para a provisão da proteção social não contributiva, na qual se insere a assistência social, objeto do presente estudo, foi necessária a estruturação de políticas públicas, de ações coordenadas para combater a pobreza e reduzir a desigualdade em escala ampla, de modo a estender o acesso aos direitos sociais numa ordem política fundada no reconhecimento da igualdade. A política de assistência social foi sendo regulada ao longo da Nova República, se estruturando para combater situações de ausência ou insuficiência de renda, atuando sobre riscos sociais com o objetivo de evitar a instalação de situações de carência.

O desenvolvimento do aparato da política de assistência social, assim como o de outras políticas setoriais universais, como de saúde e educação, foi produzido por processos incrementais ao longo dos anos, dependendo do legado de institucionalização prévia, das coalizões de defesa e dos interesses envolvidos na implementação de cada uma dessas áreas, de maneira particular. Mas em comum a todas elas observou-se um processo de construção de capacidades estatais[10] num movimento contínuo que, apesar de muitas idas e vindas, parece ter sido progressivo ao longo das três décadas que se seguiram à promulgação da Constituição – resultando em avanços tanto nas estruturas institucionais responsáveis pelas políticas como nas taxas de cobertura (ARRETCHE; MARQUES; FARIA, 2019, p. 471).

Importante destacar que a institucionalização da agenda de universalização e igualdade de acesso pela Constituição Federal, em 1988, coincide com um processo de crise e desmantelamento do Estado de bem-estar social no âmbito internacional e com um contexto de crise fiscal do Estado no âmbito interno, o que gera uma dualidade entre construção e desmonte no contexto de surgimento do Estado social brasileiro. Com isso, a universalização das políticas sociais adotou a estratégia de descentralização das ações para os entes subnacionais, notadamente os municípios, com a transferência de recursos federais condicionada à execução de programas. Essa estratégia previu a

---

[10] A noção de capacidade estatal será discutida na seção 1.3 deste capítulo.

transferência da operacionalização e da gestão da política ao âmbito local e a coordenação centralizada em âmbito federal (FRANZESE; ABRUCIO, 2013, p. 372-373).

A despeito dos avanços conquistados nas últimas décadas, em termos de redução de desigualdades e de inclusão dos *outsiders* (ARRETCHE, 2018, p. 18), observa-se a persistência, no debate público, da designação das políticas orientadas a aumentar o bem-estar como inefetivas. A baixa visibilidade dos resultados dessas políticas, em especial da política de assistência social, encoraja a defesa de seu desmantelamento. O tema do desmonte das políticas públicas se destaca especialmente em momentos de crise, em que a retração da economia impõe ao Estado a obrigatoriedade de rever as suas prioridades, uma vez que a arrecadação de tributos diminui e, segundo algumas interpretações de viés liberal, a responsabilidade fiscal demanda – inevitavelmente – a contenção do gasto público. Nesses momentos, muitas políticas públicas se veem ameaçadas de desestruturação.

No caso das políticas de proteção social, o desmonte em tempos de crise é, segundo a literatura, um contrassenso. A proteção social é justamente a área de atuação do Estado desenhada para funcionar de maneira anticíclica, para promover e sustentar a demanda no plano econômico, isto é, manter a economia funcionando (VAN STRALEN, 2017, p. 11), para garantir a proteção daqueles indivíduos que venham a sofrer, de maneira mais significativa, os efeitos econômicos das crises em sua vida cotidiana. Isso porque as políticas de proteção social, numa perspectiva de *investimento social*, têm como objetivo preparar os indivíduos, famílias e sociedades para responder aos novos riscos sociais das sociedades contemporâneas de economia competitiva do conhecimento, em vez de simplesmente reparar os danos após períodos de crise econômica ou pessoal (HEMERIJCK; VYDRA, 2017, p. 64).

Sob o ponto de vista do investimento social, a proteção não recai somente sobre situações de desemprego, mas pressupõe preparação e promoção de retornos positivos na cobertura de riscos, ao invés de meras compensação e reparação (VAN STRALEN, 2017, p. 15). A proteção, nesse sentido, permite um fluxo de transição no mercado de trabalho ao longo dos diferentes ciclos de vida, a melhora da qualidade do estoque de capital humano e a manutenção de redes de segurança de renda universais para agirem como *buffers* de proteção social e estabilização econômica (HEMERIJCK, 2017, p. 27).

No Brasil, a agenda de redução dos gastos sociais adotada a partir de 2016 se baseia no argumento de que o país não teria capacidade financeira para sustentar o investimento social. Mas essa percepção desconsidera os avanços em termos de redução das desigualdades alcançados, em grande medida, em razão do maior investimento nos mínimos sociais, conforme demonstrado pela literatura (KERSTENETZKY, 2012, p. 234; ARRETCHE, 2018, p. 18). As medidas que implicam cortes nos investimentos sociais em políticas de proteção social justamente nos momentos em que a população mais precisa dessa segurança (como o Regime Fiscal aprovado no governo Temer)[11] colocam em risco os ganhos sociais de quase três décadas e podem comprometer não só os avanços em termos de redução da pobreza e da desigualdade, mas a capacidade de arrecadação fiscal, bem como a sustentabilidade do sistema de seguridade social no longo prazo. Uma perspectiva de investimento social no Brasil exigiria, portanto, a retomada do rumo universalista traçado pela Constituição Federal de 1988 (RODRIGUES; SANTOS, 2017, p. 135-136).

É preciso ponderar que o grande avanço que a CF/88 representa no sentido da garantia de bem-estar de seus cidadãos foi produto de um intenso processo de conciliação entre as forças políticas que moldaram a transição democrática. O texto constitucional representa um pacto político possível no contexto de sua elaboração, que implicou previsões assimétricas em relação a determinados direitos ali previstos. Nas últimas três décadas desde sua promulgação, a CF/88 se mostrou capaz de assimilar mudanças determinadas por consensos políticos, sem perder sua identidade. A Carta foi reformada para a adaptação a novas situações, mas resistiu a investidas de abandono dos elementos básicos do pacto constitucional. Essa *resiliência* textual contribuiu para garantir a estabilidade do pacto político conciliador e a paulatina realização das promessas constitucionais de longo prazo (VIEIRA, 2017, p. 239).

A resiliência do núcleo essencial do texto constitucional é o norte para a discussão que se pretende traçar nos próximos capítulos. A capacidade de adaptação do ordenamento jurídico aos diferentes contextos políticos, para acomodar os interesses dos atores e as mudanças conjunturais, serve de referência importante para uma investigação sobre a capacidade de adaptação do desenho jurídico-institucional

---

[11] A discussão sobre o teto de gastos do Regime Fiscal está na seção 2.7 do segundo capítulo e na seção 5.1 do quinto capítulo.

das políticas públicas de consolidação do Estado social às alterações do cenário político. E os tipos de normas, bem como a sequência de adoção dessas normas, são elementos explicativos relevantes para a compreensão da estabilidade da provisão de proteção social nos próximos anos, como veremos à frente.

Feita essa breve caracterização do conteúdo do Estado social brasileiro, a seção seguinte buscará tratar do papel do Direito no Estado social, a partir da identificação dos atributos das normas que estruturam as políticas públicas para a realização dos objetivos de redução das desigualdades e promoção da justiça social, expressos na Constituição Federal de 1988.

1.2 O Direito no Estado social

A partir da caracterização do conteúdo do Estado social brasileiro, feita na primeira seção deste capítulo, fica evidenciado que o termo *Estado social* é utilizado, nesta pesquisa, como sinônimo de situações designadas como Estado providência, Estado de bem-estar social ou *welfare state* (BUCCI, 2018, p. 51), em referência a um tipo de Estado baseado em medidas de abrandamento da injustiça, comprometido com a garantia dos direitos sociais de seus cidadãos.

Ao dispor sobre os direitos sociais, a Constituição Federal de 1988 deu um enfoque prestacional ao Estado brasileiro, ou seja, impôs obrigações de fazer aos órgãos públicos, visto que "um dos efeitos da aplicabilidade das normas programáticas é a proibição de omissão dos Poderes Públicos na realização dos direitos sociais" (BUCCI, 2006, p. 29). Nesse sentido, como já mencionado na seção anterior, o texto constitucional previu que os objetivos constitucionais – inclusive a garantia de efetivação dos direitos sociais – fossem alcançados por meio de políticas públicas (COUTINHO, 2013b, p. 193).

Para utilizar a política pública como categoria de análise, emprega-se aqui o conceito jurídico cunhado por Maria Paula Dallari Bucci (2006, p. 39):

> Política pública é o programa de ação governamental que resulta de um processo ou conjunto de processos juridicamente regulados – processo eleitoral, processo de planejamento, processo de governo, processo orçamentário, processo legislativo, processo administrativo, processo judicial – visando coordenar os meios socialmente relevantes e politicamente

determinados. Como tipo ideal, a política pública deve visar a realização de objetivos definidos, expressando a seleção de prioridades, a reserva de meios necessários à sua consecução e o intervalo de tempo em que se espera o atingimento dos resultados.

Por essa perspectiva, a política pública é entendida como um programa de ação governamental que consiste em um conjunto de medidas articuladas (coordenadas) cuja finalidade é dar impulso, isto é, movimentar a máquina do governo, de modo a realizar algum objetivo de ordem pública ou, em outras palavras, concretizar um direito.

Enquanto conjunto de ações implementadas pelo Estado, as políticas públicas podem ser entendidas como o "Estado em ação". E, nesse sentido, estudar políticas públicas implica analisar como e por que determinado Estado age como age, dadas as condições que o cercam, considerando a sua natureza, funcionamento e características (MARQUES, 2013a, p. 24).

As políticas públicas produziram uma transformação dos modos de ação do Estado que modificou a estrutura do Direito (MORAND, 1999, p. 14). A presente seção procura, portanto, identificar as características específicas das normas que estruturam as políticas públicas e que dão impulso à ação do Estado, discutindo os atributos desse novo Direito das políticas públicas.

Direito Social é o termo usado por François Ewald (1988) para se referir às práticas legais que tipificam o Estado de bem-estar social e formam um novo sistema legal do ponto de vista das fontes, da lógica e dos modos de aplicação. O Direito Social introduziu normas de justiça distributiva no ordenamento jurídico e representa uma nova forma de racionalidade jurídica, característica dos Estados sociais (MACEDO JUNIOR, 2013, p. 104). Não se trata aqui de direitos sociais como direitos humanos de segunda geração, no sentido constante no artigo 6º da Constituição Federal, mas de uma estruturação jurídica peculiar ao Estado social (BUCCI, 2018, p. 51).

O Direito Social representa um processo de transformação da norma, ligado a uma prática governamental específica. O Direito tem como tarefa reconhecer interesses socialmente legítimos, que existem em conflito na sociedade, e adotar práticas de *transação*, como acordos e negociação coletiva, permitindo que todos os que se preocupam com as decisões tomadas sejam consultados (EWALD, 1988, p. 55-56).

No caso da política pública de assistência social, essa prática descrita por Ewald pode ser observada no interior das comissões intergestores (CIT e CIBs) do Sistema Único de Assistência Social. Constituídas como espaços de transação, as comissões permitem negociações entre os representantes dos entes federativos, viabilizando que todos sejam consultados sobre as decisões relacionadas à operacionalização da política, em especial no que diz respeito aos critérios de partilha de recursos federais.[12]

O Direito Social leva em consideração o fato de que a sociedade é composta por grupos (dos quais os indivíduos são membros), reconhece os grupos como sujeitos legais (personalidade jurídica dos grupos) e confere a eles capacidade de agir legalmente para expressar seus interesses (representatividade), se aproximando da racionalidade política do governo democrático (EWALD, 1988, p. 48-54). Essa racionalidade democrática promove práticas de negociação e conciliação que visam permitir que a sociedade alcance continuamente um compromisso consigo mesma para levar adiante sua própria normatividade.

No caso do SUAS, isso se observa também nos conselhos de assistência social, instituídos em todas as esferas de governo, como espaços de participação e controle social que congregam agentes governamentais, organizações da sociedade civil, usuários e movimentos sociais. Os conselhos possuem competência (conforme previsão da Lei Orgânica da Assistência Social – LOAS) para regular aspectos da política por atos normativos colegiados, como as resoluções, que expressam as decisões tomadas nessa arena de participação democrática.

Nas práticas de transação observadas, por exemplo, nas comissões intergestores e nos conselhos, as regras de organização do SUAS são constantemente objeto de negociação. O Direito não é mais um fator externo ao conflito através do qual este pode ser resolvido, mas torna-se, ele mesmo, uma das principais questões em disputa. E como a transação impõe que a regra seja constantemente negociada, o Direito já não pode ser concebido como estável, pois se torna um compromisso sempre *revisável* entre grupos e interesses em conflito (EWALD, 1988, p. 59).

A *revisibilidade* é um dos atributos do Direito das políticas públicas, que corresponde aos mecanismos de ajuste e adaptação do corpo jurídico. Esses mecanismos são capazes de garantir a calibragem e a

---

[12] As negociações entre os representantes dos entes federativos nas Comissões Intergestores Tripartite (CIT) e Bipartite (CIBs) serão discutidas no quarto capítulo.

autocorreção operacional dos programas de ação, abrindo espaço para experimentações, revisões e incorporação de aprendizados, considerados os limites impostos pela exigência de estabilidade e segurança jurídica do arranjo. Outro atributo do Direito das políticas públicas é a *flexibilidade* (ou adaptabilidade), que diz respeito à possibilidade do arcabouço jurídico que estrutura um programa de ação governamental servir a mais de uma finalidade (COUTINHO, 2013b, p. 202). Esses atributos rompem com o paradigma da estabilidade e imutabilidade do Direito moderno e aproximam a produção normativa de uma lógica democrática.[13]

O atributo de revisibilidade pode ser observado, no SUAS, nas resoluções que pactuam critérios e procedimentos de financiamento e execução de ações socioassistenciais, emanadas pela Comissão Intergestores Tripartite (CIT), na medida em que as prioridades da política vão sendo negociadas entre os representantes das três esferas de governo periodicamente.[14] A adaptabilidade, como será apontado nos capítulos subsequentes,[15] pode ser observada na regulamentação dos índices de gestão descentralizada (IGD), que, ao mesmo tempo, mensuram a qualidade da gestão nos entes subnacionais, determinam o valor dos repasses federais e incentivam a obtenção de resultados qualitativos na gestão descentralizada da política.

Esses atributos são capazes de conferir ao Direito o *status* de uma espécie de *tecnologia* de implementação de políticas públicas (COUTINHO, 2013b, p. 192). Mas para compreender essa tecnologia é preciso analisar as formas de atuação do Estado.

Para decodificar as mudanças na estrutura jurídica, promovidas pelas políticas públicas, Charles-Albert Morand (1999) procurou descrever as formas de organização do Direito correspondentes às diferentes formas de atuação do Estado ao longo do processo histórico de organização do Estado social.

O autor identificou como Estado *propulsivo* aquele responsável por programas *finalísticos* ou, em outras palavras, por políticas públicas. Para atuar na promoção de políticas públicas, o Estado produz normas para regular os sistemas sociais, de modo a guiar a sociedade

---

[13] Neste estudo, optamos por adotar o termo "adaptabilidade" para nos referirmos ao atributo de "flexibilidade" descrito por Diogo Coutinho (2013b) por entendermos que esse termo é mais preciso para identificar o fenômeno descrito pelo autor.
[14] Ver seção 4.5 no quarto capítulo.
[15] Ver subseções 4.4.1 e 4.4.2 no quarto capítulo.

em uma determinada direção. No entanto, o intervencionismo estatal encontra limites em impor seus objetivos à sociedade, face à resistência dos sistemas sociais sobre os quais procura agir. E as autoridades públicas perceberam que precisam negociar as soluções que pretendem impor, persuadir os atores interessados e apelar para a autodisciplina dos sistemas sociais, gerando o que Morand denominou de *programas relacionais* (MORAND, 1999, p. 132).

Os programas relacionais, típicos de um Estado de tipo *reflexivo* (característico de regimes democráticos), levaram ao envolvimento cada vez maior dos destinatários do Direito em sua formação e implementação e, como consequência, geraram uma estrutura jurídica nova: o *Direito reflexivo*.

O Direito Social, caracterizado por Ewald, é típico do Estado reflexivo, descrito por Morand. Um Estado facilitador, catalisador, que leva em conta as reações dos destinatários de seus mandamentos, que procura se adaptar à lógica dos sistemas que está tentando influenciar. Esse tipo de Estado procura entender o modo de operação de outros sistemas e aproveitar essa lógica para seu funcionamento interno, o que demonstra *empatia sistêmica* e assegura a mediação entre o Estado e a sociedade civil (MORAND, 1999, p. 128).

O Direito reflexivo, forma jurídica típica das políticas públicas em Estados democráticos, é um Direito complexo, incerto, frequentemente negociado e imprevisível, sem grande consistência por caracterizar-se pelas formas brandas do incentivo e da persuasão. Ele impõe a relevância de se observar a maneira pela qual o Direito é formado e implementado. Obriga os líderes a introduzirem uma certa quantidade de consultas para a adoção e implementação de regulamentos e garante aos grupos de interesse a participação constante na tomada de decisões públicas, permitindo que essas decisões levem em conta os pontos de vista dos atores por elas influenciados (MORAND, 1999, p. 154).

Ao incluir os destinatários na formação e implementação das regras, os programas assumem caráter relacional, pois procuram fazer um *acoplamento estrutural* entre o sistema legal e o sistema regulado. Ao invés de intervir, a partir do exterior, na tentativa de impor autoritariamente soluções, o Estado tenta criar estruturas internas reflexivas, que envolvem os grupos de interesse tanto na formação quanto na implementação da legislação (MORAND, 1999, p. 133). No caso do SUAS, os conselhos e as comissões intergestores são exemplos de estruturas reflexivas internas ao Estado.

A *reflexividade* do Direito se observa na participação dos grupos na formação da legislação, que pode se dar de diversas formas: i) eles podem ser coautores do regulamento (nesse caso, o Estado abdica de seu poder normativo exclusivo para obter o apoio dos grupos que pretende orientar); ii) eles podem apenas exercer uma influência; ou iii) eles podem exercer poder regulatório, como resultado da delegação legislativa (MORAND, 1999, p. 135). A participação das organizações da sociedade civil no interior dos conselhos de assistência social (que possuem competência para normatizar os serviços socioassistenciais) é um exemplo da reflexividade do Direito no SUAS, que será abordado mais à frente.[16]

Além da participação dos grupos na formação da legislação, é importante destacar a atuação dos grupos no nível da implementação – uma vez que é nesse momento que a política pública é, de fato, estabelecida. Observa-se que a participação de grupos na implementação e aplicação da legislação pode ocorrer de duas maneiras principais: i) as autoridades públicas podem negociar a implementação da legislação com os grupos ou ii) a Administração pode confiar a um grupo privado a administração de um programa e a aplicação das normas legais. Nos dois casos, os grupos de interesse participam na predeterminação e na codeterminação do significado das normas aplicáveis, uma vez que as regras legais funcionam, nos programas relacionais, como um conjunto de recursos e restrições a partir do qual se desenvolvem as negociações sobre as condições de sua aplicação (MORAND, 1999, p. 138). A interpretação quanto ao significado das normas aplicáveis é uma das funções das comissões intergestores no SUAS (JACCOUD; MENESES; STUCHI, 2020, p. 283), como será explicitado no quarto capítulo.[17]

Nesse contexto, ocorre um fenômeno de inversão normativa: as normas de grande importância passam a ser frequentemente concebidas por instâncias inferiores na confrontação com os problemas concretos. E, paralelamente, um fenômeno de inversão hierárquica do planejamento: os arranjos feitos na base são retomados no planejamento central, gerando uma combinação do efeito de cima para baixo (*top down*) e de baixo para cima (*bottom up*) (MORAND, 1999, p. 145). Esses fenômenos são observados constantemente no processo de regulação

---

[16] Ver seção 4.5 no quarto capítulo.
[17] Ver seção 4.3 no quarto capítulo.

dos aspectos operacionais do SUAS nas instâncias de participação e articulação (conselhos e comissões intergestores).

Do ponto de vista normativo, o ajuste progressivo de interesses implica um processo *incremental*, no qual a legislação está em constante mudança. E, nesse sentido, considera-se necessário o monitoramento e a avaliação constante das ações, com a participação dos diversos atores envolvidos na política, num processo de auto-observação e autocorreção que implique a aprendizagem e adequação progressiva das normas (MORAND, 1999, p. 155), o que ocorre, por exemplo, nas conferências de assistência social,[18] reforçando o atributo de revisibilidade do Direito das políticas públicas mencionado anteriormente (COUTINHO, 2013b, p. 202).

O Direito reflexivo cria uma mistura original entre o Estado e a sociedade civil, entre interesses públicos e privados, que permite uma corresponsabilidade do Estado e dos grupos na determinação das condições de realização dos mais diversos interesses públicos (MORAND, 1999, p. 147). Essa mistura, nas instâncias supramencionadas, permite encaixes institucionais, pontos de acesso dos atores sociais ao Estado, como resultado das interações socioestatais (LAVALLE *et al.*, 2018, p. 24) – o que será abordado na seção subsequente deste capítulo.

As relações entre Estado e sociedade civil na formação e implementação das políticas públicas são intermediadas juridicamente. E essa intermediação demonstra que o Direito se encontra fortemente imbricado com as políticas públicas. Além de construir canais de *accountability* e criar condições de participação (Direito como vocalizador de demandas), o Direito pode assumir outros papéis ou tarefas com relação aos programas de ação governamental, que consistem em definir os "pontos de chegada", apontar os fins das políticas e situá-las no ordenamento (Direito como objetivo), oferecer meios e instrumentos (Direito como ferramenta) ou estruturar arranjos complexos que tornem eficazes essas políticas (Direito como arranjo institucional) (COUTINHO, 2013b, p. 198).

Numa dimensão substantiva, do Direito como *objetivo*, operam, por exemplo, as normas contidas na CF/88, que expressam os objetivos politicamente determinados do Estado social brasileiro, como uma diretriz normativa, prescritiva, que delimita o que deve ser perseguido em termos de ação governamental. Cabe ao Direito, nesse caso, expressar a

---

[18] As conferências de assistência social serão tratadas na seção 4.3 no quarto capítulo.

decisão política, revestindo-a de formalidade e agregando a ela traços cogentes (isto é, vinculantes, não facultativos). Os objetivos podem ser de longo prazo, como aqueles expressos na Constituição ou em leis, ou de médio e curto prazo, como os previstos em normas infralegais, como as resoluções.

Numa dimensão estruturante, do Direito como *arranjo institucional*, estão as normas que definem atributos do desenho institucional de um programa de ação, como seu grau de descentralização, autonomia e coordenação intersetorial, os tipos de relações públicas e público-privadas e sua integração com outros programas.

Numa dimensão instrumental, do Direito como *ferramenta*, selecionam-se os meios a serem empregados para perseguir objetivos predefinidos que dizem respeito a: i) mecanismos de indução ou recompensa para certos comportamentos; ii) sanções a serem aplicadas ou iii) o tipo de norma mais adequada a determinada finalidade (mais ou menos adaptável, mais ou menos estável, mais ou menos genérica).

Numa dimensão participativa, encontram-se os mecanismos de deliberação, participação, consulta, colaboração e decisão conjunta. Esses mecanismos consistem em regras procedimentais que estimulam a mobilização de atores, disciplinam consultas e audiências públicas e a publicidade dos atos administrativos, assegurando que elas sejam permeáveis à participação de uma pluralidade de atores e não insuladas em círculos tecnocráticos (COUTINHO, 2013b, p. 198-204).

Como vocalizador de demandas, o Direito apresenta o atributo reflexivo apontado por Morand. Essa característica é patente nas resoluções aprovadas pelos conselhos de assistência social, que, além de espaços de deliberação democrática, possuem a competência para convocar periodicamente conferências de assistência social, para avaliar a situação da política e propor diretrizes para o aperfeiçoamento do sistema. Esse mecanismo assegura a permeabilidade do SUAS às demandas dos diversos atores interessados no planejamento e execução da política, permitindo tanto o monitoramento e avaliação, mencionados por Morand (1999), quanto a indicação dos "pontos de chegada" que devem ser perseguidos em termos de ação governamental – o Direito como objetivo, descrito por Coutinho (2013b).

No Estado social, as normas jurídicas passaram a estar associadas à realização de objetivos públicos, por meio do encorajamento, da indução e de recompensas de comportamentos. O Direito público passou a desenhar, operacionalizar e disciplinar um conjunto amplo de ações para a implementação e monitoramento de políticas públicas e o fez por meio de sanções positivas ou premiais, de cunho indutor. Além da observância da norma, o grau de utilização pelos destinatários passou a ser um critério relevante para o Direito público (COUTINHO, 2013b, p. 187). Esse movimento foi observado no processo de municipalização da política de assistência social e, posteriormente, na indução ao aprimoramento da gestão descentralizada por meio do IGD-PBF e do IGDSUAS, como será discutido de maneira detalhada mais à frente.[19]

A adesão dos entes subnacionais à descentralização da política de assistência social só foi possível pela edição de normas que determinaram estratégias baseadas mais na indução do que na imposição (ARRETCHE, 1999, p. 135). Essas normas baseadas na persuasão e na influência são típicas de um Estado *incitador* (MORAND, 1999, p. 16).

O incentivo foi essencial para compensar os efeitos de dispersão (ARRETCHE, 1999, p. 114) do processo de descentralização do sistema de proteção social (no qual se insere a assistência social) no contexto federativo brasileiro. As normas que criam incentivos para induzir os governos subnacionais a assumirem a responsabilidade de prover serviços públicos, bem como a assumirem o financiamento parcial das ações das políticas sociais, são um instrumento importante para a coordenação da ação dos entes subnacionais pelo ente federal. Além desses instrumentos de indução, o Executivo federal também dispõe de outras ferramentas de coordenação, como normas que restringem a autonomia de gastos dos governos subnacionais (como obrigações de gastos mínimos em educação e saúde, de gastos máximos com pessoal e limite de endividamento) e normas que definem responsabilidades ou competências dos entes da Federação com relação à oferta de serviços e à gestão de determinadas políticas públicas (GOMES, 2009, p. 664).

Esses instrumentos de coordenação são o resultado do reconhecimento da insuficiência da mera definição legal de responsabilidades para garantir a adesão dos governos subnacionais. No caso do SUAS, a LOAS reiterou a diretriz de descentralização da execução da política, já prevista na CF/88,[20] e definiu como condição para os repasses federais a instituição de conselhos, fundos e planos de assistência social

---

[19] Ver subseções 4.4.1 e 4.4.2 no quarto capítulo.
[20] A previsão na Constituição, em termos jurídicos, deveria ser suficiente para garantir a institucionalização de uma política pública sob a responsabilidade do Estado (STUCHI, 2012, p. 165-166). Mas do ponto de vista da política a institucionalização dificilmente prescinde dos mecanismos de indução e coordenação supramencionados.

nos entes subnacionais. Mas foi somente com a instituição do repasse automático de recursos, na modalidade fundo a fundo, que se criou um mecanismo de persuasão e influência, que de fato induziu adesão de estados e municípios ao SUAS.[21]

As normas que limitam a autonomia decisória e as que limitam a alocação de recursos têm efeito imediato. Quanto às regras de definição de competências, especialmente a responsabilidade de provisão de serviços num sistema federativo, em que os entes possuem autonomia, a simples definição legal não gerou a ação imediata dos governos subnacionais. Assim, foram necessários estímulos para impulsionar a ação dos governos subnacionais. Mas esses incentivos, dependentes de adesão, não geram, necessariamente, comportamento homogêneo de todos os governos (GOMES, 2009, p. 666).

O exemplo da municipalização da assistência social demonstra uma característica do Direito das políticas públicas que diz respeito à hierarquia normativa. O que deu impulso à ação dos entes subnacionais na implementação da política pública não foi a hierarquia da norma (já que a descentralização estava prevista na própria Constituição Federal), mas sim esse novo formato de construção jurídica, de encadeamento de atos, que valorizou os espaços de articulação interfederativa, tornando as normas mais responsivas às demandas dos agentes subnacionais diretamente afetados por elas.

Sendo assim, o que se busca discutir neste estudo, a partir dos atributos do Direito das políticas públicas, é a institucionalização de uma política pública específica, da assistência social, pela verificação da capacidade de permanência de seu desenho de organização, o SUAS, construído a partir de normas de incentivo – discutidas e pactuadas em instâncias reflexivas de um Estado que assumiu, a partir da PNAS/2004 e da NOB-SUAS/2005, um caráter incitador.[22] Busca-se verificar a capacidade de desvinculação dessa forma de organização da política da gestão governamental que a instituiu a partir da análise das condições de permanência proporcionadas pelas regras jurídicas que consolidam o movimento de criação das normas que organizam a política pública.

Feita essa breve discussão sobre o papel do Direito no Estado social e a caracterização dos elementos que compõem o chamado Direito

---

[21] Ver seção 4.4 no quarto capítulo.
[22] Ver seção 2.6 no segundo capítulo.

social, buscaremos apresentar, na seção seguinte, os pressupostos teóricos e metodológicos que embasam a presente pesquisa.

1.3 A perspectiva do institucionalismo

Esta seção procura apresentar as reflexões teóricas e metodológicas sobre a relevância do estudo do elemento *jurídico* na conformação de uma política pública como componente essencial para a análise do funcionamento da ação governamental, a partir da abordagem Direito e Políticas Públicas (DPP), no campo da Teoria do Estado.

Em primeiro lugar, considerando que o elemento jurídico é o componente central a partir do qual se dará a análise da estruturação da política nacional de assistência social, faz-se necessário esclarecer que este trabalho se enquadra no que se convencionou denominar como abordagem Direito e Políticas Públicas, uma perspectiva de pesquisa que procura compreender a estruturação jurídica dos programas de ação governamental levando em consideração o contexto político-institucional no qual ela se insere.

A abordagem DPP integra os juristas ao campo multidisciplinar de estudos das políticas públicas (BUCCI; COUTINHO, 2017, p. 315) ao focar seu viés analítico na base normativa que determina os procedimentos e rotinas que conformam a ação governamental. Ela permite a compreensão do papel do componente jurídico na concepção, implementação e funcionamento dos arranjos jurídico-institucionais que organizam a ação governamental em função de objetivos politicamente determinados e ajuda a identificar aspectos importantes para a análise da ação governamental coordenada e em escala, para atuar sobre problemas complexos, a serviço de uma estratégia informada por elementos jurídicos (BUCCI, 2019, p. 792).

A análise jurídica de políticas públicas, a partir da abordagem mencionada, viabiliza a identificação dos objetivos que devem ser perseguidos pela política, dos instrumentos a serem utilizados para alcançá-los, dos canais de participação social e legitimação democrática e de seus arranjos jurídico-institucionais, que são "a substância de que são feitas as políticas públicas" (COUTINHO, 2013b, p. 204).

Os *arranjos jurídico-institucionais* dizem respeito aos modos de articulação e interação de atores, ao grau de descentralização, autonomia e coordenação federativa e intersetorial, aos tipos de relações públicas e público-privadas, e sua integração com outros programas a partir das normas (BUCCI; COUTINHO, 2017, p. 317). Pressupõe-se que esses arranjos institucionais determinem a capacidade do Estado de implementar políticas públicas (GOMIDE; PIRES, 2014, p. 20).

O interesse pela análise de políticas públicas no campo do Direito Público está em compreender o funcionamento da ação governamental na condução de políticas que visam a garantir direitos individuais e sociais a partir da descrição e análise das formas e processos jurídicos correspondentes à política pública. O objetivo é documentar e analisar os padrões de ação estatal no processo de institucionalização de políticas públicas voltadas à efetivação de direitos sociais, adotando a vertente de *Direito material* da matriz de método proposta por Bucci (2019, p. 820-821) – que, ao lado da vertente do controle e da vertente das disciplinas jurídicas, tem como papel contribuir para a renovação da dogmática jurídica.

Nessa perspectiva, da relação entre política e Direito, o exame do fenômeno governamental, enquanto manifestação juridicamente disciplinada, pode ser feito a partir de três planos de aproximação: macro, micro e mesoinstitucional, correspondentes, respectivamente, a governo, ação governamental e arranjos jurídico-institucionais (BUCCI, 2013, p. 37).

Para uma compreensão do arranjo jurídico-institucional, no plano *mesoinstitucional*, utiliza-se a categoria das *instituições*, que se refere ao conjunto de estruturas jurídicas, políticas e sociais que tornam um objeto definido, distinto do ambiente que o cerca, a partir de certa ordenação e unidade funcional. Nessa perspectiva, as políticas públicas são estudadas pela forma como se materializam em arranjos de normas, decisões e medidas que envolvem competências públicas e interesses individuais e coletivos em função de um objetivo comum. Os arranjos jurídico-institucionais que materializam as políticas públicas apresentam um caráter sistemático que justifica que a eles se apliquem os atributos próprios das instituições, ainda que exista uma diferença de intensidade na agregação dos elementos (BUCCI, 2013, p. 236).

O arranjo jurídico-institucional de uma política, nessa perspectiva, é revelador da forma de atuação do poder público, pois evidencia as competências dos agentes públicos e privados envolvidos, as decisões previstas para a concretização da política e os destinatários ou entes por ela afetados. Por esse motivo, essa categoria se torna bastante adequada para a investigação empreendida neste estudo.

A metodologia adotada pretende, dessa forma, descrever e compreender a política pública de assistência social pela análise jurídica de seu processo de formação e implementação. O exame das leis e dos atos normativos regulamentares que compõem o arcabouço jurídico da política de assistência social será empreendido com vistas a identificar o papel do Direito na política pública como uma *tecnologia* de construção e operação da ação governamental (COUTINHO, 2013b, p. 198).

Pressupõe-se que essa ação governamental dependa da *previsibilidade* conferida pelo arcabouço normativo, quanto às formas de interação entre os agentes públicos e privados na execução das ações da política pública, como via de acesso e garantia de um determinado direito social sem a interferência de aspectos personalistas, individuais ou clientelistas ligados ao universo político. Pressupõe-se também o *Estado* como categoria-chave de conexão entre os campos da política e do Direito.

Entender as conexões entre as várias forças que movem o Estado, considerando as dimensões jurídica e política, e analisar a expressão da dinâmica política pelas formas próprias do Direito é uma das tarefas do campo de estudos da Teoria do Estado (BUCCI, 2018, p. 31). É a partir dessa disciplina que se pode compreender a criação do Direito como resultado das tensões e dos conflitos do poder e verificar o modo como se traduzem as demandas sociais em linguagem jurídica (em regras, procedimentos e instituições jurídicas).

O estudo das formas jurídicas de uma política pública assume especial importância no campo da Teoria do Estado, especialmente em virtude da dicotomia das atitudes cognoscitivas, que podem levar o pesquisador a adotar não só uma postura voltada à compreensão do funcionamento das estruturas sociais, pela descrição dos arranjos jurídico-institucionais, mas também uma postura de prescrição de novas formas de organização para a superação dos problemas identificados (BUCCI, 2018, p. 37) – o que é essencial para o desenvolvimento de novas tecnologias jurídicas para a eficácia das políticas públicas e efetividade dos direitos sociais.

Este trabalho se insere, assim, no campo da Teoria do Estado, na medida em que busca descrever as normas e instituições que estruturaram a política pública de assistência social no Brasil, especialmente no período da Nova República, buscando identificar as relações entre o poder e o Direito que permitiram a institucionalização dessa política após a promulgação da Constituição Federal de 1988.

Considerando que uma importante exigência de método é a fixação do ponto de observação (BUCCI, 2018, p. 38), define-se, desde já, que este trabalho adota o ponto de vista do Poder Executivo, uma vez que o objetivo deste estudo é analisar o efeito dos atos normativos na estruturação e implementação da política. Para estudar as políticas públicas sob o ponto de vista de sua formulação, no âmbito do Poder Executivo, adotou-se aqui uma metodologia que procura verificar o modo pelo qual as formas jurídicas que estruturam as instituições e normatizam os processos influem no desenvolvimento da ação governamental.

No que diz respeito à questão da institucionalidade jurídica de uma política pública, cumpre esclarecer que a institucionalização sintetiza o paradoxo entre mudança e permanência. A categoria *instituição* permite, por um lado, a compreensão dos termos de um movimento de transformação (as regras do jogo, o processo capaz de alterar o resultado da decisão e a compreensão das decisões coletivas como forma de integração de interesses) e, por outro, o traço de persistência (de reprodução de práticas com base em regras sociais formais, costumes e processos que estruturam as condutas) (BUCCI, 2013, p. 206-207).

Considerando que a Teoria do Estado evidencia a importância dos elementos jurídico e político na estruturação da ação do Estado, esta seção indica o modo pelo qual se dará a análise do elemento jurídico e, em seguida, do elemento político. Para a análise do elemento *jurídico*, utiliza-se a produção de autores ligados ao *institucionalismo jurídico*. Complementarmente, para a análise do elemento *político*, recorre-se a teorias da Ciência Política que tratam do processo político, em especial abordagens e conceitos do neoinstitucionalismo histórico.

As teorias institucionais do Direito definem as instituições jurídicas como sistemas de regras. Para os institucionalistas clássicos, há uma plena identificação entre instituição e ordenamento jurídico, uma vez que o Direito não se reduz às normas, mas compreende também a entidade que põe a norma (SANTI ROMANO, 2008, p. 72).

Santi Romano (2008) sustenta que a *objetivação* realizada pelo ordenamento jurídico é a propriedade que faz com que uma entidade criada pela norma jurídica seja distinta da figura das pessoas que a criaram. Para ele, o novo ente instituído perdura no tempo para além dos indivíduos que o constituíram, uma vez que, por meio da objetivação, agregam-se e superam-se os interesses individuais. O caráter de objetividade é aquele ligado à impessoalidade e, ao mesmo tempo, é a objetivação que assegura a continuidade da instituição. Segundo o autor, o ordenamento jurídico é sinônimo de organização; é o elemento que confere unidade ao sistema e faz com que o todo seja mais que a soma das partes. Nesse sentido, as instituições possuem individualidade própria e permanência, cuja identidade não se perde com a mudança de seus elementos.

Maurice Hauriou (2009) também identifica as instituições como uma categoria de duração, abordando a dicotomia entre os elementos subjetivo e objetivo que compõem o Direito: o subjetivo é aquilo que se mantém pela vontade consciente de sujeitos determinados (como as situações contratuais) e o objetivo, ao contrário, é o que se mantém sem a ajuda da vontade consciente do sujeitos (parece manter-se por si mesmo). A tensão entre o objetivismo e subjetivismo se expressa em muitos sentidos: i) na ideia de vontade subjetiva da pessoa do Estado, da teoria da personalidade jurídica; ii) na compreensão de que as regras de Direito são limites impostos às pretensões dos poderes individuais e dos poderes das instituições; iii) no entendimento de que as regras de Direito são, para as instituições, um elemento de conservação e duração. Os elementos subjetivos são os que constituem as forças criadoras (a ação), enquanto os elementos objetivos (a regra de Direito, o meio social, a ordem pública) não são senão elementos de reação (de duração, de continuidade). Nesse sentido, as instituições nascem, vivem e morrem juridicamente e possuem três elementos: i) a ideia de obra a realizar em um grupo social, ii) o poder organizado posto a serviço dessa ideia para sua realização e iii) as manifestações de comunhão que se produzem no grupo social a respeito da ideia e de sua realização (HAURIOU, 2009, p. 21-30).

Sendo assim, compreende-se a institucionalização como um processo de objetivação e organização por meio da ordenação jurídica. O adjetivo *institucional* será utilizado, neste estudo, para se referir ao conjunto de estruturas jurídicas, políticas e sociais que tornam um objeto definido, distinto do ambiente que o cerca, a partir de certa ordenação e unidade funcional sedimentada que produz a reiteração de determinados comportamentos. Institucionalizar significa estabelecer um determinado padrão de organização, desvinculado da pessoa do governante ou gestor que desencadeia a ação, que atua como fator de unidade visando à composição de distintos interesses (BUCCI, 2013, p. 236).

Nesse sentido, o termo *institucionalidade* é utilizado nesta pesquisa para identificar aquilo que mantém a agregação, a força que impede a dispersão dos elementos e permite a caracterização desses como componentes de um arranjo funcional. O pressuposto é de que a institucionalidade, ainda que acordada entre os diversos agentes públicos e privados envolvidos no planejamento e execução da política pública, ganha força e imperatividade[23] quando é materializada pelas regras jurídicas. E essa força é maior ou menor a depender do *tipo de norma* que registra e consolida o acordo entre os atores.

Assim, defende-se que é a *institucionalidade jurídica* que garante a agregação de um determinado desenho institucional de funcionamento de uma política pública. E que os tipos de normas que estruturam o arranjo determinam, por um lado, a obrigatoriedade de observação da norma pelos diversos atores públicos e privados nas diferentes esferas da Federação, e, por outro, a maior ou menor flexibilidade para esses mesmos atores modificarem as regras anteriores, adaptando o desenho institucional da política pública a novos contextos políticos, promovendo avanços ou retrocessos em termos de organização das ações, de coordenação interfederativa, de participação social, de financiamento e, consequentemente, de cobertura e acesso aos direitos sociais.

A hipótese da presente pesquisa é a de que a institucionalidade, materializada pelo Direito, seja responsável por garantir relativa sustentabilidade para uma política pública no sentido de evitar retrocessos na provisão de serviços e benefícios. Para verificar a hipótese, admite-se que há diferentes graus de estabilidade e permanência do arranjo institucional de uma política pública e que esse arranjo é mais ou menos resiliente[24] a depender do tipo de norma, decisão ou pactuação que o consolida.

---

[23] A imperatividade é atributo pelo qual os atos administrativos se impõem a terceiros, independentemente de sua concordância (DI PIETRO, 2014, p. 2019).

[24] O conceito de resiliência foi utilizado por Oscar Vilhena Vieira (2017) para se referir aos mecanismos de atualização e reforma da Constituição Federal de 1988 que conferiram alto grau de maleabilidade ao pacto constitucional brasileiro. O termo refere-se à capacidade demonstrada pela Constituição brasileira de assimilar mudanças de rumo determinadas por consensos políticos consistentes sem perder sua identidade. Os estímulos e pressões foram acomodados por meio de reforma constitucional para a adaptação a novas situações, mas impedindo que elementos básicos do pacto constitucional fossem abandonados. Essa resiliência textual contribuiu para garantir a estabilidade do pacto político conciliador e a paulatina realização das promessas constitucionais de longo prazo (VIEIRA, 2017, p. 239). O termo foi utilizado também por Célia Lessa Kerstenetzky (2012, p. 115) para caracterizar o Estado de bem-estar social que, apesar das reformas de redução da titularidade dos beneficiários da proteção social, mantém um crescimento quase ininterrupto do gasto social.

Pressupõe-se que a resiliência do desenho institucional seja um dos elementos que garantem a sustentabilidade de uma política pública – sendo a sustentabilidade aqui entendida como a capacidade da política pública permanecer continuamente ao longo do tempo, produzindo efeitos contínuos e resultados acumulados que gerem impacto na realidade num prazo que seja maior do que o mandato eleitoral de quem promove a sua implantação. A sustentabilidade é importante especialmente nas políticas setoriais, como a assistência social, em que uma intervenção específica e pontual não é capaz de garantir a fruição do direito social no sentido de garantir proteção social, reduzir desigualdades e melhorar a qualidade de vida da população (LOTTA, 2020).

A sustentabilidade é, portanto, o que diferencia uma política de Estado de uma política de governo. As políticas de governo são aquelas que estão sujeitas a serem completamente transformadas quando há mudança no contexto político. As políticas de Estado, por outro lado, são aquelas dotadas de sustentabilidade, que permanecem ao longo do tempo independentemente das eleições, por terem sido institucionalizadas pelo ordenamento jurídico e por serem reconhecidas pela generalidade de agentes políticos como objeto de interesse coletivo, merecedor de sustentação pela opinião pública (BUCCI, 2013, p. 242), mas também por terem sido bem planejadas, por terem sido acordadas entre os vários atores que fazem parte do processo decisório e por terem sido feitas com base na construção de capacidades estatais (LOTTA, 2020).

Sendo assim, retoma-se a ideia de que a permanência de uma política pública depende de sustentação política e de sustentação jurídica. A sustentação jurídica é determinada pela institucionalidade jurídica, correspondente aos tipos de normas e pactuações que estruturam o arranjo jurídico-institucional do programa de ação. Já a sustentação política refere-se aos processos de legitimação social do programa, disseminada entre os beneficiários e a população em geral, em termos de expectativas cívicas quanto aos compromissos e resultados esperados, pelo tempo necessário para que os resultados visados com a ação governamental sejam percebidos pelo público externo ao governo (BUCCI, 2013, p. 254-255).

Para a compreensão da dimensão *política* associada à institucionalidade de uma política pública, recorre-se à lente analítica do *neoinstitucionalismo histórico*, uma vertente da abordagem institucional da Ciência Política que, por conferir centralidade às questões normativas

(IMMERGUT, 2007, p. 184), oferece elementos interessantes para auxiliar na análise aqui empreendida.

As teorias *neoinstitucionais* enfatizam o estudo do Estado e de suas políticas (MARQUES, 2013a, p. 37) e oferecem conceitos, hipóteses e mecanismos causais que permitem uma compreensão mais precisa sobre o funcionamento do processo político a partir das instituições. Essas teorias fornecem elementos para o estudo de como as estruturas institucionais atuam na definição das preferências dos atores, como influenciam no processo de agregação de preferências, como interferem nos processos de tomada de decisão política, mas também como se estruturam as instituições e como elas mudam ao longo do tempo, dando ao analista elementos para entender como e em que condições as variáveis institucionais importam para a explicação causal de processos de estabilidade e de mudança (REZENDE, 2012, p. 113).

O neoinstitucionalismo histórico se debruça mais intensamente sobre o Estado e suas instituições, entendendo o Estado como um complexo de instituições (HALL; TAYLOR, 2003, p. 195) e as instituições como regras, procedimentos e normas que oferecem o contexto para a ação dos atores políticos (IMMERGUT, 2007, p. 159 *et seq.*). Essa teoria é particularmente importante para pensarmos a situação brasileira, na qual o Estado foi historicamente central na produção de políticas públicas, gerando com isso um legado e configurando um traço constitutivo do nosso sistema político, dos nossos sistemas de políticas e da nossa sociedade (MARQUES, 2013a, p. 37). Por esse motivo, foi adotada para fundamentar a presente pesquisa.

As instituições políticas e as políticas governamentais, segundo essa perspectiva, podem facilitar a organização de interesses, ao reconhecer determinados grupos de interesse e delegar-lhes funções de governo. As ações do governo podem encorajar ou desencorajar a mobilização de interesses ao reconhecer (ou não) a legitimidade de determinadas reivindicações, ou mesmo ao dar a certas pessoas a oportunidade (ou não) de expressar suas queixas (IMMERGUT, 2007, p. 177). Essa ideia dialoga com a perspectiva de reconhecimento da personalidade jurídica dos grupos e de sua capacidade de agir como representantes de interesses, característica do Direito Social em Estados democráticos (EWALD, 1988, p. 48-54) mencionada anteriormente. E é particularmente importante para o presente trabalho, na medida em que nos permite verificar a relevância das diretrizes constitucionais de descentralização e de participação na estruturação do SUAS (que legitimam o papel dos entes federados, dos movimentos sociais e das organizações da sociedade civil no processo de planejamento, execução e controle da política pública) e nos ajuda a interpretar o quanto isso foi capaz de resistir às investidas de desmonte da política.

A corrente institucionalista histórica auxilia esta pesquisa, pois enfatiza o papel do contexto, gerado historicamente, para explicar a ação política (IMMERGUT, 2007, p. 179) e caracteriza uma instituição como *robusta* na medida em que ela contribui para resolver dilemas relativos à ação coletiva (HALL; TAYLOR, 2003, p. 198). Nesse sentido, é útil para a discussão sobre a institucionalidade jurídica, pois relaciona a efetividade do desenho institucional com a sua capacidade de solucionar dilemas e a permanência das instituições com a sua capacidade de proporcionar a composição de interesses diversos – conectando-se com o sentido reflexivo do Direito Social discutido na seção anterior.

O novo institucionalismo histórico teve duas gerações de estudos: uma primeira, mais preocupada em explicar a estabilidade das instituições, e uma segunda, mais focada nos processos de mudança institucional. Nos estudos da primeira geração, os modelos teóricos foram projetados para explicar a estabilidade dos processos políticos (TRUE; JONES; BAUMGARTNER, 2007, p. 155) e o tema da mudança oscilou entre duas concepções: o modelo do incrementalismo e o modelo do equilíbrio pontuado.

O *incrementalismo* observou que a política é, em geral, construída continuamente, a partir de ajustes incrementais, de mudanças que se consolidam passo a passo, em pequenas etapas, a partir de pequenas decisões subsequentes que podem ser revertidas com custos relativamente baixos, facilitando consensos políticos (LINDBLOM, 2009, p. 195). Essa abordagem não continha elementos para descrever mudanças radicais na política, que foram interpretadas, pela teoria do *equilíbrio pontuado*, como eventos excepcionais, em razão da natureza conservadora das instituições. Essa teoria, também conhecida por modelo dos equilíbrios descontínuos (REZENDE, 2012, p. 114), verificou que o processo de elaboração de política é caracterizado por longos períodos de mudança incremental, pontuados por breves períodos de grande mudança política.

Nessa primeira geração de estudos, a mudança era concebida como ruptura, desvio, alteração em relação aos modelos de estabilidade. Ambos os modelos (do incrementalismo e do equilíbrio pontuado) consideravam que as mudanças eram causadas pela ação de fatores externos às instituições (como mudanças na configuração da representação política e na opinião pública) e que, para compreender a mudança, era necessário observar as condições iniciais e as causas que atuaram decisivamente nos momentos críticos e nos momentos de reprodução institucional (REZENDE, 2012, p. 114-126).

Os estudos neoinstitucionalistas históricos dessa primeira geração enfatizaram o efeito das instituições sobre a ação e o comportamento a partir da noção de que as instituições são estáveis no tempo (o que aproxima essa abordagem ao institucionalismo jurídico) e da ideia de que essas instituições tendem a perdurar a partir da sua criação através de poderosos mecanismos de reprodução institucional. Para explicar a mudança institucional, as abordagens davam ênfase causal aos elementos exógenos, como a ocorrência de momentos críticos que, supostamente, abririam uma possibilidade de cisão com a estabilidade das instituições. A suposição de estabilidade institucional produz hipóteses de que as mudanças ocorrem lentamente, são eventos raros ou possuem baixa probabilidade de ocorrência por conta dos retornos crescentes que os atores políticos identificam na manutenção de uma mesma trajetória (REZENDE, 2012, p. 115-126).

Segundo esse ponto de vista, legados e sequências dependentes tendem a produzir inércia institucional. O *legado* histórico das instituições condicionaria o futuro e, para compreender a forma como os indivíduos e os grupos agem, atualmente, dentro de arranjos jurídico-institucionais, seria preciso compreender como se estruturaram esses arranjos numa perspectiva histórica. No Direito, a estruturação dos arranjos institucionais pode ser estudada tanto no processo legislativo quanto no processo normativo do Poder Executivo – que é o foco do presente trabalho.

Além disso, enfatiza-se a relevância causal de estágios anteriores em uma sequência temporal para o desenvolvimento de eventos e processos sociais, o que denota que o que aconteceu em um ponto anterior no tempo afetará os resultados possíveis em uma sequência de eventos que ocorrem em um ponto mais tarde no tempo. Observa-se uma *dependência da trajetória* na medida em que as etapas anteriores em uma determinada direção induzem a ainda mais movimento na mesma direção. A probabilidade de novos passos na mesma trajetória aumenta a cada passo dado nessa trajetória, na medida em que os custos de transição – de mudar para alguma alternativa previamente plausível – aumentam (PIERSON, 2015, p. 340).

Nesse sentido, o *design* inicial, organizacional ou político, pode se tornar autorreforçador ao longo do tempo, na medida em que as escolhas iniciais encorajam o surgimento de redes sociais e econômicas complexas – e conforme a interdependência social vai se tornando mais intrincada, envolvendo efeito de aprendizado e expectativas sociais, as instituições estabelecidas geram fortes indutores que reforçam sua própria estabilidade. Com isso, mudanças em direção a novos arranjos institucionais ou novas formas políticas acarretam altos custos, o que faz com que a mudança nas políticas bem institucionalizadas seja tipicamente incremental (PIERSON, 2015, p. 351).

Sendo assim, para entender as consequências de uma mudança significativa, é preciso ponderar as condições antecedentes, a clivagem (ou crise) que emerge das condições antecedentes e desaloja padrões institucionais mais antigos e o consequente legado (isto é, os resultados desse processo de mudança ocasionada por uma conjuntura crítica), que é produzido e, posteriormente, reproduzido, perpetuado por meio de processos institucionais e políticos. É justamente a estabilidade do legado eventualmente produzido que indica a existência de uma conjuntura crítica – uma vez que, se o evento não produziu o legado, então não se tratava, de fato, de uma conjuntura crítica (COLLIER; COLLIER, 2002, p. 29-31).

O conceito de *conjuntura crítica* é útil para a presente pesquisa, pois permite caracterizar o contexto político de ruptura com um estado de coisas anterior, que é capaz de fazer emergir uma nova institucionalidade. No caso do SUAS, o conceito ajuda a qualificar o contexto de mudança significativa que permitiu a estruturação do SUAS enquanto forma de organização da política pública de assistência social, bem como ajuda a compreender o ambiente político e institucional por trás das normas desestruturantes da política, de modo a contextualizar a análise jurídica.

Para além das mudanças institucionais de caráter endógeno, estudadas pela primeira geração do novo institucionalismo histórico, a literatura procurou explicar como as instituições se transformam a partir delas mesmas combinando fatores endógenos e exógenos para entender a transformação e a sustentabilidade das instituições no decorrer do tempo. Para tanto, foi preciso reconhecer que instituições também são eivadas de conflitos, tensões, desequilíbrios, choques de preferências, valores e interesses (REZENDE, 2012, p. 126) e pressupor que as instituições mudam continuadamente.

Para dar conta da mudança endógena gradual, o foco da segunda geração de estudos neoinstitucionais voltou-se para as propriedades das instituições que permitem a mudança. Foram identificadas, como variáveis importantes para a análise da mudança institucional, as interações entre os agentes e as instituições a partir da aplicação das regras, identificando-se o nível e a extensão da conformidade dos agentes, assim como o constrangimento das normas. A mudança, segundo Mahoney e Thelen (2009), seria desencadeada a partir da interpretação, debate e contestação por parte dos agentes, com relação às ambiguidades geradas nos processos de implantação de regras. Os conflitos em torno do significado, da aplicação e das formas específicas de alocação dos recursos levaria à formação de coalizões distributivas para a execução das regras (REZENDE, 2012, p. 120).

Do ponto de vista jurídico, é importante considerar que a implementação de políticas públicas é um processo interativo entre as normas (comandos e incentivos legais) e a conformidade ou desconformidade dos atores em relação às normas (CLUNE, 2021, p. 28). Os atores respondem aos incentivos legais com alguma combinação de conformidade e desconformidade – e isso se observa, na política de assistência social, tanto no comportamento dos entes federados, na gestão descentralizada da política, quanto no comportamento das organizações da sociedade civil, executoras de serviços socioassistenciais.

Isso porque, em geral, as organizações não têm a capacidade de reformular completamente seu comportamento para acomodar novos incentivos, pois cada organização tem sua cultura. Mas a resposta a incentivos legais produz algum grau de institucionalização de comportamentos de conformidade por parte da organização regulada. Nesse sentido, a institucionalização pode ser entendida como uma mudança na própria organização, não apenas em seu comportamento. É um processo que inclui mudanças mais ou menos estáveis nos deveres e práticas do quadro de funcionários existentes e mudanças na orientação cultural da organização. O grau de permanência da institucionalização é variado na medida em que novas atitudes podem ser irreversíveis, enquanto que a conformidade a algumas regulamentações pode ser abandonada tão logo os incentivos legais são descontinuados (CLUNE, 2021, p. 28-33).

Com isso, reforça-se o argumento inicial de que a descrição e a análise do desenho jurídico-institucional é uma chave importante para entender por que ocorrem ou não avanços e retrocessos em uma política pública e em que condições.

Outro elemento importante para a compreensão dos processos de institucionalização de que trata a presente pesquisa é a noção de *capacidade estatal*. O conceito será utilizado para explicar o efeito de determinado arranjo construído juridicamente. A capacidade do Estado de implementar os objetivos oficiais, especialmente sobre oposição de grupos sociais poderosos e de circunstâncias socioeconômicas desfavoráveis, foi observada, inicialmente, a partir da existência de recursos humanos e financeiros para dar efetividade à ação do Estado (SKOCPOL, 1985, p. 9-17).

Nesta pesquisa, adota-se a noção de capacidade estatal como a habilidade de um Estado formular e executar políticas, no sentido da aptidão que um Estado possui (ou não) de atingir, de forma efetiva, os objetivos que pretende por meio de suas políticas públicas (PIRES; GOMIDE, 2018, p. 26). A capacidade de o Estado atingir seus objetivos será verificada a partir de três aspectos. Em primeiro lugar, verificando-se a capacidade *técnico-administrativa*, ou seja, a habilidade da burocracia estatal em elaborar políticas, coordenar ações orientadas para a geração de resultados e monitorar estratégias em diferentes níveis de governo (PIRES; GOMIDE, 2014, p. 15). Para isso, será observada a existência de órgãos com autoridade e alguma autonomia para a implementação da política, a disponibilidade e capacitação de recursos humanos, bem como a disponibilidade de recursos financeiros e instrumentos de transferência desses recursos (BICHIR, 2016, p. 117).

Em segundo lugar, examinando-se a capacidade *política* de promoção de legitimidade da ação estatal por meio da mobilização da sociedade e da articulação e compatibilização de interesses diversos em torno de plataformas comuns (PIRES; GOMIDE, 2014, p. 14). Para isso, será observada a habilidade dos atores do Estado em expandir os canais de interlocução com a sociedade civil e com agentes do sistema representativo no processo de produção da política pública e a aptidão para condução de processos decisórios compartilhados, envolvendo negociação e construção de consensos. Numa perspectiva relacional, serão examinadas as formas de coordenação entre diferentes áreas governamentais e entre áreas governamentais e não governamentais (BICHIR, 2016, p. 117).

A literatura tradicional sobre capacidades estatais, ao focar na autonomia do Estado, ignorou a dimensão relacional, dando grande importância à dimensão burocrática (PIRES; GOMIDE, 2018, p. 28). Mas num regime democrático a inclusão de múltiplos atores e os procedimentos de negociação e articulação para acomodar interesses conflitantes dá legitimidade à ação do Estado. Assim, para compreender esse contexto, a pesquisa considera, ainda, numa aproximação com a ideia de reflexividade do Direito, abordada na seção anterior, a importância das interações socioestatais, entre Estado e sociedade civil, na produção e aplicação das normas que definem as formas de participação das organizações da sociedade civil e de movimentos sociais nas políticas públicas. Isso porque essas políticas e regras foram criadas em grande parte a partir de processos de construção institucional em que houve participação da sociedade civil. Assim, sugere que a sociedade civil organizada e que os agentes estatais não apenas interagem em contextos institucionais, mas participam da construção dessa institucionalidade. Nesse sentido, percebe-se a constituição de capacidades estatais como produto de interações socioestatais (LAVALLE *et al.*, 2018, p. 23), o que gera o que se convencionou denominar de *capacidades socioestatais*. E isso vai ser testado diante do desmonte: o quanto, de fato, foram criadas essas capacidades no âmbito do SUAS.

A interação entre atores estatais e não estatais nos espaços institucionalizados de participação social guarda relação com a construção e ampliação de capacidades estatais. Ao mesmo tempo em que os interesses dos atores da sociedade civil são moldados pela capacidade acumulada (ou pela falta dela) num setor específico de política pública, esses atores não estatais são eles próprios estruturadores de capacidades por meio das interações socioestatais. A capacidade estatal tanto molda as chances e estratégias de acesso e sucesso de interesses e demandas das organizações da sociedade civil e dos movimentos sociais, como é moldada e incrementada pela interação desses últimos atores com instituições e atores do Estado. Essa percepção revela o grau de porosidade do Estado às demandas dos atores coletivos, mecanismos de aumento e diminuição das chances de acesso ao Estado, permitindo uma compreensão quanto às capacidades de ação do próprio Estado (LAVALLE *et al.*, 2018, p. 65-69).

Em terceiro lugar, a presente pesquisa considera como um importante aspecto de capacidade estatal a capacidade de *regulação* da provisão privada (MARQUES, 2013b, p. 26).[25] A regulação envolve parâmetros de alocação de recursos, envolve comandar e controlar o

---

[25] Eduardo Marques (2013b) identifica a regulação como importante dimensão de capacidade estatal em seu estudo sobre a atuação de instituições privadas nas políticas do urbano.

fornecimento privado de serviços e diz respeito à definição de parâmetros para a estruturação desses serviços. No caso da assistência social, reconhecida como direito e como política pública pela CF/88, como a parte não contributiva de um sistema de seguridade social, a construção do SUAS nos anos 2000 significou a definição de parâmetros de prestação de serviço, níveis de proteção social, regras de cofinanciamento interfederativo, perfil de recursos humanos, regras para a Administração direta e para as organizações da sociedade civil. Numa dimensão vertical, a regulação diz respeito às normas federais e as estruturas de incentivos e restrições que influenciam o nível subnacional; numa dimensão horizontal, refere-se à interação entre atores governamentais e não governamentais no processo de implementação (BICHIR; BRETTAS; CANATO, 2017, p. 3).

Para formular e implementar políticas, são necessários diferentes tipos de recursos institucionais, humanos e financeiros, bem como instrumentos de políticas públicas capazes de alcançar os beneficiários. No caso da assistência social, esses recursos estatais são, invariavelmente, insuficientes para garantir a prestação pública direta, o que implica dependência bastante alta das organizações da sociedade civil (OSC) para o fornecimento dos serviços. Isso se dá, por um lado, por restrições do setor público, como a Lei de Responsabilidade Fiscal,[26] que estabelece limites para as despesas públicas (especialmente com recursos humanos). Por outro lado, pelo fato de as OSCs terem, historicamente, fornecido serviços socioassistenciais muito antes da ideia de assistência social como uma política pública (baseada em direitos, e não na caridade, conforme definição da CF/88). Sendo assim, a política de assistência social se estruturou considerando as capacidades organizacionais das OSCs: recursos financeiros e humanos (incluindo padrões de contratação mais flexíveis do que o setor público), capacidade de arrecadação de fundos, capacidade de articulação com outros atores e de influenciar a política, a capilaridade territorial e as formas de acessar e interagir com beneficiários (BICHIR; BRETTAS; CANATO, 2017, p. 5).

A análise das capacidades estatais inclui, ainda, o estudo dos *instrumentos de política* que se referem aos meios relevantes que um Estado tem à sua disposição para realizar tipos específicos de objetivos (SKOCPOL, 1985, p. 18). Os instrumentos (ou ferramentas) de política pública são os recursos sociais à mão do governo que são utilizados

---

[26] Lei Complementar nº 101/2000.

para organizar, agregar informações e alterar comportamentos. Eles dão estrutura aos arranjos institucionais, organizam as relações entre governo e governados no cotidiano da implementação da política, por meio de dispositivos técnicos e sociais, como, por exemplo, processos de conveniamento, editais, licitações, bancos de dados e índices, esquemas de certificação e isenção tributária (PIRES; GOMIDE, 2018, p. 29).

Para a presente pesquisa, é importante ressaltar que os instrumentos são construídos juridicamente e que as normas que forjam essas ferramentas tornam imperativo, por força da cogência normativa, o que foi desenhado ou pactuado entre os atores políticos.

Os instrumentos expressam um amplo conjunto de processos e técnicas à disposição dos governos para implementar a política pública (JACCOUD, 2020, p. 41) e podem ser fatores centrais nos resultados das políticas públicas, uma vez que o uso de instrumentos inadequados pode atrapalhar o alcance dos objetivos da política (SPÍNOLA; OLLAIK, 2019, p. 331-335).

Nesta pesquisa, daremos ênfase aos instrumentos de política pública voltados à coordenação intergovernamental, que promovem a articulação dos níveis de governo a partir de recursos, lógicas e dinâmicas institucionais variadas. Os instrumentos de indução favorecem a aproximação dos interesses descentralizados dos entes federados aos objetivos nacionais pactuados em torno de determinada política pública. Nesse sentido, os mecanismos financeiros, como as transferências condicionadas voluntárias, têm sido reconhecidos como instrumentos relevantes de coordenação intergovernamental, fortalecendo a autoridade do nível superior de governo (JACCOUD, 2020, p. 48).

As três dimensões de capacidades estatais supramencionadas (técnico-administrativa, política e regulatória) serão consideradas chaves para o estudo da sustentabilidade da política pública de assistência social, na medida em que, como mencionado na seção antecedente, as condições de sustentabilidade dizem respeito à: i) existência de uma burocracia estável, qualificada e de instrumentos de gestão fortes e contínuos; ii) existência de processos decisórios participativos, que envolvam os diversos atores afetados pela política e iii) existência de um desenho institucional bem estruturado, com base em um plano que tenha viabilidade técnica, financeira, política e social para ser implementado (LOTTA, 2020).

Feita essa apresentação sobre os pressupostos teóricos e metodológicos da pesquisa e apresentados os principais conceitos que irão embasar a análise empreendida neste trabalho, avançaremos, no segundo capítulo, para a apresentação do histórico da política pública de assistência social no Estado social brasileiro.

CAPÍTULO 2

O HISTÓRICO DA ASSISTÊNCIA SOCIAL NO BRASIL

Este segundo capítulo apresenta um histórico da assistência social no Brasil, com o objetivo de identificar os elementos contextuais, políticos e normativos que possam auxiliar na compreensão do processo de estruturação dessa política pública setorial ao longo dos anos – em especial para a identificação dos legados nas práticas socioassistenciais e para o reconhecimento dos momentos de inflexão na provisão dos benefícios e serviços.

A literatura reconhece três períodos de inovação institucional e difusão de direitos sociais que correspondem a diferentes fases do processo de construção do Estado social brasileiro, mencionado no capítulo antecedente: i) o período de 1930 a 1964, no qual se registra o surgimento das primeiras iniciativas de proteção social, de caráter corporativo – sendo a Era Vargas (1930-1945) o período de implementação de legislações trabalhistas e previdenciárias e o período democrático (1946-1964) uma fase de expansão inercial e incremental; ii) de 1964 a 1985, período de extensão da cobertura previdenciária para estratos sociais tradicionalmente excluídos; e iii) o período pós-1988, fundamentado na Constituição Federal da Nova República, que sinaliza uma proteção universal, caracterizada pela institucionalização da assistência social, pela fixação de um mínimo social (salário mínimo), pela extensão da cobertura previdenciária não contributiva (BPC), pela criação do Sistema Único de Saúde e pela política de valorização do salário mínimo (KERSTENETZKY, 2012, p. 181).

Considerando essa periodização, este capítulo traça o percurso histórico de como as ações de assistência social, historicamente executadas pela iniciativa privada, numa dimensão caritativa ou filantrópica de ajuda, foram sendo assumidas como responsabilidade pública do Estado social brasileiro. O relato busca dar contexto histórico e político à elaboração jurídica que estruturou o funcionamento da área de assistência social no Brasil ao longo do século XX e nas primeiras décadas do século XXI.

A investigação procura identificar quais instituições foram as principais responsáveis pela oferta de ações socioassistenciais no país ao longo dos anos, quais ações eram ofertadas por essas instituições, qual público era beneficiário e de que forma o Estado brasileiro atuou na ordenação e no custeio dessas ações, até assumir, na Nova República, a responsabilidade pelo financiamento, pela execução e pela regulamentação das ações socioassistenciais. Destacam-se as medidas que, a partir da promulgação da Constituição de 1988, lograram organizar a assistência social como política pública. São assinaladas as principais medidas de construção institucional do Sistema Único de Assistência Social, no período de 2003 a 2014, e são indicadas as investidas contra a proteção social, no período de 2016 a 2020.

2.1 O legado de caridade e filantropia nas práticas assistenciais

A assistência social compreende um conjunto de ações e atividades desenvolvidas nas áreas pública e privada, com o objetivo de suprir, sanar ou prevenir, por meio de métodos e técnicas próprias, deficiências e necessidades de indivíduos ou grupos quanto à sobrevivência, convivência e autonomia social (MESTRINER, 2008, p. 16).

A área da assistência social foi identificada durante muitos anos, no Brasil, por um aspecto de benevolência, de filantropia e favor, que a associava mais a uma atividade privada, realizada por instituições de caridade, igrejas e damas da sociedade, do que a uma atividade pública, de responsabilidade do Estado.

A atuação de instituições privadas na área social remonta ao período colonial, quando as Irmandades da Misericórdia (importadas de Portugal e implantadas em diversas localidades brasileiras) se incumbiam de fornecer dotes e caixões para pessoas pobres. O atendimento de órfãos, enfermos, inválidos e delinquentes, em educandários, hospitais, dispensários e albergues, por organizações guiadas pelos objetivos da caridade e da filantropia, foi uma prática observada durante todo o período imperial (MESTRINER, 2008, p. 40 *et seq.*).

Na Primeira República (1889-1930), as instituições filantrópicas atuavam concomitantemente nas áreas da saúde, educação e amparo social, distinguindo a esfera de atuação por especificidade do público: crianças eram atendidas em orfanatos e internatos, idosos e inválidos em asilos, doentes eram atendidos em sanatórios e imigrantes e ex-escravos contavam com instituições de auxílio mútuo (MESTRINER, 2008, p. 45).

O histórico de atenção total, de assistência a toda sorte de necessidades, de busca por solucionar todos os tipos de demandas das pessoas em situação de pobreza, gerou dificuldades na diferenciação das ações sociais no período de universalização da política. A área da assistência carregou por muito tempo esse legado generalista, de caráter voluntarista, em suas dinâmicas institucionais (BRETTAS, 2016, p. 34) – o que só foi enfrentado na Nova República, por um esforço normativo para a redefinição do caráter das ações dessa política.

No início do século XX, foram observadas as primeiras iniciativas do Estado brasileiro em regulamentar a proteção social – restrita, inicialmente, aos trabalhadores: foi aprovada uma lei para regular as obrigações resultantes de acidentes de trabalho[27] e foi aprovada a Lei Eloy Chaves,[28] marco da implantação da previdência social no Brasil (KERSTENETZKY, 2012, p. 187), que criou a Caixa de Aposentadoria e Pensão (CAP) para os empregados das empresas ferroviárias. Nos anos seguintes, foram criadas CAPs em outras empresas, seguindo esse mesmo modelo, com administração dos benefícios a cargo de empregados e patrões, sem a intervenção do Estado (CARVALHO, 2001, p. 113).

No mesmo período, foi aprovado o Código dos Menores,[29] para regular o atendimento de crianças e adolescentes, e foi criada uma contribuição de caridade[30] como fonte de recursos para o financiamento de

---

[27] O Decreto nº 3.724/1919 regulou as obrigações de estabelecimentos industriais e rurais, assim como da União, estados e municípios, relativas ao pagamento de indenização aos operários e suas famílias em caso de acidentes de trabalho.

[28] Lei Eloy Chaves é o nome pelo qual ficou conhecido o Decreto nº 4.682/1923. Essa lei estipulava benefícios de aposentadoria por invalidez, aposentadoria ordinária (por tempo de contribuição), pensão por morte e benefício de assistência médica, sendo os benefícios custeados por um fundo constituído por contribuições dos empregadores e dos trabalhadores.

[29] Decreto nº 17.943-A/1927, que adotava uma lógica de repressão contra menores em situação de pobreza, maus tratos, abandono, situação de rua ou delinquência (FALEIROS, 2005, p. 172).

[30] A contribuição de caridade foi criada pelo presidente Washington Luís por meio do Decreto nº 5.432/1928 e era cobrada nas Alfândegas da República sobre o vinho e demais bebidas alcoólicas e fermentadas e sobre as embarcações.

entidades de caráter beneficente e filantrópico, como as Santas Casas, hospitais e orfanatos.

2.2 A proteção social de caráter corporativo na Era Vargas (1930-1945)

Na Era Vargas (1930-1945), reconhece-se o início da implantação de um Estado social no Brasil, com a instituição de um sistema de proteção social de caráter corporativo (KERSTENETZKY, 2012, p. 181), restrito aos trabalhadores formalmente contratados e sindicalizados. O governo de Getúlio Vargas reconheceu a questão social e interveio nas relações entre capital e trabalho em três frentes: i) por meio da legislação trabalhista, previdenciária e sindical; ii) por meio de provisões nas áreas da educação, da qualificação profissional, da saúde pública e da assistência hospitalar, destinadas exclusivamente aos trabalhadores formais e iii) por meio do Conselho Nacional de Serviço Social (CNSS), que regulava a assistência social voltada aos trabalhadores empobrecidos e desempregados (MESTRINER, 2008, p. 74).

Na área trabalhista, destaca-se, no período, a regulação da limitação da jornada de trabalho,[31] a criação da carteira profissional de trabalho[32] como comprovante de elegibilidade dos direitos trabalhistas, a definição de remuneração igual para homens e mulheres pelo mesmo trabalho[33] e a criação do salário mínimo.[34] Posteriormente a legislação trabalhista foi reunida na CLT, a Consolidação das Leis do Trabalho[35] (KERSTENETZKY, 2012, p. 191).

Na área da previdência social, houve substituição das CAPs, modelo baseado nas empresas, pelos Institutos de Aposentadoria e Pensão (IAPs), que organizavam os trabalhadores por categoria

---

[31] O Decreto nº 21.186/1932 regulou a jornada de oito horas de trabalho do comércio e o Decreto nº 21.364/1932 regulou a jornada para o trabalho industrial. Ressalte-se que a jornada de trabalho dos menores já havia sido regulada pelo Decreto nº 1.313/1891.

[32] Instituída pelo Decreto nº 21.175/1932.

[33] O Decreto nº 21.417-A/1932, que regulou as condições do trabalho das mulheres nos estabelecimentos industriais e comerciais, determinou que a todo trabalho de igual valor corresponderia salário igual, sem distinção de sexo.

[34] O salário mínimo foi instituído pela Lei nº 185/1936, como direito do trabalhador a um pagamento capaz de satisfazer suas necessidades de alimentação, habitação, vestuário, higiene e transporte.

[35] Decreto-Lei nº 5.452/1943.

profissional.³⁶ O financiamento dos benefícios passou a contar com a participação do Estado (além das contribuições de empregados e empregadores) e a gestão dos benefícios passou a ser estatal, substituindo os seguros sociais privados por um seguro social público (KERSTENETZKY, 2012, p. 191). A previdência foi estendida a grande parte dos trabalhadores urbanos, mas continuou excluindo os trabalhadores autônomos, domésticos e rurais, mantendo-se a concepção da política social como privilégio de determinadas categorias profissionais, reconhecidas por lei, e não como direito (CARVALHO, 2001, p. 114).

Nesse contexto, o trabalho aparecia como um direito, um dever social³⁷ e como via de acesso à cidadania. Os direitos sociais (de saúde, educação e previdência social) eram garantidos apenas aos trabalhadores do mercado formal, enquanto que aos desempregados e trabalhadores informais mantinha-se o atendimento pela via da filantropia. Assim, criou-se, no período varguista, uma polarização do bem-estar entre os incluídos e os excluídos do mercado formal de trabalho (MESTRINER, 2008, p. 101), que, em última instância, estavam incluídos ou excluídos da cidadania.

Ainda que no texto da Constituição de 1934 houvesse uma menção explícita à incumbência do Estado em assegurar o amparo dos desvalidos³⁸ (IAMAMOTO; CARVALHO, 2006, p. 249), a política de Vargas incentivava o amparo social filantrópico, por meio do mecanismo da subvenção (MESTRINER, 2008, p. 71), mantendo as práticas assistenciais circunscritas ao âmbito privado, sem assumi-las como responsabilidade pública.

O governo passou a incentivar a criação de instituições privadas para a proteção à maternidade, à infância, à adolescência³⁹ e às famílias

---

36 Nesse período, foram criados, por exemplo, os Institutos de Aposentadoria e Pensões (IAP) dos Marítimos (Decreto nº 22.872/1933), dos Bancários (Decreto nº 24.615/1934), dos Industriários (Lei nº 367/1936) e dos servidores do Estado (Decreto-Lei nº 288/1938).

37 A Constituição de 1937 determinava, em seu artigo 136, que o trabalho é um dever social, um direito de todos e constitui um bem que é dever do Estado proteger.

38 "Art. 138 – Incumbe à União, aos Estados e aos Municípios, nos termos das leis respectivas: a) assegurar amparo aos desvalidos, criando serviços especializados e animando os serviços sociais, cuja orientação procurarão coordenar" – Constituição da República dos Estados Unidos do Brasil, de 1934.

39 O Decreto-Lei nº 2.024/1940 determinou a cooperação entre o poder público e as instituições particulares para o desenvolvimento de atividades de proteção à maternidade, à infância e à adolescência.

em situação de miséria.⁴⁰ Essas instituições atuavam concomitantemente nas áreas de educação,⁴¹ saúde, prestação de alimentos e amparo social. Para auxiliar no financiamento dos estabelecimentos de caridade que atendiam às demandas da população que não era alcançada pela legislação trabalhista e previdenciária, Vargas criou a Caixa de Subvenções,⁴² constituída pelos recursos oriundos da cobrança nas Alfândegas da República.⁴³ Os recursos eram destinados a subvencionar instituições particulares de assistência que prestassem serviços gratuitos, como hospitais, maternidades, creches, asilos, orfanatos, ambulatórios e estabelecimentos de ensino técnico.⁴⁴

Para examinar e indicar as instituições a serem subvencionadas, bem como o valor dos auxílios a serem concedidos com os saldos da Caixa de Subvenções, criou-se um conselho⁴⁵ composto por especialistas em questões da assistência social e representantes governamentais (GONÇALVES, 2011, p. 325).⁴⁶

Em 1938, foi criado o Conselho Nacional de Serviço Social (CNSS),⁴⁷ composto por membros notoriamente dedicados ao serviço social, indicados pelo Presidente da República, além do Juiz de Menores do Distrito Federal e de dois membros do Ministério da Educação e

---

⁴⁰ O Decreto-Lei nº 3.200/1941 determinou que as instituições assistenciais que se organizassem para dar proteção às famílias em situação de miséria seriam subvencionadas pelo Estado.

⁴¹ O Serviço Nacional de Aprendizagem dos Industriários (SENAI) foi criado nesse contexto, pelo Decreto-Lei nº 4.048/1942, para organizar e administrar escolas de aprendizagem.

⁴² Criada pelo Decreto nº 20.351/1931.

⁴³ Recursos da contribuição de caridade (Decreto nº 5.432/1928), sobre a importação de bebidas alcoólicas e pelo produto da taxa especial sobre embarcações e, ainda, por créditos orçamentários e especiais destinados a esse fim e por donativos concedidos em favor da Caixa de Subvenções.

⁴⁴ A Caixa de Subvenções era vinculada ao Ministério de Justiça e Negócios Interiores, que era responsável por deferir os pedidos de subvenção das instituições requerentes habilitadas, organizar um registo de todos os estabelecimentos subvencionados, bem como de fiscalizá-los. Posteriormente, a Caixa de Subvenções passou a ser vinculada ao Ministério da Educação e Saúde Pública (cf. Decreto nº 21.220/1932).

⁴⁵ O conselho foi criado pela Lei nº 119/1935, a exemplo do *Council of Social Services*, dos Estados Unidos, que tinha as mesmas atribuições (MESTRINER, 2008, p. 56).

⁴⁶ Apesar da existência do conselho e de critérios legais de habilitação das instituições para o recebimento dos recursos, permanecia uma última instância decisória que deliberava sobre a distribuição das subvenções, consubstanciada na figura de Getúlio Vargas. A regulação da Caixa de Subvenções dava uma dimensão impessoal aos mecanismos de troca sociopolítica, mas o registro das correspondências de líderes religiosos a Vargas, solicitando sua benevolência na concessão de recursos por meio de subvenções, bota em cheque o caráter impessoal e o estrito cumprimento dos trâmites burocráticos na concessão dos benefícios (GONÇALVES, 2011, p. 327-334).

⁴⁷ O CNSS foi criado pelo Decreto-Lei nº 525/1938, como um órgão de cooperação do Ministério da Educação e Saúde.

Saúde. Os primeiros conselheiros nomeados para integrar o CNSS eram pessoas de grande expressão na área social, pertencentes ao quadro diretor de destacadas instituições sociais, que permaneceram no CNSS por muitos anos (MESTRINER, 2008, p. 58-60).

Competia ao CNSS opinar quanto às subvenções concedidas pelo governo federal às instituições de caráter privado (assumindo o papel do conselho anterior), além de promover pesquisas relativas à situação de pobreza e miséria e elaborar o plano de organização do serviço social, para ser executado em todo o país. O CNSS não chegou a ser um organismo consultivo atuante, caracterizando-se mais por sua atuação cartorial de registro das entidades e pela manipulação de verbas e subvenções do que pela coordenação das ações assistenciais no país. De qualquer forma, ele é um marco quanto à preocupação do Estado em relação à organização e centralização das obras assistenciais públicas e privadas (IAMAMOTO; CARVALHO, 2006, p. 250). O CNSS representou uma das primeiras formas de regulação da assistência social na burocracia do Estado republicano brasileiro, ainda que na função de subvenção às organizações sociais que prestavam amparo social sem relação direta com a população (MESTRINER, 2008, p. 66-67).

No que se refere ao financiamento das instituições filantrópicas no período varguista, destaca-se que, além das subvenções,[48] foi introduzida a isenção do pagamento do imposto de renda às sociedades e fundações de caráter beneficente, filantrópico e caritativo,[49] o que inaugurou uma forma de financiamento indireto dessas entidades pelo Estado (JACCOUD, 2012, p. 76).

Dentre as instituições de assistência social atuantes no período, destaca-se a Legião Brasileira de Assistência (LBA), associação civil fundada em 1942 por Darcy Vargas, esposa de Getúlio Vargas, logo após o engajamento do Brasil na Segunda Guerra Mundial. O objetivo inicial da LBA era prover as necessidades das famílias dos soldados da Força Expedicionária Brasileira (FEB) convocados para a guerra. Mas com o fim do conflito, a LBA passou a prestar assistência a todo tipo de família necessitada, independentemente de vinculação com os pracinhas do exército, tornando-se um programa de ação permanente (IAMAMOTO; CARVALHO, 2006, p. 251).

---

[48] As subvenções, depois da criação do CNSS, passaram a ser reguladas pelo Decreto-Lei nº 527/1938.
[49] A isenção foi instituída pelo Decreto-Lei nº 5.844/1943, que dispôs sobre a cobrança do imposto de renda.

A presidência da LBA foi exercida, ao longo dos anos seguintes, pelas primeiras-damas. O trabalho social das esposas dos governantes inaugurou o chamado primeiro-damismo, uma forma de atuação na área da assistência social que se apoia em papéis tradicionais de gênero, na ideia de atributos "femininos" de bondade, e que se dá mais numa perspectiva de favor, filantropia e benevolência do que na perspectiva do direito (TORRES, 2002, p. 20-23).

O funcionamento da LBA foi autorizado[50] e, posteriormente, a associação foi reconhecida[51] como órgão de cooperação com o Estado no tocante aos serviços de assistência social, prestados diretamente pela LBA ou em colaboração com associações congêneres. Com isso, a LBA passou a receber uma contribuição especial arrecadada pelos Institutos e Caixas de Aposentadoria e Pensões (IAPs e CAPs), constituída de percentagem sobre o salário de contribuição dos segurados, de cota dos empregadores e de cota da União.

Ao longo dos anos, a LBA atuou repassando verbas públicas para a ampliação das obras assistenciais particulares e oferecendo apoio às escolas especializadas de Serviço Social, o que propiciou a expansão quantitativa do volume de órgãos de assistência em todo o país, sem implicar, necessariamente, nesse primeiro momento, uma melhora qualitativa da execução das ações na área social (IAMAMOTO; CARVALHO, 2006, p. 253).

Outra instituição criada no período foi o Serviço de Assistência a Menores (SAM),[52] criado como um serviço de atendimento a menores desvalidos e delinquentes, internados em estabelecimentos oficiais e particulares, com enfoque correcional-repressivo[53] (SILVA; MELLO, 2004, p. 23).

Assim, destaca-se como legado da Era Vargas na área da assistência social: seu papel residual de atendimento ao público excluído da proteção previdenciária (destinada exclusivamente aos trabalhadores formais), a manutenção da generalidade das ações assistenciais (com provisões de saúde, educação e amparo social abarcadas na lógica

---

[50] Pela Portaria nº 6.013/1942. A fundação de entidades de fins filantrópicos dependia de prévia autorização do Ministro da Justiça e Negócios Interiores como meio "necessário" para impedir que "elementos perigosos" agissem "contra a segurança do Estado", conforme previsão do Decreto-Lei nº 4.684/1942.
[51] Pelo Decreto-Lei nº 4.830/1942, subordinado ao Ministro da Justiça e Negócios Interiores.
[52] O Serviço de Assistência a Menores (SAM) foi criado pelo Decreto-Lei nº 3.799/1941.
[53] O SAM era equivalente ao sistema penitenciário para menores (SILVA; MELLO, 2004, p. 23).

de alívio à pobreza); a institucionalização de crianças e adolescentes pobres, abandonados e delinquentes (em educandários, abrigos e no SAM), numa lógica disciplinadora da atenção social; o financiamento das instituições privadas com recursos públicos por meio da isenção de imposto de renda e de subvenções; a atuação do CNSS no arbitramento das subvenções; a atuação da LBA na coordenação das ações de assistência em todo o país e a persistência do princípio de subsidiariedade, segundo o qual o Estado transfere a responsabilidade da execução das ações socioassistenciais para a sociedade civil, restringindo-se à execução de ações emergenciais (MESTRINER, 2008, p. 21).

2.3 Isenções e subvenções no período democrático (1946-1964)

Com a queda de Vargas e a promulgação da Constituição de 1946, teve início o interregno democrático (1946-1964) no qual a proteção social corporativa do período anterior teve expansão incremental (KERSTENETZKY, 2012, p. 181). Nesse período, foram registrados esforços de aproximação do salário mínimo de sua referência conceitual,[54] tentativas de universalização da previdência (com a Lei Orgânica da Previdência Social,[55] que unificou o sistema previdenciário público do país e incluiu os trabalhadores autônomos como segurados obrigatórios) e a incorporação não contributiva dos trabalhadores rurais no sistema de proteção social (com a criação do Estatuto do Trabalhador Rural)[56] (KERSTENETZKY, 2012, p. 197).

Destaca-se, no período, a ampliação do financiamento público às instituições privadas de assistência social. A Constituição de 1946 isentou de impostos as instituições de assistência social, ampliando a abrangência dos benefícios fiscais. A isenção constitucional só foi regulamentada anos depois,[57] mas implicou um aumento no fluxo de pedidos de subvenção a serem arbitrados pelo CNSS, ampliado pela criação contínua de novas instituições, em razão do benefício fiscal constitucional (MESTRINER, 2008, p. 119).

---

[54] Houve um primeiro reajuste do valor do salário mínimo com o Decreto nº 30.342/1951 e, três anos depois, um novo reajuste de 100% pelo Decreto nº 35.450/1954.
[55] Lei nº 3.807/1960.
[56] O Estatuto do Trabalhador Rural foi criado pela Lei nº 4.214/1963, que não teve sucesso pela indefinição das fontes de financiamento (SANTOS, 1979, p. 115).
[57] A isenção foi regulamentada pela Lei Federal nº 3.193/1957.

O CNSS[58] recebeu a função de registro das instituições socioassistenciais,[59] o que passou a ser um requisito para que as entidades recebessem subvenções. Assim, o conselho passou a reconhecer oficialmente as instituições sem fins lucrativos (MESTRINER, 2008, p. 121).

Em 1958, foi autorizada[60] a dedução das contribuições feitas a instituições filantrópicas, reconhecidas como de utilidade pública, do imposto de renda das pessoas naturais ou jurídicas. No ano seguinte, criou-se a possibilidade[61] de isenção da taxa de contribuição de previdência às entidades reconhecidas como de fins filantrópicos.[62]

Essas medidas alargaram os incentivos à filantropia, sendo que a isenção da cota patronal implicou defasagem nos recursos da previdência social, privilegiando instituições que conferiam aos trabalhadores excluídos do sistema de proteção social corporativo retornos minguados prestados como benesse ou favor. O alargamento das vantagens fiscais reforçou a omissão do Estado e a transferência da responsabilidade pela assistência social à sociedade civil. E, além disso, reforçou o caráter cartorial do CNSS, que assumiu a concessão da declaração de utilidade pública às instituições de fins filantrópicos. Assim, a legislação do período institucionalizou a subvenção (que ganhou maiores exigências e controle), o cadastramento das entidades sociais (que deveriam ser registradas no CNSS) e o alargamento das vantagens fiscais a essas entidades – e consolidou o financiamento indireto do Estado às instituições filantrópicas por meio de imunidades e isenções (MESTRINER, 2008, p. 128-130).

2.4 A assistência por convênios do regime militar (1964-1985)

Durante o regime militar (1964-1985), a seguridade social foi ampliada para incluir novos segmentos, como os empregados

---

[58] Em 1953, com o desmembramento do Ministério da Educação e da Saúde pela Lei nº 1.920/1953, o CNSS ficou anexado ao Ministério da Educação e Cultura.
[59] A competência do CNSS para registro das entidades foi estabelecida pela Lei Federal nº 1.493/1951, que tratava dos pagamentos de auxílios e subvenções.
[60] Pela Lei nº 3.470/1958.
[61] Possibilidade criada pela Lei nº 3.577/1959.
[62] A declaração de utilidade pública, conferida pelo Poder Executivo às associações e fundações constituídas com o fim exclusivo de "servir desinteressadamente à coletividade", era prevista desde 1935 (pela Lei nº 91/1935), mas tal reconhecimento tinha, até então, apenas caráter honorífico (MESTRINER, 2008, p. 102).

domésticos[63] e os trabalhadores rurais[64] (sendo que, para esses últimos, os benefícios seguiram uma lógica não contributiva,[65] com valores inferiores aos recebidos pelo trabalhador urbano formal).[66] Na saúde, foram estruturados serviços privados (para os estratos médios e altos de renda) e uma provisão pública residual para os pobres, complementando o segmento contributivo. Esse conjunto de políticas deu início a uma massificação da proteção social, com a ampliação desigual de coberturas e oportunidades (KERSTENETZKY, 2012, p. 201).

No primeiro ano do regime, foi criada a Fundação Nacional do Bem-Estar do Menor (FUNABEM)[67] para assegurar programas de integração de menores empobrecidos à sociedade. A partir dela, foram instituídas as Fundações Estaduais do Bem-Estar do Menor (FEBEMs) e ampliaram-se os serviços municipais e estaduais de atendimento a menores abandonados e autores de atos infracionais.[68]

Foi criado o Instituto Nacional de Previdência Social (INPS),[69] que unificou os IAPs e uniformizou os benefícios e serviços da seguridade sob uma única estrutura administrativa estatal centralizada. A gestão da previdência passou a ser realizada exclusivamente pela burocracia estatal, e não mais por empregados e empregadores como nos IAPs. Os servidores públicos civis e militares, contudo, mantiveram seus regimes separados (KERSTENETZKY, 2012, p. 201).

Pouco tempo depois, foi criado o Instituto Nacional de Assistência Médica da Previdência Social (INAMPS), para prestar assistência médica aos segurados do INPS, aos trabalhadores rurais e servidores do Estado. Além disso, foi instituído o Sistema Nacional de Previdência

---

[63] A Lei nº 5.859/1972 assegurou aos empregados domésticos os benefícios e serviços da Lei Orgânica da Previdência Social, na qualidade de segurados obrigatórios. Mas muitos direitos trabalhistas permaneceram negados a essa categoria profissional, o que só foi corrigido pela Lei Complementar nº 150/2015, promulgada na gestão de Dilma Rousseff (PT).

[64] Os trabalhadores rurais foram inseridos na previdência social por meio do Programa de Assistência ao Trabalhador Rural (PRORURAL), instituído pela Lei Complementar nº 11/1971. O PRORURAL era um programa redistributivo, que transferia renda entre as regiões, das áreas urbanas para as áreas rurais (SANTOS, 1979, p. 115).

[65] A previdência rural era financiada por meio de contribuição cobrada sobre a comercialização de produtos de origem agrícola rural.

[66] O PRORURAL previa que o benefício de aposentadoria por idade seria de 50% do valor do salário mínimo e que a pensão por morte consistiria em 30% do valor do salário mínimo, pago ao dependente.

[67] Pela Lei nº 4.513/1964, em substituição ao SAM, criado por Vargas.

[68] O Código de Menores de 1927 foi revogado pela Lei nº 6.697/1979, que instituiu novo Código de Menores, mantendo a lógica de "vigilância".

[69] Pelo Decreto-Lei nº 72/1966.

e Assistência Social (SINPAS),[70] que integrou as ações de assistência médica (prestada pelo INAMPS), de previdência social (prestada pelo INPS), de assistência social (coordenadas pela LBA) e da política para menores (competência da FUNABEM).

Foi instituída a Renda Mensal Vitalícia (RMV),[71] benefício parcialmente contributivo, integrado à previdência e devido aos maiores de 70 anos e às pessoas com deficiência que não exercessem atividade remunerada e que não recebessem rendimentos superiores a meio salário mínimo (KERSTENETZKY, 2012, p. 203).

Nesse período, observou-se a criação das primeiras secretarias estaduais e municipais (de Desenvolvimento Social, Bem-Estar Social e Promoção Social), órgãos específicos para dar conta das novas demandas por ações no campo da proteção social (MIOTO; NOGUEIRA, 2013, p. 64). Esses órgãos municipais e estaduais tinham competências difusas, funcionando com orçamentos mínimos e muitas vezes com pessoal cedido. A atuação da assistência social complementava as ações de saúde (com fornecimento de órteses, próteses, medicamentos e suplementos alimentares) e de educação (atuando na formação profissional, na alfabetização de adultos e no atendimento em creches), mantendo a generalidade das ações legada dos períodos anteriores (MESTRINER, 2008, p. 165).

Os órgãos municipais e estaduais reproduziam a atuação da União, priorizando parcerias com instituições privadas para a execução das ações de assistência social. Essas parcerias, inicialmente informais, foram sendo paulatinamente formalizadas por meio de convênios. Com o processo de conveniamento, o Estado passou a ter um papel regulador, voltado para o controle burocrático dos repasses de recursos (MESTRINER, 2008, p. 166), mas ainda sem a preocupação com a definição de padrões de atuação das instituições privadas, o que só seria verificado nos anos 2000 (BRETTAS, 2016, p. 53). Os convênios

---

[70] O SINPAS e o INAMPS foram instituídos pela Lei nº 6.439/1977.
[71] A RMV foi instituída pela Lei nº 6.179/1974 como benefício previdenciário destinado às pessoas maiores de 70 anos de idade e aos "inválidos" (pessoas definitivamente incapacitadas para o trabalho) que não exercessem atividade remunerada, que não fossem mantidos por pessoa da família e que não tivessem outro meio de prover o próprio sustento, desde que tivessem contribuído para a previdência por pelo menos 12 meses (consecutivos ou não), que tivessem exercido atividade remunerada, mesmo sem filiação à previdência social por 5 anos (consecutivos ou não), ou que tivessem ingressado no regime de previdência após completar 60 anos de idade sem direito aos benefícios regulamentares. A RMV seria posteriormente substituída pelo BPC, o que será abordado na subseção 4.2.2, no quarto capítulo.

exigiam registro das entidades no CNSS, o que aumentou ainda mais a demanda de trabalho cartorial do conselho.[72]

A atribuição de conceder subvenções foi transferida do CNSS para o Congresso. O CNSS passou a enviar listas das entidades com registro para a Câmara e para o Senado, para que os parlamentares indicassem as entidades a serem beneficiadas com cotas do orçamento. A lista de entidades beneficiadas, após indicação parlamentar, retornava ao CNSS para pagamento (MESTRINER, 2008, p. 177).[73]

Como resultado do processo de conveniamento incentivado no período, cresceu o número de organizações não governamentais e sem fins lucrativos no país. Esse terceiro setor, composto por diversos tipos de organizações, abarcava associações organizadas de maneira solidária na comunidade, organizações derivadas de movimentos sociais, braços doutrinários de igrejas e instituições que exerciam uma filantropia empresarial (de projetos sociais). Todas essas organizações eram instituições de Direito privado, com fim público (MESTRINER, 2008, p. 37), e a maior parte delas elegia clientelas específicas, pautando-se pelo atendimento às necessidades básicas humanas, nem sempre de maneira combinada com a defesa de direitos.

2.5 O direito social à assistência na Nova República (pós-1988)

A Constituição Federal de 1988 consolidou o paradigma dos direitos como o norteador da política de assistência social, rompendo com a tradição da filantropia e beneficência (MARGARITES, 2019, p. 217). Assegurou direitos sociais aos brasileiros, previu a universalização da seguridade social e da educação, designou o salário mínimo como valor piso para os benefícios constitucionais, descentralizou as políticas sociais com garantia de repasse e de capacidade arrecadatória própria para os níveis subnacionais e introduziu o controle social (KERSTENETZKY, 2012, p. 212).

---

[72] Em 1972, o conselho passou a ser classificado como um órgão de deliberação coletiva, ficando vinculado ao Ministério da Educação e Cultura, conforme Decreto nº 70.025/1972.

[73] A função meramente cartorial do conselho foi consolidada na gestão Figueiredo (1979-1985), no Decreto nº 87.062/1982, que dispôs sobre a organização do Ministério da Educação e Cultura. Previu-se o CNSS teria "por finalidade deliberar e definir normas para efeito de concessão de subvenções às entidades de natureza educacional, cultural, social e assistencial, bem como averiguar e certificar a condição de entidade de fins filantrópicos".

A CF/88 inseriu a assistência social no tripé da seguridade social (junto com saúde e previdência) e determinou que as ações governamentais na área da assistência social fossem realizadas com recursos do orçamento da seguridade social (sem, contudo, especificar a repartição de recursos entre as três áreas que a compõem). Consolidou a assistência social como uma política pública[74] apartada das demais, com funções e públicos específicos. Determinou a gestão descentralizada e participativa,[75] com a responsabilização da União, de estados e de municípios na execução das ações socioassistenciais, em conjunto com as entidades privadas.[76] Além disso, favoreceu as entidades beneficentes com isenções de contribuições para a seguridade social.

A nova ordem constitucional não implicou alterações imediatas na organização da política, persistindo, num primeiro momento, a lógica de atuação da LBA.

Após a promulgação da Constituição, teve início um processo de regulamentação do exercício de direitos individuais e sociais. Foram aprovadas leis que estabeleceram os direitos das pessoas com deficiência[77] e das crianças e adolescentes.[78] Verificou-se morosidade no encaminhamento do projeto de lei para a regulamentação da assistência social em comparação com os outros dois setores da seguridade,[79] que foram logo regulados: as leis relativas à saúde foram aprovadas

---

[74] Para uma discussão sobre o reconhecimento do direito à assistência social e sua concretização pela estruturação da política pública de assistência social promovida pelo SUAS, cf. STUCHI, 2012, p. 157-192 e STUCHI, 2015, p. 107-124.

[75] Apesar de a descentralização e a participação constituírem diretrizes constitucionais para as ações na área da assistência social, a organização dessas ações não foi prevista, desde logo, sob a forma de um sistema – como ocorreu com a política setorial da saúde (a CF/88 previu de forma expressa que as ações e serviços públicos de saúde integrariam uma rede regionalizada e hierarquizada e se constituiriam em um *sistema único*).

[76] Ao permitir a execução das ações de forma compartilhada pelo poder público e pelas entidades privadas de assistência social, a CF/88 alterou o paradigma do relacionamento público-privado, fortalecendo o dever do Estado enquanto normatizador, coordenador, financiador e executor da política. Manteve-se a rede privada executora, mas agora dentro de padrões estabelecidos pelo poder público, numa política pública efetivadora de direitos aos cidadãos (MESTRINER, 2008, p. 47).

[77] A Lei nº 7.853/1989, com normas gerais que asseguram o pleno exercício dos direitos individuais e sociais das pessoas com deficiência.

[78] O Estatuto da Criança e do Adolescente (ECA), Lei nº 8.069/1990.

[79] A regulação da proteção social ficou acordada no artigo 59 do Ato das Disposições Constitucionais Transitórias (ADCT), que previa a elaboração, por parte do Poder Executivo, dos projetos de lei relativos à organização da seguridade social em, no máximo, seis meses após a promulgação da Constituição.

em 1990[80] e as leis relativas à previdência foram aprovadas em 1991.[81] Manteve-se a previsão de isenção de contribuição à seguridade social às entidades beneficentes de assistência social reconhecidas como de utilidade pública e certificadas como entidades de fins filantrópicos,[82] mantendo-se a atribuição do CNSS na emissão da certificação, para fins de subvenção.[83]

Durante a gestão de Fernando Collor de Mello (PRN), a denominação da FUNABEM foi alterada para Fundação Centro Brasileiro para a Infância e Adolescência (CBIA)[84] (FERNANDES; COSTA, 2021, p. 29). A primeira-dama, Rosane Collor, assumiu a presidência da LBA e, em sua gestão, emergiram diversas denúncias de esquemas de desvios de verbas nos repasses efetuados pela Fundação (MARGARITES, 2019, p. 244).

Em 1990, a Lei Orgânica de Assistência Social[85] foi aprovada pela Câmara e pelo Senado, mas o projeto foi vetado integralmente por Collor,[86] pela contrariedade do presidente em relação ao Benefício de Prestação Continuada, sob o prisma fiscal.

Na gestão Itamar Franco (PMDB), foi elaborada uma nova proposta[87] de Lei Orgânica para a assistência social, que foi discutida, artigo por artigo, no Congresso Nacional – o que ficou conhecido como Conferência Zero da Assistência Social (SPOSATI, 2004, p. 59). A partir dessas discussões, o Poder Executivo enviou ao Congresso o PL nº 4.100/1993, que foi aprovado na Lei nº 8.742/1993, que dispôs sobre a organização da assistência social.

---

[80] A Lei Orgânica da Saúde (LOS), Lei nº 8.080/1990, regulou o Sistema Único de Saúde (SUS) e a Lei nº 8.142/1990 regulou a participação da comunidade na gestão do SUS (por meio dos conselhos e conferências).

[81] A Lei nº 8.212/1991 dispôs sobre a organização da Seguridade Social e instituiu Plano de Custeio e a Lei nº 8.213/1991, dispôs sobre os Planos de Benefícios da Previdência Social. As duas leis foram aprovadas em segunda propositura, visto que a primeira foi vetada pelo presidente (MESTRINER, 2008, p. 201).

[82] Conforme previsão da Lei nº 8.212/1991.

[83] Conforme disposição do Decreto nº 99.916/1990.

[84] A alteração da denominação da FUNABEM para CBIA foi feita pela Lei nº 8.029/1990.

[85] PL nº 3.099/1989, elaborado com base em uma proposta concebida pelo IPEA (a pedido do governo federal), que havia sido levada à Câmara dos Deputados para discussão no I Simpósio Nacional sobre Assistência Social, realizado em 1989 (MARGARITES, 2019, p. 218-244).

[86] O veto foi enviado ao Congresso pela mensagem nº 172/1990.

[87] A pedido do governo, a proposta foi elaborada pelo Conselho Nacional de Seguridade Social (MARGARITES, 2019, p. 250).

A Lei Orgânica da Assistência Social (LOAS) extinguiu o CNSS, substituindo-o pelo Conselho Nacional de Assistência Social (CNAS), com caráter deliberativo para normatizar e controlar a política pública (mantendo-se, em princípio, a atribuição de certificação das entidades de fins filantrópicos nesse conselho).[88] Regulamentou a garantia constitucional de um salário mínimo de benefício mensal à pessoa com deficiência e à pessoa idosa que comprovassem não possuir meios de prover à própria manutenção (Benefício de Prestação Continuada) e criou os benefícios eventuais. Previu que as ações na área de assistência social seriam organizadas sob a forma de um sistema descentralizado e participativo. Mas esse sistema, inicialmente, não foi denominado Sistema Único de Assistência Social.

Com a eleição de Fernando Henrique Cardoso (PSDB) em 1994, a CBIA e a LBA, "agência de clientelismo e assistencialismo por excelência" (DRAIBE, 2003, p. 87), foram extintas,[89] dando novos contornos à política de assistência social.

No primeiro ano de governo, foi criado o Programa Comunidade Solidária (PCS),[90] que tinha como estratégia promover a articulação entre ações das três esferas de governo, em parceria com a sociedade civil, seguindo diretrizes de descentralização e solidariedade (DRAIBE, 2003, p. 74). O principal objetivo do PCS era combater a miséria por meio da seleção de programas prioritários para a alocação de recursos (PELIANO; RESENDE; BEGHIN, 2009, p. 24). Os programas escolhidos eram depois direcionados para os municípios mais pobres do país, numa estratégia de focalização em áreas e populações mais necessitadas (DEL PORTO, 2006, p. 18).

Encabeçado por Ruth Cardoso, primeira-dama na função de secretária executiva, o PCS foi avaliado como destoante do que havia sido preconizado pela CF/88 e pela LOAS, reafirmando a tradição de superposição que levava à desqualificação da provisão social (MESTRINER, 2008, p. 275). Essa avaliação ficou clara nos debates ocorridos na I Conferência Nacional de Assistência Social, realizada em

---

[88] A atribuição de certificação das entidades para fins de isenção de contribuição à seguridade social estava prevista na Lei Federal nº 8.212/1991 como atribuição do CNSS. Com a aprovação da LOAS, a lei foi atualizada (pela Lei nº 9.429/1996) para que a atribuição de certificação passasse a ser competência do CNAS.
[89] Pela Medida Provisória nº 813/1995.
[90] O Programa Comunidade Solidária foi criado pelo Decreto nº 1.366/1995.

novembro de 1995,[91] que deliberou pela extinção do programa e dos fundos de solidariedade, que representavam dualidade em relação às ações propostas pela LOAS.

Em 1996, teve início a concessão do Benefício de Prestação Continuada (BPC) à pessoa com deficiência e à pessoa idosa com 70 anos ou mais, comprovadamente pobres. A implantação do BPC fez o gasto em assistência crescer significativamente (KERSTENETZKY, 2012, p. 224). No mesmo ano, a assistência social passou a garantir os benefícios eventuais (auxílio por natalidade ou morte), prestação que estava sob a responsabilidade da política de previdência social até 1995[92] (BRASIL, 2018, p. 22). Além disso, foi criado o Programa de Erradicação do Trabalho Infantil (PETI), um programa intersetorial de transferência de renda e trabalho social com as famílias, com o objetivo de retirar crianças e adolescentes de atividades perigosas, insalubres, penosas e degradantes (SOUZA, 2016, p. 179), que passou a integrar as ações da assistência social.

Ainda no primeiro mandato de FHC (1995-1998), foi aprovada a política nacional de assistência social (PNAS/1998), que previa que as ações socioassistenciais fossem *focalizadas* nos indivíduos e segmentos populacionais que, além de vivenciarem situações de vulnerabilidade e risco social, fossem comprovadamente pobres. Foram aprovadas duas Normas Operacionais Básicas (NOBs),[93] que buscaram disciplinar o processo de descentralização da política de assistência social, nos moldes da NOB/1996[94] do Sistema Único de Saúde (SUS)[95] (JACCOUD; LICIO; LEANDRO, 2017, p. 33). Isso deu início à municipalização dos serviços (DRAIBE, 2003, p. 76), mas a taxa de adesão dos governos municipais à gestão descentralizada da política foi, nesse primeiro momento, muito baixa (ARRETCHE, 1999, p. 120).

---

[91] A convocação periódica de conferências pelos conselhos de assistência social foi prevista na LOAS. Ver seção 4.3 no quarto capítulo.

[92] A Lei nº 8.213/1991, que dispunha sobre os Planos de Benefícios da Previdência Social, previa que o pagamento do auxílio-natalidade e do auxílio-funeral ficariam sob a responsabilidade da previdência social até que entrasse em vigor lei que dispusesse sobre os benefícios e serviços da assistência social.

[93] A primeira NOB (NOB/1997) foi aprovada pela Resolução CNAS nº 204/1997. A NOB-2 (NOB/1998) foi aprovada pela Resolução CNAS nº 207/1998, que aprovou também a primeira Política Nacional de Assistência Social (PNAS/1998).

[94] A NOB 1/96 do SUS foi aprovada pela Portaria MS nº 2.203/1996.

[95] Para uma discussão sobre a emulação do SUS como estratégia de construção institucional do SUAS, cf. FRANZESE; ABRUCIO, 2013, p. 378 *et seq.* e BICHIR; GUTIERRES, 2019, p. 269-293.

No segundo mandato de FHC (1999-2002), foram criados diversos programas focalizados em populações e localidades pobres, como o Programa Comunidade Ativa[96] e o Projeto Alvorada.[97] Foram criados programas de renda mínima, como o Bolsa Escola (vinculado à educação)[98] e o Bolsa Alimentação (vinculado à saúde),[99] além do Auxílio-Gás,[100] formando a Rede de Proteção Social (um conjunto de programas de transferência direta de renda para famílias pobres). Foi criado o Fundo de Combate e Erradicação da Pobreza (FCEP),[101] para reunir recursos a serem aplicados em programas de relevante interesse social, e o Cadastramento Único,[102] visando à unificação do cadastramento de beneficiários de diversos programas sociais, a cargo de diferentes ministérios (BICHIR, 2011, p. 102).

No entanto, apesar dos avanços, alguns padrões históricos de envolvimento de entidades beneficentes na provisão das ações socioassistenciais se mantiveram persistentes, até o final da gestão de FHC: i) a concepção da assistência social como área subsidiária, não especializada, sem parâmetros próprios e de retaguarda de outras políticas sociais, que abrangeria qualquer tipo de atividade direcionada a lidar com as demandas da pessoa pobre; ii) a insuficiência de parâmetros públicos para os serviços ofertados e a fragmentação da oferta de serviços; iii) a falta de clareza de critérios de repasses de recursos públicos às organizações privadas que realizavam os serviços socioassistenciais, com preponderância de interesses particulares na lógica de alocação dos recursos públicos e iv) a sobreposição de normas e de lógicas distintas (às vezes conflitantes) na relação entre organizações privadas e o Estado (BRETTAS, 2016, p. 61).

---

[96] Lançado em 1999, o Programa Comunidade Ativa foi concebido como uma estratégia de indução ao Desenvolvimento Local, Integrado e Sustentável (DLIS) e era realizado em municípios pobres em parceria com o Serviço Brasileiro de Apoio às Micro e Pequenas Empresas (Sebrae) (DEL PORTO, 2006, p. 90).

[97] Instituído em 2000, o Projeto Alvorada organizou intervenções em municípios selecionados segundo o Índice de Desenvolvimento Humano (IDH) (DRAIBE, 2003, p. 87).

[98] O Bolsa Escola foi criado pela Lei nº 10.219/2001.

[99] O Bolsa Alimentação foi criado pela Medida Provisória nº 2.206-1/2001.

[100] O Programa Auxílio-Gás foi criado pela Medida Provisória nº 18/2001 e regulamentado pelo Decreto nº 4.102/2002 como um subsídio mensal para famílias de baixa renda.

[101] Instituído pela Emenda Constitucional nº 31/2000 (para vigorar até o ano de 2010) e regulamentado pela Lei Complementar nº 111/2001.

[102] Instituído pelo Decreto nº 3.877/2001, o Cadastramento Único para Programas Sociais do Governo Federal consistia, de início, num formulário utilizado pelos órgãos públicos federais para concessão de benefícios. Apesar de ter sido criado em 2001, ao final do governo FHC o CadÚnico ainda não estava totalmente implantado (DRAIBE, 2003, p. 88).

2.6 A política pública institucionalizada (2003-2014)

Com a eleição de Luiz Inácio Lula da Silva (PT), as competências do Programa Comunidade Solidária foram transferidas para o recém-criado Ministério Extraordinário de Segurança Alimentar e Combate à Fome (MESA),[103] órgão responsável pela concessão do Cartão Alimentação[104] (para pessoas com renda familiar mensal *per capita* igual ou menor que meio salário mínimo) e pelo Programa Fome Zero, criado para articular ações do governo federal, de estados, municípios e sociedade civil, para garantir o direito humano à alimentação e promover a segurança alimentar[105] (TOMAZINI; LEITE, 2016, p. 23). O combate à fome era uma das principais prioridades do governo Lula no início de sua gestão (TAKAGI, 2006, p. 25).

Pouco tempo depois, em resposta às críticas relacionadas à falta de coordenação institucional, ao paralelismo com outros programas assistenciais e de combate à pobreza e a problemas de focalização, o Programa Fome Zero foi extinto e substituído pelo Programa Bolsa Família, um programa de transferência condicionada de renda mais robusto (TOMAZINI; LEITE, 2016, p. 14).

O Programa Bolsa Família (PBF)[106] unificou as ações de transferência de renda do Governo Federal (Bolsa Escola, Cartão Alimentação, Bolsa Alimentação e Auxílio-Gás) e tornou-se, ao longo da gestão petista, o maior programa de transferência de renda condicionada do mundo – e um importante instrumento de consolidação da assistência social como política pública[107] (BICHIR, 2011, p. 20).

No primeiro ano da gestão de Lula (2003), foi realizada a IV Conferência Nacional de Assistência Social, que celebrou os 10 anos de aprovação da LOAS, resolveu pela *universalização* da política e apontou como principal deliberação a construção e implementação do Sistema Único de Assistência Social (SUAS), denominação adotada para o

---

[103] Órgão responsável por implementar a Política Nacional de Segurança Alimentar e Nutricional (PNSAN) e por gerir o FCEP, conforme previsão do Decreto nº 4.564/2003.
[104] O Cartão Alimentação fazia parte do Programa Nacional de Acesso à Alimentação (PNAA), instituído pela Medida Provisória nº 108/2003, convertida na Lei nº 10.689/2003.
[105] A segurança alimentar e nutricional diz respeito à garantia da pessoa humana ao acesso à alimentação todos os dias, em quantidade suficiente e com a qualidade necessária (cf. MPV nº 108/2003).
[106] O PBF foi criado pela Medida Provisória nº 132/2003, convertida na Lei nº 10.836/2004.
[107] Ver subseção 4.2.3 no quarto capítulo.

sistema participativo e descentralizado de organização das ações na área da assistência social já previsto na LOAS.

Para dar cumprimento às deliberações da IV Conferência Nacional, o Ministério do Desenvolvimento Social e Combate à Fome (MDS)[108] elaborou uma nova Política Nacional de Assistência Social (PNAS), aprovada em 2004.[109] A PNAS/2004 afastou o recorte de renda da PNAS/1998 para acesso aos serviços e adotou o entendimento de que os beneficiários das ações socioassistenciais são indivíduos e famílias em situação de vulnerabilidade e risco social, pobres ou não – apontando para uma perspectiva universalista do direito. Em seguida, foram aprovadas a primeira Norma Operacional Básica do SUAS (NOB-SUAS/2005)[110] e a NOB-RH/SUAS,[111] que buscaram disciplinar a operacionalização do sistema, prevendo incentivos financeiros aos entes subnacionais que aderissem ao SUAS.

A literatura especializada aponta a PNAS/2004 e a NOB-SUAS/2005 como as normas estruturantes do Sistema Único de Assistência Social, uma vez que elas avançaram no detalhamento das responsabilidades dos entes federativos em relação ao que previu a LOAS em 1993 (JACCOUD *et al.*, 2020, p. 121), possibilitaram a efetivação do pacto federativo (BICHIR, 2016, p. 71), fortalecendo as capacidades políticas e institucionais (JACCOUD; BICHIR; MESQUITA, 2017, p. 42) e conferindo densidade às diretrizes já apontadas na LOAS (COLIN; JACCOUD, 2013, p. 47).

Em 2008, no aniversário de quatro anos do MDS, o Poder Executivo encaminhou dois projetos de lei ao Congresso: o PL CEBAS (PL nº 3.021/2008), para regular a atuação das entidades e organizações da sociedade civil na execução das ações socioassistenciais, e o PL SUAS (PL nº 3.077/2008), para incluir na LOAS as regras de funcionamento do SUAS já previstas nas normas infralegais. O objetivo era institucionalizar, em lei, a lógica de funcionamento do sistema, pactuada nas instâncias participativas e interfederativas. No entanto, logo após a apresentação dos projetos ao Congresso, foi deflagrada uma operação da Polícia Federal para investigar um suposto esquema de fraude na concessão de Certificados de Entidade de Fins Filantrópicos (CEFF)

---

[108] Criado pela Medida Provisória nº 163/2004, convertida na Lei nº 10.869/2004.
[109] A PNAS/2004 foi aprovada pela Resolução CNAS nº 145/2004.
[110] A NOB-SUAS/2005 foi aprovada pela Resolução CNAS nº 130/2005.
[111] A NOB-RH foi aprovada pela Resolução CNAS nº 269/2006.

emitidos pelo CNAS,[112] o que mobilizou os atores do CNAS, do MDS, do Congresso e das OSCs em torno da discussão do PL CEBAS, atropelando a tramitação do PL SUAS[113] (PAIVA; LOBATO, 2019, p. 1068).

No segundo mandato de Lula (2007-2010), o regulamento do Cadastro Único para Programas Sociais (CadÚnico) foi atualizado,[114] foi instituído o Censo SUAS,[115] e o CNAS aprovou a Tipificação Nacional de Serviços Socioassistenciais.[116] Com a regulamentação do FUNDEB,[117] criou-se um padrão de financiamento para a educação básica, que viabilizou a transição progressiva das creches e pré-escolas, historicamente vinculadas à área da assistência social, para a política setorial de educação (PALLOTI; MACHADO, 2014, p. 429). Além disso, foi pactuado o Protocolo de Gestão Integrada de Serviços, Benefícios e Transferências de Renda no âmbito do SUAS,[118] documento que determinou o atendimento prioritário de indivíduos e famílias beneficiárias do PBF, PETI, BPC e dos benefícios eventuais nos serviços socioassistenciais, de modo a integrar todas as ações da política pública de assistência social. A gestão integrada de benefícios e serviços permitiu uma articulação mais completa entre a assistência social e as transferências de renda, acelerando o processo de implantação e consolidação do SUAS (BICHIR, 2011, p. 41).

No que diz respeito à regulação das instituições privadas, destaca-se a aprovação, em 2009, da Lei do CEBAS,[119] que regulamentou a Certificação das Entidades Beneficentes de Assistência Social e disciplinou os procedimentos de isenção de contribuições para a seguridade social. A concessão e renovação da certificação deixaram de ser uma atribuição do CNAS e passaram a ser responsabilidade dos

---

[112] A Operação Fariseu investigou conselheiros do CNAS e advogados de entidades de assistência social pela concessão fraudulenta de CEFF a organizações que não cumpriam os requisitos estabelecidos no Decreto nº 2.536/1998.

[113] O PL SUAS só foi aprovado no primeiro ano de gestão de Dilma, quando o cenário político se tornou favorável para a retomada dessa discussão no Congresso.

[114] Pelo Decreto nº 6.135/2007. Ver subseção 4.6.1 no quarto capítulo.

[115] Pelo Decreto nº 7.334/2010. Ver subseção 4.6.2 no quarto capítulo.

[116] Aprovada pela Resolução CNAS nº 109/2009. Ver subseção 4.2.1 no quarto capítulo.

[117] O Fundo de Manutenção e Desenvolvimento da Educação Básica e de Valorização dos Profissionais da Educação foi criado pela Emenda Constitucional nº 53/2006 e regulamentado pela Lei nº 11.494/2007.

[118] Por meio da Resolução CIT nº 7/2009.

[119] A Lei nº 12.101/2009 regulamentou o CEBAS, nova denominação para o CEFF, dada pela Medida Provisória nº 2.187-13/2001. A certificação é requisito para a isenção da contribuição previdenciária para as entidades beneficentes de assistência social.

ministérios, conforme a área de atuação da entidade (educação, saúde ou assistência social). Com isso, o CNAS se desobrigou de uma atribuição histórica do conselho, de certificação das entidades e pôde se dedicar integralmente às atividades de normatização e controle social da política previstas na LOAS.

Logo no início da gestão de Dilma Rousseff (PT), foi aprovado o Plano Brasil sem Miséria (PBSM),[120] um conjunto de ações e estratégias que tinha como objetivo a superação da extrema pobreza. O PBSM previa a inclusão de todas as famílias brasileiras em situação de pobreza no Cadastro Único, com a finalidade de encaminhá-las aos serviços da rede de proteção social.[121] Com os recursos do PBSM, foi possível o reajuste no valor dos benefícios do PBF, o reajuste na linha de pobreza e extrema pobreza do PBF, o aumento no valor do benefício médio do PBF por família e o aumento no número de beneficiários do PBF e do BPC (COSTA; FALCÃO, 2014, p. 243-257).

Além da ampliação dos recursos públicos investidos nos programas de transferência de renda, houve a aprovação, no primeiro ano de mandato, do PL SUAS[122] – pela Lei nº 12.435/2011, que alterou a LOAS para institucionalizar aquilo que já estava sendo implementado por normas infralegais (como resoluções do CNAS)[123] e incluir expressamente o Sistema Único de Assistência Social como denominação oficial do sistema descentralizado e participativo que organiza a gestão das ações na área de assistência social.

A atualização legislativa incluiu na LOAS muitas das inovações institucionais previstas na PNAS/2004, na NOB-SUAS/2005 e na Tipificação Nacional dos Serviços Socioassistenciais. Com isso, elevou o *status* normativo do arranjo institucional, conferindo institucionalidade jurídica à forma de funcionamento do sistema, previamente pactuada e deliberada nas instâncias de articulação e participação do SUAS, em

---

[120] O Plano Brasil sem Miséria (PBSM) foi instituído pelo Decreto nº 7.492/2011.

[121] Além disso, o PBSM previa garantia de renda (para alívio imediato da situação de extrema pobreza), acesso a serviços públicos (para melhorar as condições de educação, saúde e cidadania das famílias) e inclusão produtiva (para aumentar as oportunidades de trabalho e geração de renda entre as famílias mais pobres).

[122] Projeto de Lei nº 3.077/2008.

[123] Havia divergência entre profissionais da assistência social nos estados e municípios quanto à necessidade de positivação, em lei, da regulamentação que já estava expressa nas resoluções do CNAS, sob o argumento de que o conselho constituía um espaço de deliberação legitimado pela LOAS, que deveria ser fortalecido no seu papel normativo do sistema. Mas os gestores do MDS defendiam a necessidade de legitimar a institucionalidade prevista nas normas infralegais em lei (PAIVA; LOBATO, 2019, p. 1068; STUCHI, 2012, p. 178).

especial na Comissão Intergestores Tripartite (CIT) e no CNAS. Nesse sentido, legitimou as práticas já existentes, deu segurança jurídica aos gestores (PAIVA; LOBATO, 2019, p. 1072) e garantiu a consolidação jurídico-institucional do SUAS (COUTINHO, 2013a, p. 11, nota 6).

Logo após a institucionalização do SUAS na atualização legislativa da LOAS, foi aprovada nova regulamentação do Fundo Nacional de Assistência Social (FNAS)[124] e nova Norma Operacional Básica (NOB-SUAS/2012).[125] Com a regulamentação do Sistema Nacional de Atendimento Socioeducativo (SINASE),[126] que dispôs sobre a execução das medidas socioeducativas (MSE) para adolescentes que praticaram ato infracional,[127] a política de assistência social ficou responsável somente pelos programas de atendimento em meio aberto, desobrigando-se com relação aos programas de privação de liberdade,[128] historicamente vinculados à área da assistência social.

Com a institucionalização do SUAS, a definição de responsabilidades federativas, a padronização dos serviços e a normatização das ofertas, foi possível a ampliação da capacidade protetiva do Estado, a expansão e a uniformização das ofertas públicas em assistência social. No início da década de 2010, o Brasil parecia rumar em direção ao Estado de bem-estar universalista preconizado na CF/88, ainda que de maneira hesitante e não homogênea. O aumento do gasto público social brasileiro gerou uma redistribuição de renda considerada relevante, e as transferências não contributivas (BPC e PBF) auxiliaram, de maneira efetiva, na redução das desigualdades, da pobreza e da extrema pobreza (KERSTENETZKY, 2012, p. 246).

Apesar dos avanços, a expansão da cobertura não alcançou a universalização, uma vez que os benefícios socioassistenciais (e os serviços, que priorizam os beneficiários dos programas de transferência de renda) seguiram direcionados, majoritariamente, para usuários em

---

[124] Pelo Decreto nº 7.788/2012.
[125] Por meio da Resolução CNAS nº 33/2012.
[126] O SINASE foi instituído pela Lei nº 12.594/2012, mas já havia sido previsto pela Resolução nº 119/2006, do Conselho Nacional dos Direitos da Criança e do Adolescente (CONANDA).
[127] O ECA prevê como MSE a advertência, a obrigação de reparar o dano, a prestação de serviços à comunidade, a liberdade assistida, a inserção em regime de semiliberdade e a internação em estabelecimento educacional.
[128] O SINASE determinou que caberia aos estados a execução das MSE de semiliberdade e internação e aos municípios as MSE em meio aberto – de prestação de serviços à comunidade (PSC) e liberdade assistida (LA), previstas na Tipificação Nacional de Serviços Socioassistenciais como serviços da política de assistência social no âmbito da PSEM.

situação de pobreza. Ao final do primeiro mandato de Dilma (2011-2014), mantinham-se diferentes critérios de pobreza (um quarto do salário mínimo para as pessoas idosas e pessoas com deficiência no BPC e um valor diferente, estipulado em decreto, para famílias no PBF) e *status* jurídicos variados (direito constitucional e despesa obrigatória, no caso do BPC, e programa dependente de despesa discricionária, no caso do PBF) (KERSTENETZKY, 2012, p. 240-241).

Em 2014, Dilma foi reeleita para a Presidência e adotou uma política econômica de ajuste fiscal que gerou recessão e colaborou para o desgaste político do governo (DWECK; TEIXEIRA, 2017, p. 5-8). Em 2015, o grande contingenciamento de recursos nas despesas não obrigatórias reduziu o espaço para despesas discricionárias, principalmente o investimento público, o que minou a capacidade de utilização da política fiscal de maneira contra cíclica (PINHO DE BEM, 2018, p. 15). A crise econômica, somada à crise política, levou à aprovação da abertura do processo de *impeachment* no Senado, em maio de 2016.

2.7 As investidas contra a proteção social (2016-2020)

Quando Michel Temer (MDB) assumiu a Presidência, em agosto de 2016,[129] teve início uma agenda de reformas para a restauração do equilíbrio das contas públicas. Foi aprovado o Novo Regime Fiscal (NRF),[130] que impôs limites às despesas primárias do Poder Executivo por 20 anos (teto de gastos), e foi apresentada uma proposta de reforma da previdência (PEC nº 287/2016), que visava desvincular o BPC do salário mínimo e aumentar a idade mínima para acesso ao benefício, de 65 para 70 anos.[131] A PEC teve sua tramitação suspensa em 2018, pela intervenção federal no Rio de Janeiro,[132] e não logrou ser aprovada.

---

[129] O vice-presidente assumiu interinamente a Presidência da República em 12 de maio de 2016, com o afastamento da titular em razão da abertura do processo de *impeachment* no Senado Federal. Concluído o processo, Dilma foi destituída do cargo e Temer assumiu de forma definitiva em 31 de agosto de 2016.

[130] Instituído pela Emenda Constitucional nº 95/2016.

[131] Na justificativa da PEC, argumentava-se que a revisão do BPC procurava evitar a geração de "incentivos inadequados, com a consequente migração do sistema previdenciário, que exige contribuição, para o assistencial, desequilibrando a seguridade social".

[132] A intervenção federal no Rio de Janeiro foi decretada por Temer em 16 de fevereiro de 2018 (Decreto nº 9.288/2018) e aprovada pela Câmara e pelo Senado em 20 de fevereiro de 2018. A intervenção suspendeu a votação da reforma, pois uma intervenção federal impede que a CF/88 seja emendada.

Essas medidas foram interpretadas como uma sinalização para uma perspectiva residual da proteção social, com projeção de redução das responsabilidades do Estado e focalização nos mais pobres, indicando uma inflexão em relação à perspectiva abrangente que constava, até então, nas normas de organização da proteção social brasileira (JACCOUD; BICHIR; MESQUITA, 2017, p. 50).

Ainda na gestão Temer, foi criado o Programa Criança Feliz (PCF),[133] vinculado à figura da esposa do presidente, Marcela Temer, o que foi interpretado como um retorno ao primeiro-damismo. O programa foi criticado por não ter sido previamente discutido e pactuado com os gestores subnacionais no âmbito da CIT (JACCOUD; MENESES; STUCHI, 2020, p. 299) e por ter sido priorizado na alocação orçamentária da política, em detrimento dos serviços continuados (PAIVA *et al.*, 2021, p. 6).

Em dezembro de 2017, as deliberações da XI Conferência Nacional da Assistência Social manifestaram o descontentamento dos delegados quanto às medidas tomadas na gestão Temer, quanto ao funcionamento da política de assistência social (em especial a criação do PCF e as alterações nas regras do BPC), entendidas por esses atores como ameaças às conquistas do SUAS (MESQUITA *et al.*, 2019, p. 51).

Com a eleição de Jair Bolsonaro[134] em 2018, o debate público foi definitivamente tomado pelo discurso da redução do Estado. Foram propostas uma nova reforma da previdência (PEC nº 6/2019),[135] a reforma tributária (PEC nº 45/2019), a reforma administrativa (PEC nº 32/2020)[136] e o Plano Mais Brasil.[137]

Em 2019, primeiro ano do mandato, o governo Bolsonaro extinguiu, por decreto, alguns colegiados da Administração Pública federal.[138]

---

[133] O Programa Criança Feliz foi instituído pelo Decreto nº 8.869/2016.

[134] Jair Bolsonaro foi eleito pelo PSL (Partido Social Liberal), ao qual foi filiado de 2018 até novembro de 2019. Após uma tentativa frustrada de criação de uma legenda própria (Aliança pelo Brasil), Bolsonaro manteve-se sem partido. Em 2021, filiou-se ao PL (Partido Liberal) para concorrer às eleições presidenciais de 2022.

[135] Aprovada e transformada na Emenda Constitucional nº 103/2019.

[136] Que visava a extinguir benefícios e restringir a estabilidade de servidores públicos.

[137] O Plano Mais Brasil incluía a PEC emergencial (PEC nº 186/2019), a PEC dos fundos (PEC nº 187/2019) e a PEC do pacto federativo (PEC nº 188/2019).

[138] O Decreto nº 9.759/2019 revogou o Decreto nº 8.243/2014, editado no governo Dilma, que instituía a Política Nacional de Participação Social (PNPS) e o Sistema Nacional de Participação Social (SNPS). Na exposição de motivos, justificou-se a revogação do "decreto bolivariano" por ele supostamente criar e fortalecer colegiados integrados por grupos políticos "para se contrapor ao poder das autoridades eleitas tanto para o Executivo quanto para o Legislativo".

Na exposição de motivos, alegou-se que esses colegiados produziam um elevado número de normas, que geravam gastos pela participação de agentes públicos nas reuniões e que se configuravam como espaços de atuação para grupos de pressão "para emplacar pleitos que não estão conforme a linha das autoridades eleitas democraticamente" – o que revela o desapreço da gestão pelas instâncias de participação popular e controle social. Como efeito da publicação desse decreto, a Comissão Intergestores Tripartite (CIT) foi considerada extinta,[139] mas continuou a se reunir até ser reinstituída, pouco tempo depois, por decreto.[140]

Ainda em 2019, foi efetuado o pagamento do abono natalino (13º) a todas as famílias beneficiárias do PBF, em cumprimento ao compromisso de campanha assumido pelo então candidato na eleição de 2018. O abono, instituído por medida provisória,[141] não foi regulamentado e não foi pago nos exercícios seguintes. No mesmo ano, o CNAS cancelou a convocação oficial da 12ª Conferência Nacional de Assistência Social, com base em uma interpretação da Consultoria Jurídica do Ministério da Cidadania acerca da inadequação do quórum de votação de processo conferencial no conselho.[142] Mas isso não impediu a realização do encontro, uma vez que houve mobilização dos agentes governamentais nos entes subnacionais e dos representantes da sociedade civil, que se reuniram na denominada Conferência Nacional Democrática de Assistência Social, no final de 2019.[143]

No que se refere ao Benefício de Prestação Continuada, os primeiros anos da gestão Bolsonaro foram marcados por embate em relação à alteração do critério de renda para elegibilidade ao benefício. O Congresso aprovou um projeto de lei[144] objetivando a ampliação do número de beneficiários do BPC, que foi vetado pelo Executivo.[145] O veto foi rejeitado pelo Congresso[146] e, em medida cautelar, o STF suspendeu

---

[139] Ver subseção 3.2.12 do terceiro capítulo.
[140] Pelo Decreto nº 10.009/2019.
[141] Medida Provisória nº 898/2019, que teve seu prazo de vigência encerrado e não foi convertida em lei.
[142] A convocação, feita pela Resolução CNAS nº 12/2019, foi revogada pela Resolução CNAS nº 15/2019. Ver seção 4.3 no quarto capítulo.
[143] Convocada pela Frente em Defesa do SUAS e da Seguridade Social e outros.
[144] PLS nº 55/1996, aprovado em novembro de 2019 no Senado.
[145] Pela mensagem de veto total nº 715/2019, com a justificativa de que essa mudança criava despesas obrigatórias sem indicar a fonte de custeio.
[146] O que gerou a promulgação da Lei nº 13.981/2020.

a eficácia do dispositivo.[147] Nesse meio tempo, o Congresso aprovou a Lei nº 13.982/2020, que alterou a LOAS para prever que o critério de renda familiar mensal *per capita* para a concessão do BPC seria majorado a partir de 2021.[148] No entanto, no final do exercício de 2020, o critério foi mantido por medida unilateral do Executivo.[149]

Em 2020, a pandemia de covid-19 alterou significativamente o contexto político, e o tema da segurança de renda foi alçado à agenda de discussão política tanto no Congresso quanto no Executivo. Para enfrentamento da emergência de saúde pública de importância internacional decorrente do coronavírus, foi instituído o auxílio emergencial, um benefício de transferência de renda criado como medida excepcional de proteção social para o período. O auxílio foi concedido aos trabalhadores informais, microempreendedores individuais (MEI) e beneficiários do PBF durante o período inicial de três meses,[150] a partir de abril de 2020, prorrogado por mais dois meses.[151] Em setembro de 2020, o valor do auxílio foi reduzido[152] e novas parcelas mensais foram pagas até 31 de dezembro de 2020.[153] Em 2021, após três meses de interrupção, o governo restabeleceu o pagamento do benefício,[154] com valores ainda mais reduzidos, pelo período de quatro meses.

Apesar de instituído, inicialmente, por uma lei que alterava a LOAS, o auxílio emergencial não foi incorporado às provisões da política de assistência social. A operacionalização do benefício foi feita por meio de um aplicativo, descartando-se o uso já consolidado do Cadastro Único para a identificação dos beneficiários. Foram observadas dificuldades iniciais para inclusão de beneficiários (seja por erros

---

[147] Em decisão na ADPF nº 662/DF.
[148] A Lei nº 13.982/2020 previa que, a partir de 1º de janeiro de 2021, o limite de renda familiar *per capita* para a concessão do BPC passaria de um quarto para meio salário mínimo. Mas esse dispositivo da lei foi vetado pelo Executivo (mensagem de veto nº 141/2020), com a justificativa de que seria contrário ao interesse público por não permitir "a determinação de critérios para a adequada focalização do benefício".
[149] Pela Medida Provisória nº 1.023/2020.
[150] O Decreto nº 10.316/2020 regulamentou o pagamento do auxílio emergencial instituído pela Lei nº 13.982/2020.
[151] A prorrogação do auxílio emergencial foi feita pelo Decreto nº 10.412/2020.
[152] O auxílio emergencial residual foi previsto na Medida Provisória nº 1.000/2020.
[153] Em 31 de dezembro de 2020 encerrou-se o estado de calamidade pública reconhecido pelo Decreto-Legislativo nº 6, de 2020, o que fez cessar a dispensa de atingimento dos resultados fiscais prevista no artigo 65 da Lei Complementar nº 101/2000 (Lei de Responsabilidade Fiscal).
[154] O auxílio emergencial 2021 foi instituído pela Medida Provisória nº 1.039/2021 e regulamentado pelo Decreto nº 10.661/2021.

no aplicativo, pelo acesso precário à internet ou por problemas no Cadastro de Pessoa Física) e, posteriormente, observou-se dificuldade na incorporação desse público à rede socioassistencial, tema que será tratado de maneira mais aprofundada no quinto capítulo.

No contexto de pagamento do auxílio emergencial, o governo anunciou a intenção de substituir o PBF por outro programa de transferência de renda, para desvincular a "marca" do programa das gestões petistas. Foi criado o Programa Auxílio Brasil (PAB),[155] que aproveitou grande parte do desenho institucional do PBF, mas inovou ao definir um valor mínimo do benefício, independentemente da composição familiar. Esse desenho do PAB estimulou uma divisão artificial dos domicílios brasileiros nos dados do Cadastro Único, resultando em um aumento de registros de famílias unipessoais, descolada da evolução demográfica nacional. O número de famílias unipessoais entre os beneficiários do PAB aumentou de 15,2% para 25,8%, entre novembro de 2021 e setembro de 2022, desorganizando a base de dados do Cadastro Único (FERNANDES; WATANABE, 2022).[156]

O quinquênio 2016 a 2020 registrou, conforme apontado, investidas de desestruturação no sistema de proteção social preconizado pela Constituição Federal de 1988 e estruturado ao longo do período da Nova República. Algumas medidas adotadas durante as gestões Temer e Bolsonaro sinalizam esforços no sentido da desestruturação da política pública de assistência social e, em última instância, do Estado social universal idealizado pela CF/88. Nesse sentido, parecem apontar para um retrocesso na provisão de bens e serviços à população.

***

A partir da apresentação do histórico da assistência social no Brasil realizada ao longo deste segundo capítulo, observou-se o esforço de regulação estatal das práticas assistenciais executadas por entidades beneficentes, no sentido de romper com o paradigma da filantropia. Foi possível notar uma progressiva responsabilização do Estado pelo

---

[155] Pela MPV nº 1.061/2021, convertida na Lei nº 14.284/2021.

[156] Com o fim do governo Bolsonaro e a eleição de Lula, o PAB foi extinto e o PBF foi reinstituído por meio da MPV nº 1.164/2023, convertida na Lei nº 14.601/2023. Para corrigir as inconsistências e os registros unipessoais no Cadastro Único, foi instituído o Programa de Fortalecimento Emergencial do Atendimento do Cadastro Único no Sistema Único da Assistência Social (PROCAD-SUAS) com o objetivo de financiar as ações de regularização do CadÚnico nos entes subnacionais. O PROCAD-SUAS foi instituído pela Resolução MDS/CIT nº 1/2023 e pela Resolução MDS/CNAS nº 96/2023 e regulamentado pela Portaria MDS nº 871/2023.

financiamento, pela execução e pela regulamentação das ações nessa área, no sentido de garantir a assistência social enquanto um direito a todos os que dela necessitam. Contudo, para verificar as implicações dessas medidas na operacionalização do SUAS, é necessário compreender o arranjo jurídico-institucional do Sistema Único de Assistência Social, o que será tratado no próximo capítulo.

CAPÍTULO 3

O ARRANJO JURÍDICO-INSTITUCIONAL DA POLÍTICA PÚBLICA DE ASSISTÊNCIA SOCIAL

Este terceiro capítulo expõe o arranjo jurídico-institucional da política pública de assistência social no Brasil a partir da análise da base normativa que conforma a ação governamental nessa área de proteção social.

Para tanto, o capítulo inicia com uma apresentação sucinta do método utilizado e, em seguida, avança para uma sistematização dos principais instrumentos normativos que estruturam o Sistema Único de Assistência Social, como forma de descrever o modo de organização e de funcionamento dessa política pública setorial.

3.1 Método de análise jurídica: o quadro de referência de uma política pública

Uma das ferramentas metodológicas da abordagem DPP para uma compreensão jurídico-institucional do papel do Direito na conformação, estruturação e implementação das políticas públicas é o *quadro de referência de uma política pública* (BUCCI, 2016), instrumento que auxilia na identificação das normas mais relevantes para a descrição de uma política pública estruturada.

A ferramenta viabiliza o desmembramento da política e a identificação de seus elementos mais importantes, possibilitando uma visão mais organizada sobre o objeto de estudos. O quadro ajuda, ainda, na leitura sistemática do encadeamento de normas relacionadas ao programa de ação governamental.

O quadro a seguir é uma forma adaptada de apresentação desse método:

Quadro 1 – Quadro de referência de uma política pública

(continua)

Elemento	Descrição
1) Nome oficial do programa de ação	Marca política do programa, que lhe confere identidade e possibilita sua identificação político-partidária.
2) Gestão governamental	Gestão que criou ou implementou o programa, que permite compreender seu sentido à luz do espectro político-partidário.
3) Base normativa	Norma principal que institui o programa, que se caracteriza por conferir caráter sistemático ao programa, articulando seus elementos e os vários focos de competência dos quais depende o seu funcionamento. Outras normas não exclusivas do programa, nas quais se apoia o seu funcionamento.
4) Desenho jurídico-institucional	Organização do programa, numa visão macro, que identifique os principais agentes institucionais (com competências, atribuições e responsabilidades sobre o funcionamento do programa, tanto no interior do aparelho governamental, como fora dele) e descreva os papéis institucionais e a atuação conjunta desses vários agentes.
5) Agentes governamentais	Identificação, a partir da base normativa, das competências, atribuições e responsabilidades reservadas a cada agente governamental, tanto os principais como os secundários.
6) Agentes não governamentais	Identificação dos agentes situados fora do aparelho governamental que executam aspectos da política (em geral mediante financiamento ou indução de comportamentos) e que podem ser identificados como principais interessados, sejam protagonistas ou antagonistas do programa.
7) Mecanismos jurídicos de articulação	Modos pelos quais se dá a articulação ou coordenação da ação dos vários agentes (que dependem, em grande medida, de mecanismos jurídicos, de gestão e de informação), tanto no plano intragovernamental, como na relação dos agentes governamentais com os não governamentais.
8) Escala e público-alvo	Alcance esperado com a implementação do programa, dimensionado a partir de dados quantitativos sobre beneficiários (diretos e indiretos), disponíveis em bancos de dados oficiais.
9) Dimensão econômico-financeira do programa	Formas de financiamento do programa: recursos financeiros vinculados ao programa, sua alocação orçamentária, que pode se dar na forma de investimento, custeio ou pessoal (recursos humanos).

(conclusão)

Elemento	Descrição
10) Estratégia de implantação	Movimento pretendido ou esperado pelo gestor público que protagoniza a instituição do programa; planejamento quanto às reações esperadas dos demais agentes (principalmente dos possíveis antagonistas do programa), que permite a compreensão de eventuais limitações de adesão e legitimação, no plano da ação concreta.
11) Funcionamento efetivo do programa	Comparação entre o desenho ideal do programa (itens 4 a 10) e o seu funcionamento real, para uma visão panorâmica e crítica.
12) Aspectos críticos do desenho jurídico-institucional	Análise detalhada dos elementos jurídicos presentes na estruturação da política, capazes de explicar os aspectos críticos da sua implementação.

Fonte: Elaboração própria a partir de BUCCI, 2016.

Como é possível observar pela descrição dos elementos apresentados, o método possibilita identificar como se dá a organização do programa de ação governamental (ou seja, como se relacionam os elementos da política), quais os papéis institucionais de cada agente e qual o movimento, no sentido político e social, da agregação de interesses para atingir a finalidade pretendida pela política pública, permitindo a combinação, de forma analítica, do elemento jurídico e do elemento político.

Esse quadro permite confrontar o projeto idealizado pelos formuladores com seu funcionamento efetivo a fim de detectar elementos jurídicos que sejam capazes de explicar aspectos problemáticos da execução.

Considerando o objetivo da pesquisa, de verificar a institucionalidade da política de assistência social face a uma nova agenda governamental, o desenho jurídico-institucional do SUAS, apresentado nas seções que se seguem, diz respeito à estrutura de funcionamento do sistema constituído no período entre 2004 e 2014. Nos elementos do quadro descritos neste capítulo, não está abarcada parte das mudanças institucionais realizadas na política no período de 2016 a 2020. Essas mudanças serão destacadas no quinto capítulo com o objetivo de empreender uma análise comparativa.

3.2 Aplicação do método para análise do SUAS

Pela aplicação da ferramenta descrita na seção anterior, é possível identificar os seguintes elementos que estruturam a política pública de assistência social:

3.2.1 Nome oficial do programa de ação

A gestão das ações na área da assistência social está organizada sob a forma de um sistema descentralizado e participativo, denominado *Sistema Único de Assistência Social (SUAS)*.

3.2.2 Gestão governamental

A CF/88 previu como diretrizes para a organização das ações governamentais na área da assistência social a *descentralização* político-administrativa e a *participação* da população (artigo 204, incisos I e II). A Lei Orgânica da Assistência Social (LOAS), aprovada em 1993, na gestão de Itamar Franco (PMDB), previu que as ações na área de assistência social seriam organizadas em um *sistema descentralizado e participativo* (artigo 6º). Mas foi na IV Conferência Nacional de Assistência Social, realizada em dezembro de 2003, uma década após a promulgação da LOAS, que se deliberou pela identificação do sistema de gestão das ações socioassistenciais como Sistema Único de Assistência Social.

Em 2004, no segundo ano de gestão do presidente Luiz Inácio Lula da Silva (PT), como forma de dar cumprimento às deliberações da IV Conferência Nacional, a equipe do Ministério do Desenvolvimento Social e Combate à Fome (MDS) elaborou o texto da Política Nacional de Assistência Social (PNAS), adotando a denominação *Sistema Único de Assistência Social* para designar a forma de organização do conjunto de ações da política pública de assistência social no Brasil.

O texto preliminar da PNAS foi apresentado pelo MDS ao Conselho Nacional de Assistência Social (CNAS), conforme procedimento previsto na LOAS.[157] Após discussão em instâncias descentralizadas de participação popular, o texto final da PNAS, contendo as

---

[157] O artigo 19 da Lei Federal nº 8.742/1993 determina que "compete ao órgão da Administração Pública Federal responsável pela coordenação da Política Nacional de Assistência Social: [...] II – propor ao Conselho Nacional de Assistência Social (CNAS) a Política Nacional de Assistência Social, suas normas gerais, bem como os critérios de prioridade e de elegibilidade, além de padrões de qualidade na prestação de benefícios, serviços, programas e projetos".

diretrizes de construção e implementação do SUAS, foi aprovado em 2004.

A implementação do SUAS foi sendo aprimorada durante os dois mandatos de Lula na Presidência da República (2003-2006 e 2007-2010) por meio de um processo contínuo de regulação do funcionamento das ações da política pública.

Em 2011, no primeiro ano de gestão da presidenta Dilma Rousseff (PT), foi instituído o Plano Brasil sem Miséria, que destinou recursos federais para ações de superação da extrema pobreza e permitiram uma expansão das ações da política de assistência social. Além disso, a LOAS foi atualizada para institucionalizar o SUAS (ou seja, para incluir a denominação, já utilizada nas normas infralegais, na lei que dispõe sobre a organização da assistência social no país).

Assim, verifica-se que o SUAS foi criado, implementado e ampliado nas gestões Lula e Dilma (2003-2014), que priorizaram na agenda pública os temas do combate à fome, redução da desigualdade, transferência condicionada de renda e erradicação da miséria.

3.2.3 Base normativa

A forma de organização do SUAS está prevista, de forma diluída, em diversas normas, essenciais para a compreensão de seu funcionamento. São elas:

1) a Constituição Federal de 1988 (CF/88), que previu a assistência social como um direito social (artigo 6º), inserindo-a no tripé da seguridade social (artigo 194); identificou sua natureza não contributiva, estipulou os objetivos da política (artigo 203) e determinou as diretrizes para as ações governamentais na área, que devem ser realizadas com recursos do orçamento da seguridade social (artigo 204);

2) a Lei Orgânica da Assistência Social (Lei nº 8.742/1993), que definiu os objetivos, os princípios e diretrizes da política; previu que as ações na área de assistência social seriam organizadas em um sistema descentralizado e participativo, constituído pelas entidades e organizações de assistência social; definiu os conselhos de assistência social como instâncias deliberativas do sistema; instituiu o Conselho Nacional de Assistência Social (CNAS), determinando sua composição e suas competências; diferenciou as ações socioassistenciais em benefícios (Benefício de Prestação Continuada e benefícios eventuais), serviços, programas e projetos; instituiu o Fundo Nacional de Assistência Social

(FNAS); estipulou a instituição e o funcionamento de fundo, plano e conselho de assistência social nos entes federados como condição para os repasses de recursos federais e previu a responsabilidade dos entes federados no financiamento da política;

3) a Lei nº 12.435/2011 (que alterou a LOAS para consolidar aspectos da política pública que já haviam sido regulados anteriormente por norma infraconstitucional), que adotou textualmente a denominação Sistema Único de Assistência Social (SUAS) para identificação do sistema descentralizado e participativo de gestão das ações socioassistenciais; inseriu entre os objetivos da assistência social a proteção social, a vigilância socioassistencial e a defesa de direitos; diferenciou as organizações de assistência social (em entidades de atendimento, de assessoramento e de defesa e garantia de direitos); incluiu entre os objetivos do SUAS a definição dos níveis de gestão, a implementação da gestão do trabalho e a gestão integrada de serviços e benefícios; identificou o território como base de organização das ações; alterou o critério de idade para elegibilidade dos beneficiários idosos do BPC (de 70 para 65 anos); alterou a descrição dos benefícios eventuais (revogando o critério de elegibilidade de renda mensal *per capita*); assimilou textualmente os dois níveis de complexidade para as ações socioassistenciais (básica e especial), os equipamentos CRAS e CREAS como unidades públicas e os serviços PAIF, PAEFI e PETI, já previstos em normas infralegais; previu a obrigatoriedade da inscrição das crianças e adolescentes do PETI no Cadastro Único; previu competência dos conselhos para o controle da gestão dos fundos de assistência social; previu critérios para o reconhecimento de vinculação das entidades e organizações de assistência social ao SUAS; autorizou a utilização dos recursos do cofinanciamento para pagamento dos profissionais que integram as equipes de referência das ações da política; previu o apoio financeiro ao aprimoramento à gestão descentralizada dos serviços, programas, projetos e benefícios de assistência social por meio do Índice de Gestão Descentralizada do Sistema Único de Assistência Social (IGDSUAS) e previu o cofinanciamento da política e as transferências automáticas fundo a fundo;

4) a Política Nacional de Assistência Social (PNAS/2004), aprovada pela Resolução CNAS nº 145/2004, que determinou os princípios,

diretrizes, objetivos e usuários[158] da política pública de assistência social; estabeleceu as seguranças afiançadas e proteções sociais; estipulou as bases para a gestão da política na perspectiva do SUAS; previu como eixos estruturantes a matricialidade sociofamiliar, a descentralização político-administrativa e a territorialização; previu novas bases para a relação entre Estado e sociedade civil; previu diretrizes para o financiamento, o controle social; a política de recursos humanos; a informação, o monitoramento e a avaliação e estipulou como referências para a organização dos serviços socioassistenciais no SUAS, a vigilância social, a proteção social e a defesa social e institucional;

5) a Norma Operacional Básica (NOB-SUAS/2005), aprovada pela Resolução CNAS nº 130/2005, que buscou operacionalizar as previsões da PNAS/2004 por meio da criação de níveis de gestão do SUAS (estabelecendo requisitos, responsabilidades e incentivos para cada ente federativo no seu respectivo nível de gestão); diferenciou as funções de vigilância socioassistencial, defesa social e institucional e proteção social; previu as seguranças como garantias a serem afiançadas pela proteção social; determinou as condições de habilitação e desabilitação dos municípios; diferenciou as instâncias de articulação (fóruns e associações), de pactuação (CIT e CIBs) e de deliberação (conselhos e conferências) e definiu os critérios de partilha dos recursos do FNAS a partir dos pisos de proteção social;

6) a Norma Operacional Básica de Recursos Humanos do SUAS (NOB-RH/SUAS), aprovada pela Resolução CNAS nº 269/2006 e publicada 30 dias depois, pela Resolução CNAS nº 01/2007, que estabeleceu os princípios e diretrizes para a gestão do trabalho no âmbito do SUAS e criou os parâmetros para a composição das equipes de referência

---

[158] A PNAS/2004 indicou que as vulnerabilidades dizem respeito aos ciclos de vida (infância, adolescência, velhice), aos arranjos familiares, à falta de acesso a direitos e oportunidades e às situações de violência e violação de direitos – situações que são agravadas, mas não necessariamente identificadas, com a situação de pobreza. Nesse sentido, reforçou que os serviços não são dirigidos restritivamente para a população classificada como pobre (JACCOUD; BICHIR; MESQUITA, 2017, p. 42-43), abandonando a noção restritiva de pobreza da PNAS/1998.

dos CRAS,[159] CREAS,[160] serviços da PSEA[161] e gestão,[162] considerando o número de famílias e indivíduos referenciados, o tipo de atendimento e as aquisições que deveriam ser garantidas aos usuários;

7) a Norma Operacional Básica (NOB-SUAS/2012), aprovada pela Resolução CNAS nº 33/2012, que disciplinou o cofinanciamento da política por blocos de financiamento; criou os pactos de aprimoramento da gestão como instrumentos de definição de metas e prioridades nacionais para o SUAS e organizou a operacionalização da vigilância socioassistencial e da gestão do trabalho;

8) a Tipificação Nacional de Serviços Socioassistenciais, aprovada pela Resolução CNAS nº 109/2009,[163] que definiu os parâmetros para a execução dos serviços socioassistenciais e os organizou por níveis de complexidade;

9) o Decreto nº 6.135/2007,[164] que regulamentou o Cadastro Único para Programas Sociais do Governo Federal, instrumento de identificação e caracterização socioeconômica das famílias de baixa renda que constitui uma base de dados utilizada para a formulação e gestão de políticas públicas, bem como para a realização de estudos e pesquisas;

10) a Lei nº 10.836/2004,[165] que criou o Programa Bolsa Família (PBF) como um programa de transferência direta de renda, destinado

---

[159] A composição das equipes dos CRAS leva em consideração o número de famílias referenciadas à unidade pública, que varia conforme o porte dos municípios, uma vez que, nos municípios de pequeno porte 1 (cuja população é de até 20.000 habitantes), o CRAS deve ter até 2.500 famílias referenciadas; nos municípios de pequeno porte 2 (população de 20.001 a 50.000 habitantes), o CRAS deve ter até 3.500 famílias referenciadas; e nos municípios de porte médio (população entre 50.001 e 100.000 habitantes), grande (população de 101.000 habitantes até 900.000 habitantes), metrópole (municípios com mais de 900.000 habitantes) e distrito federal, o CRAS deve ter 5.000 famílias referenciadas.

[160] A composição das equipes dos CREAS varia conforme o número de indivíduos referenciados à unidade pública, que varia conforme o nível de gestão dos municípios, uma vez que, nos municípios em gestão inicial e básica, o CREAS deve ter capacidade de atendimento de 50 pessoas ou indivíduos; e nos municípios em gestão plena e estados com serviços regionais, o CREAS deve ter capacidade de atendimento de 80 pessoas ou indivíduos.

[161] A NOB-RH indicou a função, a quantidade e a escolaridade dos profissionais que devem integrar as equipes de atendimento, para cada um dos serviços da PSEA.

[162] A NOB-RH indicou as funções essenciais da gestão para os níveis de gestão municipal, estadual, distrital e federal.

[163] E posteriormente aditada pela Resolução CNAS nº 13/2014, para a inclusão da faixa etária de 18 a 59 anos no Serviço de Convivência e Fortalecimento de Vínculos.

[164] Em 2022, o regulamento do Cadastro Único foi substituído pelo Decreto nº 11.016/2022.

[165] Conversão da MPV nº 132/2003. A Lei nº 10.836/2004 foi revogada em 2021 pela MPV nº 1.061/2021, convertida na Lei nº 14.284/2021, que instituiu o Programa Auxílio Brasil (PAB) em substituição da PBF. Posteriormente, no governo Lula 3, a lei do PAB foi revogada pela MPV nº 1.164/2023, convertida na Lei nº 14.601/2023, que reinstituiu o PBF.

a famílias em situação de extrema pobreza e famílias em situação de pobreza que tenham em sua composição gestantes, nutrizes, crianças ou adolescentes, cuja concessão dos benefícios depende do cumprimento de condicionalidades nas áreas de educação (frequência escolar) e saúde (vacinação, exames pré-natal, acompanhamento nutricional e médico);

11) o Decreto nº 5.209/2004,[166] que regulamentou a lei do Programa Bolsa Família (PBF) para determinar as finalidades do programa; as competências dos entes federados na sua execução; o apoio financeiro à gestão descentralizada por meio do IGD-PBF; as competências do agente operador (Caixa Econômica Federal); os benefícios concedidos; a forma de pagamento e administração dos benefícios; o acompanhamento das condicionalidades; o controle social e a fiscalização;

12) o Decreto nº 6.214/2007,[167] que regulamentou o Benefício de Prestação Continuada (BPC) devido à pessoa com deficiência e à pessoa idosa; determinou o Instituto Nacional do Seguro Social (INSS) como o responsável pela operacionalização do benefício; os requisitos de habilitação, concessão e manutenção; e a forma de gestão, monitoramento e avaliação do benefício;

13) o Decreto nº 6.307/2007, que dispôs sobre os benefícios eventuais, caracterizando-os como provisões prestadas aos cidadãos e às famílias em virtude de nascimento, morte, situações de vulnerabilidade temporária e de calamidade pública;

14) o Decreto nº 7.788/2012, que regulamentou o Fundo Nacional de Assistência Social (FNAS) para determinar os recursos que compõem o fundo, a destinação desses recursos e as condições de transferência, de forma regular e automática, de recursos federais para os fundos dos estados, distrito federal e municípios;

15) a Lei nº 12.101/2009,[168] que dispôs sobre a certificação das entidades beneficentes de assistência social (CEBAS) concedida às pessoas jurídicas de Direito privado, sem fins lucrativos, que prestam serviços nas áreas de assistência social, saúde ou educação e regulou

---

[166] Em 2021, o regulamento do PBF foi revogado pelo Decreto nº 10.852/2021, que regulamentou o Programa Auxílio Brasil. Com a substituição do PAB pelo PBF em 2023, foi editado novo regulamento para o PBF, no Decreto nº 10.852/2023.

[167] Alterado pelos Decretos nº 6.564/2008, nº 7.617/2011, nº 8.805/2016, nº 9.462/2018 e nº 10.554/2020.

[168] Em 2021, foi substituída pela Lei Complementar nº 187/2021, que dispôs sobre a certificação das entidades beneficentes e regulou os procedimentos referentes à imunidade de contribuições à seguridade social.

os procedimentos de isenção de contribuições para a seguridade social às entidades certificadas;

16) o Decreto nº 8.242/2014, que regulamentou a Lei do CEBAS para dispor sobre os procedimentos para a certificação das entidades beneficentes de assistência social e sobre os procedimentos para a isenção de contribuições para a seguridade social, determinando os critérios de certificação e renovação e os requisitos para fazer jus à isenção do pagamento das contribuições;

17) o Decreto nº 10.009/2019,[169] que instituiu a Comissão Intergestores Tripartite (CIT) como instância de pactuação interfederativa dos aspectos operacionais da gestão do SUAS, estabeleceu suas competências, sua composição e reconheceu a legitimidade do Fórum Nacional de Secretários de Estado de Assistência Social (FONSEAS) e do Colegiado Nacional de Gestores Municipais de Assistência Social (CONGEMAS) para a indicação de representantes de estados e municípios na CIT;

18) as portarias ministeriais, que estabelecem normas e procedimentos para regular a execução das ações socioassistenciais do SUAS e seu financiamento, dentre as quais se destacam:

18.1) as portarias que regulamentaram os pisos de proteção social, a saber, as Portarias MDS nº 440/2005 (Pisos da Proteção Social Especial)[170] e MDS nº 442/2005[171] (Pisos da Proteção Social Básica), que determinaram os valores de cofinanciamento para o custeio dos serviços socioassistenciais;

18.2) a Portaria MDS nº 113/2015, que regulamentou o cofinanciamento federal, na modalidade fundo a fundo, dos serviços e do aprimoramento da gestão, por meio de blocos de financiamento, bem como dos programas e projetos socioassistenciais;

19) as resoluções do Conselho Nacional de Assistência Social (CNAS),[172] que normatizam as ações e regulam a execução da política; convocam as Conferências Nacionais de Assistência Social; aprovam

---

[169] Apesar de aprovado em 2019, o Decreto foi incluído nessa seção pois a CIT integra o desenho jurídico-institucional do SUAS desde a NOB/1997. Para saber mais, confira a seção 4.5 no quarto capítulo.

[170] O Piso Fixo de Média Complexidade foi posteriormente regulado pela Portaria MDS nº 843/2010.

[171] Essa portaria foi sucessivamente alterada pelas Portarias MDS nº 460/2007, MDS nº 176/2008, MDS nº 288/2009 e MDS nº 116/2013.

[172] No âmbito estadual, distrital e municipal, as resoluções dos respectivos conselhos de assistência social regulam aspectos locais da política, aprovam proposta orçamentária e

propostas orçamentárias, critérios de transferência e disciplinam os procedimentos de repasses de recursos;

20) as deliberações das Conferências Nacionais de Assistência Social,[173] publicadas por resoluções do CNAS, que registram as decisões tomadas nos encontros dessa instância de participação social;

21) as resoluções da Comissão Intergestores Tripartite (CIT),[174] que registram as pactuações referentes aos critérios de partilha de recursos entre os entes federados, às metas e prioridades dos pactos de aprimoramento da gestão e às regras de operacionalização descentralizada das ações socioassistenciais.

Além das normas supramencionadas, que se aplicam especificamente ao SUAS, integram a base normativa dessa política outras normas não exclusivas da área da assistência social, que influem diretamente em seu funcionamento, por conterem diretrizes para o atendimento de determinados usuários, como:

a) crianças e adolescentes: o Estatuto da Criança e do Adolescente (ECA)[175] e a lei do Sistema Nacional de Atendimento Socioeducativo (SINASE);[176]

b) pessoas idosas: a Política Nacional do Idoso[177] e o Estatuto da Pessoa Idosa;[178]

c) pessoas com deficiência: a Lei nº 7.853/1989 (que dispõe sobre o apoio às pessoas com deficiência), a Política Nacional para a Integração da Pessoa Portadora de Deficiência[179] e a Lei Brasileira de Inclusão da Pessoa com Deficiência (Estatuto da Pessoa com Deficiência);[180]

d) pessoas em situação de rua: a Política Nacional para a População em Situação de Rua.[181]

---

prestação de contas dos recursos do cofinanciamento no respectivo fundo e convocam as conferências na sua esfera de atuação.

[173] As conferências também são realizadas no âmbito estadual, distrital e municipal, por convocação do respectivo conselho.

[174] No âmbito estadual, as resoluções das Comissões Intergestores Bipartite (CIBs) registram as pactuações feitas por representantes de estados e municípios a respeito das questões atinentes à sua esfera de atuação.

[175] Lei nº 8.069/1990 e suas alterações.

[176] Lei nº 12.594/2012.

[177] Lei nº 8.842/1994 e suas alterações.

[178] Lei nº 10.741/2003 e suas alterações.

[179] Decreto nº 3.298/1999 e suas alterações.

[180] Lei nº 13.146/2015 e suas alterações.

[181] Decreto nº 7.053/2009 e suas alterações.

3.2.4 Desenho jurídico-institucional

O desenho jurídico institucional do Sistema Único de Assistência Social pode ser compreendido a partir de quatro eixos: i) as seguranças afiançadas; ii) os objetivos; iii) os níveis de complexidade e iv) as ações socioassistenciais.

O primeiro eixo diz respeito às *seguranças afiançadas*[182] pelo SUAS, ou seja, ao tipo de proteção social que deve ser garantida pelas ações da política de assistência social (ver Quadro 2). São elas: i) *segurança de renda*, relativa à concessão de auxílios financeiros ou à concessão de benefícios continuados; ii) *segurança de acolhida*, relativa à oferta pública de espaços e serviços para a realização da proteção social básica (PSB) e da proteção social especial (PSE); iii) *segurança de sobrevivência a riscos circunstanciais*, relativa à oferta de auxílios, em bens materiais ou em pecúnia, em caráter transitório (benefícios eventuais) para as famílias, seus membros e indivíduos; iv) *segurança de convívio ou vivência familiar e comunitária*, relativa à oferta pública e continuada de serviços que garantam oportunidades para a construção, restauração e fortalecimento de laços de pertencimento de natureza geracional, intergeracional, familiar, de vizinhança e societários e v) *segurança de desenvolvimento de autonomia*, relativa às ações para o desenvolvimento de capacidades e habilidades para o exercício do protagonismo e da cidadania, a conquista de melhores graus de liberdade e respeito à dignidade humana e a conquista de maior grau de independência pessoal e qualidade nos laços sociais.

As seguranças afiançadas procuram atacar duas dimensões da vulnerabilidade: uma dimensão *material*, que diz respeito tanto às condições precárias ou privação de renda quanto à falta de acesso aos serviços públicos; e uma dimensão *relacional*, que se refere tanto à fragilidade de vínculos que os sujeitos estabelecem com os grupos familiar e social (que configuram a percepção de pertencer a uma determinada comunidade) quanto à desvalorização ou discriminação negativa de características sociais e culturais do público a que se destinam as ações socioassistenciais (BRASIL, 2017b, p. 8-40).

---

[182] As seguranças afiançadas pelo SUAS foram previstas na PNAS/2004 e na NOB-SUAS/2005 como garantias da proteção social. A descrição apresentada nesse tópico reproduz o texto mais atualizado, constante da NOB-SUAS/2012.

Quadro 2 – Seguranças afiançadas

Dimensão	Segurança	Descrição
Material	Renda	Auxílios financeiros e benefícios continuados
	Acolhida	Oferta pública de espaços e serviços para a PSB e PSE
	Sobrevivência a riscos circunstanciais	Oferta de benefícios eventuais
Relacional	Convívio familiar e comunitário	Construção, restauração e fortalecimento de laços de pertencimento
	Desenvolvimento de autonomia	Protagonismo e independência

Fonte: Elaboração própria, a partir da NOB-SUAS/2012.

O segundo eixo do desenho jurídico institucional do SUAS diz respeito aos três *objetivos*[183] da política pública de assistência social: i) *proteção social*, que visa à garantia da vida, à redução de danos e à prevenção da incidência de riscos, especialmente a proteção à família, à maternidade, à infância, à adolescência e à velhice, a promoção da integração ao mercado de trabalho, a habilitação e reabilitação das pessoas com deficiência; a promoção de sua integração à vida comunitária e a garantia do Benefício de Prestação Continuada (BPC); ii) *vigilância socioassistencial*, que visa a analisar territorialmente a capacidade protetiva das famílias e nela a ocorrência de vulnerabilidades, de ameaças, de vitimizações e danos; e iii) *defesa de direitos*, que visa a garantir o pleno acesso aos direitos no conjunto das provisões socioassistenciais.

O terceiro eixo do desenho jurídico institucional do SUAS refere-se à organização das ações da política de assistência social em dois *níveis de complexidade*: proteção social básica e proteção social especial.[184] Esses níveis foram concebidos a partir da lógica hierarquizada

---

[183] Os objetivos da assistência social estavam previstos no texto original da LOAS de 1993 (artigo 2º), contemplando apenas "proteção à família, à maternidade, à infância, à adolescência e à velhice, a promoção da integração ao mercado de trabalho, a habilitação e reabilitação das pessoas com deficiência e a promoção de sua integração à vida comunitária e a garantia do BPC". A referência de organização dos serviços por proteção, a vigilância e a defesa social e institucional foram previstas na PNAS/2004. Na atualização da LOAS feita pela Lei nº 12.435/2011, os objetivos iniciais foram agrupados como *proteção social*, e foram incluídos os objetivos de *vigilância socioassistencial* e *defesa de direitos*.

[184] A organização das provisões da política em proteção social básica e especial foi prevista na PNAS/2004, organizada na NOB-SUAS/2005 e inserida na LOAS pela atualização da Lei nº 12.435/2011.

de referenciamento e contrarreferenciamento, de maneira similar ao desenho da política setorial de saúde[185] (ver Quadro 3).

Essa lógica implica que o usuário da política seja atendido nas proteções de acordo com suas necessidades, sendo a proteção social básica voltada para usuários e famílias em situação de vulnerabilidade (no sentido da prevenção de situações de risco) e a proteção social especial voltada para usuários e famílias que vivenciam situação de ameaça ou violação de direitos (no sentido da reparação dos danos).

A *proteção social básica* (PSB) tem como objetivo *prevenir* situações de risco por meio do fortalecimento de vínculos familiares e comunitários. Destina-se à população que vive em situação de vulnerabilidade social decorrente da pobreza, privação (ausência de renda, acesso precário aos serviços públicos) ou fragilização de vínculos afetivos (relacionados, inclusive, a discriminações etárias, étnicas, de gênero ou por deficiências).

A *proteção social especial* (PSE) é destinada a famílias e indivíduos que se encontram em situação de risco pessoal e social, por ocorrência de abandono, maus tratos, abuso sexual, uso de substâncias psicoativas, cumprimento de medidas socioeducativas, situação de rua ou trabalho infantil. A proteção social especial divide-se em média e alta complexidade: são de *média complexidade* (PSEM) os serviços que atendem famílias e indivíduos com direitos violados, mas cujos vínculos familiar e comunitário não foram rompidos; e são de *alta complexidade* (PSEA) aqueles que garantem proteção integral, que oferecem moradia, alimentação, higienização e trabalho protegido para indivíduos que se encontram em situação de ameaça e são retirados de seu núcleo familiar ou comunitário.

---

[185] As ações e serviços de saúde estão organizados de maneira hierarquizada, conforme previsto no Decreto nº 7.508/2011 (que regulamenta a Lei Orgânica da Saúde – Lei Federal nº 8.080/1990). Segundo essa lógica hierarquizada do SUS, o usuário é atendido nos serviços de atenção primária (porta de entrada) e, na hipótese de precisar ser atendido com um problema de saúde mais grave, ele é referenciado, isto é, encaminhado para atendimento em unidades de níveis de especialização mais complexos, como hospitais, ambulatórios e clínicas especializadas, com maior densidade tecnológica. Assim, a referência diz respeito ao encaminhamento do usuário para serviços mais complexos, que mais se adéquem à complexidade do caso, sempre no sentido do menor para o maior grau de complexidade. Quando o problema é mais simples, o cidadão pode ser contrarreferenciado, isto é, conduzido para um atendimento em um nível mais primário. A contrarreferência, portanto, é o processo de encaminhar o usuário de volta para o serviço de atenção primária (após a prestação do cuidado necessário), para um atendimento em nível menos complexo (COSTA et al., 2015, p. 246; FRATINI; SAUPE; MASSAROLI, 2008, p. 67; BRASIL, 2003, p. 11).

As proteções sociais são ofertadas precipuamente nos Centros de Referência de Assistência Social (CRAS), nos Centros de Referência Especializados de Assistência Social (CREAS) e também pelas entidades e organizações de assistência social inscritas nos conselhos. Os CRAS são unidades públicas de base territorial, localizadas em áreas de vulnerabilidade social, que coordenam a rede de serviços socioassistenciais locais para a execução dos serviços de proteção social básica. Já os CREAS são unidades públicas de abrangência e gestão municipal, estadual ou regional, destinadas às intervenções especializadas da proteção social especial.

Para o atendimento às famílias residentes em territórios de baixa densidade demográfica (como áreas rurais, comunidades indígenas, quilombolas, calhas de rios e assentamentos), os CRAS podem contar com equipes volantes[186] ou podem ser implantadas unidades de CRAS itinerantes.[187]

As equipes do CRAS, ao identificarem no território uma situação de vulnerabilidade ou risco social que demanda atendimento especializado, devem encaminhar (referenciar) a família ou usuário ao CREAS – e, a partir desse momento, a responsabilidade pelo acompanhamento da família passa a ser do CREAS, até que a situação de violação de direitos seja superada. No sentido contrário, a contrarreferência é exercida sempre que a equipe do CRAS recebe encaminhamento do nível de maior complexidade (proteção social especial) e garante a proteção social inserindo o usuário em serviço, benefício, programa ou projeto de proteção básica (BRASIL, 2009b, p. 10; BRASIL, 2012b, p. 47).

---

[186] As equipes volantes foram previstas na descrição do PAIF na Tipificação Nacional de Serviços Socioassistenciais. Essas equipes, formadas por dois técnicos de nível superior (sendo um assistente social e outro, preferencialmente, psicólogo) e dois técnicos de nível médio, não substituem o CRAS em território que demande sua implantação – pois constituem, exclusivamente, equipe adicional integrante do CRAS a que se vincula, conforme previsão da Portaria MDS nº 303/2011. O objetivo da equipe volante é prestar os serviços da PSB no território de abrangência do CRAS, potencializando o PAIF em territórios com peculiaridade de extensão territorial, isolamento, áreas rurais e difícil acesso, conforme previsão da Resolução CIT nº 6/2011.

[187] Os CRAS itinerantes foram previstos na descrição do PAIF na Tipificação Nacional de Serviços Socioassistenciais. São embarcações empregadas para o atendimento de populações residentes em locais nos quais é impossível a fixação territorial da unidade, devido às peculiaridades naturais do território (tais como calhas de rios e regiões ribeirinhas). Esses equipamentos se constituem, portanto, como unidades móveis do SUAS (BRASIL, 2012b, p. 23-24). São exemplos de CRAS itinerantes as lanchas da assistência social, que atendem comunidades ribeirinhas, municípios da Amazônia Legal e do Pantanal, conforme previsão das Resoluções CIT nº 2/2012 e CNAS nº 7/2012.

Outra unidade pública do SUAS é o Centro de Referência Especializado para População em Situação de Rua (Centro POP),[188] unidade de referência de proteção social especial de média complexidade (PSEM) destinada à oferta do serviço especializado para pessoas em situação de rua, que deve ser implantada em áreas de maior concentração e trânsito dessa população. Nos municípios em que, em função da demanda, não se justifique a implantação de um Centro POP, previu-se que o CREAS fique responsável pelo acompanhamento especializado desses usuários (BRASIL, 2011c, p. 41-43).

Quadro 3 – Proteções sociais e equipamentos públicos

REFERÊNCIA (maior grau de complexidade)	Equipamento	Proteção social	Objetivo	CONTRARREFERÊNCIA (menor grau de complexidade)
	CREAS	PSEA	Proteção integral	
		PSE	Atenção a famílias e indivíduos em situação de risco pessoal e social	
	Centro POP	PSEM	Atendimento especializado à população em situação de rua	
	CRAS	PSB	Prevenção de situações de risco pelo fortalecimento de vínculos familiares e comunitários	

Fonte: Elaboração própria, a partir da PNAS/2004; LOAS; BRASIL, 2009b; BRASIL, 2012b.

O quarto eixo do desenho jurídico institucional do SUAS diz respeito às *ações socioassistenciais*, que se organizam em: i) serviços; ii) programas; iii) projetos de enfrentamento da pobreza; e iv) benefícios[189] (ver Quadro 4).

---

[188] Os Centros POP não foram incluídos de maneira expressa na LOAS, mas foram previstos na Tipificação Nacional de Serviços Socioassistenciais e na Política Nacional para a População em Situação de Rua como unidades especializadas no atendimento da população em situação de rua, com capacidade de atendimento de 80 famílias ou indivíduos (conforme previsão da Portaria MDS nº 843/2010).

[189] Essa organização das ações socioassistenciais foi prevista pelo texto original da LOAS, de 1993.

Os *serviços* são atividades continuadas que visam à melhoria de vida da população, com ações voltadas para as necessidades básicas.

Os *programas* compreendem ações integradas e complementares, com objetivos, tempo e área de abrangência definidos para qualificar, incentivar e melhorar os benefícios e os serviços assistenciais.

Os *projetos de enfrentamento da pobreza* compreendem a instituição de investimento econômico-social nos grupos populares, buscando subsidiar, financeira e tecnicamente, iniciativas que lhes garantam meios, capacidade produtiva e de gestão para melhoria das condições gerais de subsistência, elevação do padrão da qualidade de vida, preservação do meio ambiente e sua organização social.

São *benefícios* os auxílios financeiros e as transferências de renda, continuadas ou provisórias, como: i) o *Benefício de Prestação Continuada* (BPC), que é a garantia constitucional de um salário mínimo mensal à pessoa com deficiência e à pessoa idosa com 65 anos ou mais, que comprovem não possuir meios de prover a própria manutenção nem de tê-la provida por sua família e ii) os *benefícios eventuais*, provisões suplementares e provisórias que integram organicamente as garantias do SUAS e que são prestadas aos cidadãos e às famílias em virtude de nascimento, morte, situações de vulnerabilidade temporária e de calamidade pública.

Quadro 4 – Ações na área da assistência social

(continua)

Ação	Descrição	Exemplo
Serviços socioassistenciais	Atividades continuadas que visem à melhoria de vida da população	SCFV, MSE (LA e PSC), acolhimento institucional
Programas	Ações complementares, com objetivos, tempo e área de abrangência definidos para qualificar, incentivar e melhorar os benefícios e os serviços assistenciais	PETI e PBF[190]

---

[190] Cumpre destacar que o enquadramento do PBF como programa é discutível, uma vez que não há menção expressa na legislação quanto ao seu lugar nas ações socioassistenciais do SUAS. É possível encontrar referências ao PBF como programa (BRASIL, 2009a, p. 27), como benefício (STUCHI, 2015, p. 118; COUTO, 2009, p. 210) e como projeto de erradicação da pobreza (no PLS nº 448/2013 e no PLC nº 6.664/2013).

(conclusão)

Ação	Descrição	Exemplo
Projetos de enfrentamento da pobreza	Investimento econômico-social nos grupos populares	Projetos fomentados pelos Fundos dos Direitos da Criança e do Adolescente[191]
Benefícios	Auxílios financeiros e transferências de renda, continuadas ou provisórias	BPC benefícios eventuais

Fonte: Elaboração própria, a partir da LOAS (Lei nº 8.742/1993 e suas atualizações).

Destaca-se ainda, dentre as ações da política de assistência social, o *Programa Bolsa Família* (PBF), um programa de transferência direta de renda pago às famílias em situação de extrema pobreza e famílias pobres que tenham em sua composição gestantes, nutrizes, crianças ou adolescentes. Para fazer jus ao PBF, as famílias devem estar inseridas no Cadastro Único e devem cumprir condicionalidades na área da saúde e da educação. O PBF foi criado por lei específica,[192] mas foi operacionalizado pelas estruturas da assistência social, como será explicitado nos capítulos subsequentes.[193] Ao garantir segurança de renda, o PBF passou a integrar as ações socioassistenciais, podendo ser enquadrado como um programa de transferência de renda.[194]

Os serviços socioassistenciais foram regulamentados pelo CNAS por meio da Tipificação Nacional de Serviços Socioassistenciais,[195] a partir de uma matriz padronizada, que prevê, para cada serviço: a) o *nome do serviço*, de modo a evidenciar sua principal função e os seus usuários; b) a *descrição*, referente ao conteúdo da oferta substantiva do

---

[191] Os Fundos dos Direitos da Criança e do Adolescente, instituídos nas esferas da Federação e sujeitos às deliberações dos respectivos Conselho de Direitos da Criança e do Adolescente, estão autorizados a financiar projetos de atendimento a crianças e adolescentes no âmbito da assistência social, conforme previsão do ECA.

[192] Cf. item 10 na subseção 3.2.3 supra.

[193] Ver subseção 4.2.3 no quarto capítulo.

[194] O presente trabalho enquadra o PBF como *programa de transferência de renda*, considerando o disposto no Protocolo de Gestão Integrada de Serviços, Benefícios e Programas de Transferência de Renda no âmbito do Sistema Único de Assistência Social (Resolução CIT nº 7/2009). O referido Protocolo trata dos beneficiários do PBF e do PETI (seção III, subseção I) de maneira apartada dos beneficiários do BPC e dos benefícios eventuais (seção III, subseção II). E como a LOAS prevê expressamente o BPC e os benefícios eventuais como *benefícios* e o PETI como *programa*, a Resolução da CIT parece indicar o enquadramento do PBF junto ao PETI, como programa de transferência de renda.

[195] Cf. item 8 da subseção 3.2.3 supra.

serviço; c) os *usuários*, indicando a quem se destinam as atenções; d) os *objetivos*, que sinalizam os propósitos do serviço e os resultados que dele se esperam; e) as *provisões*, que evidenciam as ofertas do trabalho institucional, em quatro dimensões: ambiente físico, recursos materiais, recursos humanos e trabalho social essencial ao serviço; f) as *aquisições dos usuários*, que se referem aos compromissos a serem cumpridos pelos gestores em todos os níveis, para que os serviços produzam seguranças sociais aos seus usuários, conforme suas necessidades e a situação de vulnerabilidade e risco em que se encontram; g) as *condições e formas de acesso*, que indicam a procedência dos usuários e formas de encaminhamento; h) a *unidade*, que recomenda o tipo de equipamento para a realização do serviço socioassistencial; i) o *período de funcionamento*, que indica os horários e dias da semana abertos ao funcionamento para o público; j) a *abrangência*, que diz respeito à referência territorializada da procedência dos usuários e do alcance do serviço; k) a *articulação em rede*, que indica a conexão de cada serviço com outros serviços, programas, projetos e organizações dos Poderes Executivo e Judiciário e organizações não governamentais; l) o *impacto social esperado*, que projeta expectativas que vão além das aquisições dos sujeitos que utilizam os serviços e avançam na direção de mudanças positivas em relação a indicadores de vulnerabilidades e de riscos sociais; m) as *regulamentações*, remissão a leis, decretos, normas técnicas e planos nacionais que regulam benefícios, serviços socioassistenciais e atenções a segmentos específicos.

A partir dessa matriz, foi estabelecida uma tipologia de serviços, organizados por proteção social:

Quadro 5 – Proteções sociais e serviços

(continua)

Proteção social	Serviços
BÁSICA (PSB)	Serviço de Proteção e Atendimento Integral à Família (PAIF)
	Serviço de Convivência e Fortalecimento de Vínculos (SCFV)
	Serviço de Proteção Social Básica no Domicílio para Pessoas com Deficiência e Idosas

(conclusão)

Proteção social		Serviços
ESPECIAL	DE MÉDIA COMPLEXIDADE (PSEM)	Serviço de Proteção e Atendimento Especializado a Famílias e Indivíduos (PAEFI)
		Serviço Especializado em Abordagem Social
		Serviço de Proteção Social a Adolescentes em Cumprimento de Medida Socioeducativa (MSE) de Liberdade Assistida (LA) e de Prestação de Serviços à Comunidade (PSC)
		Serviço de Proteção Social Especial para Pessoas com Deficiência, Idosas e suas Famílias
		Serviço Especializado para Pessoas em Situação de Rua
	DE ALTA COMPLEXIDADE (PSEA)	Serviço de Acolhimento Institucional, nas seguintes modalidades: - Abrigo Institucional - Casa-Lar - Casa de Passagem - Residência Inclusiva
		Serviço de Acolhimento em República
		Serviço de Acolhimento em Família Acolhedora
		Serviço de Proteção em Situações de Calamidades Públicas e de Emergências

Fonte: Tipificação Nacional dos Serviços Socioassistenciais.

Dessa tipologia, destaca-se que alguns serviços devem ser ofertados obrigatoriamente em unidades públicas: o PAIF[196] deve ser ofertado necessariamente no CRAS, o CREAS deve ofertar obrigatoriamente o PAEFI[197] (BRASIL, 2011b, p. 20) e o Centro POP deve ofertar obrigatoriamente o Serviço Especializado para Pessoas em Situação de Rua (BRASIL, 2011c, p. 41). Os demais serviços podem ser ofertados em unidades referenciadas a esses equipamentos públicos.

---

[196] O Programa de Atenção Integral à Família (PAIF) foi instituído pela Portaria nº 78/2004 como um serviço para as famílias com crianças, adolescentes, jovens, adultos, idosos e pessoas com deficiência, vulneráveis devido à pobreza e a outros fatores de risco ou exclusão social. Por meio do Decreto nº 5.085/2004, o PAIF tornou-se "ação continuada da assistência social", sendo sua oferta obrigatória e exclusiva nos CRAS (BRASIL, 2012b, p. 9). A obrigatoriedade de que a oferta do PAIF se dê no CRAS foi incluída de maneira expressa na Portaria MDS nº 116/2013, que dispôs sobre o cofinanciamento federal desse serviço, e posteriormente inserida na LOAS pela Lei nº 12.435/2011.

[197] A previsão de que o PAEFI deva ser ofertado no CREAS não ficou expressa na Lei nº 12.435/2011, mas foi incluída na descrição do serviço na Tipificação Nacional e, posteriormente, foi pactuada pela Resolução CIT nº 4/2010, sendo reiterada em resoluções posteriores.

3.2.5 Agentes governamentais

São agentes governamentais que atuam no Sistema Único de Assistência Social:

1) o Ministério (órgão gestor federal), com competência para coordenar as ações da política nacional de assistência social.[198] Dentro da estrutura organizacional do ministério, destacam-se:[199]

1.1) a Secretaria Nacional de Assistência Social (SNAS), responsável por coordenar a implementação da PNAS e do SUAS, regular a implementação de serviços e programas, coordenar a gestão do Benefício de Prestação Continuada, regular os benefícios eventuais, formular diretrizes para o controle, financiamento e orçamento da PNAS, administrar e manter o Cadastro Nacional de Entidades de Assistência Social (CNEAS) e formular a política de formação continuada de recursos humanos;

1.2) a Secretaria Nacional de Renda de Cidadania (SENARC), com competência para implementar a política nacional de renda de cidadania e coordenar programas de transferência de renda, como o Programa Bolsa Família;

1.3) a Secretaria de Avaliação e Gestão da Informação (SAGI), responsável por desenvolver e implementar instrumentos de avaliação e monitoramento das ações e políticas do ministério;

2) o Instituto Nacional de Seguro Social (INSS), responsável pela operacionalização do Benefício de Prestação Continuada;[200]

3) a Caixa Econômica Federal (CEF), agente operador do Programa Bolsa Família;[201]

4) os órgãos gestores da política de assistência social nos estados, distrito federal e municípios (secretarias de assistência social ou

---

[198] Nos governos Lula e Dilma, o MDS. No governo Temer, o MDSA. No governo Bolsonaro, o MC. No governo Lula 3, o MDS. Para um histórico das áreas de competências desses ministérios, órgãos gestores da política de assistência social no âmbito federal, ver seção 4.1 do quarto capítulo.

[199] As secretarias mencionadas nesse item compuseram a estrutura regimental do órgão gestor federal desde a criação do Ministério do Desenvolvimento Social e Combate à Fome, em 2004, conforme previsão dos Decretos nº 5.074/2004, nº 5.550/2005, nº 7.079/2010, nº 7.493/2011, nº 8.949/2016, nº 9.674/2019, nº 10.357/2020, nº 11.023/2022, nº 11.339/2023 e nº 11.392/2023.

[200] Conforme previsão do artigo 29, parágrafo único da LOAS, e do artigo 3º do Decreto nº 6.214/2007, que regulamenta o BPC.

[201] Conforme previsão do artigo 12 da Lei nº 10.836/2004, que criou o PBF. A CEF permaneceu como agente operador e pagador do PBF no governo Lula 3, conforme previsão da Lei nº 14.601/2023.

congêneres), que coordenam a execução das ações socioassistenciais nas respectivas esferas de atuação;

5) o Conselho Nacional de Assistência Social (CNAS), órgão superior de deliberação colegiada, vinculado à estrutura do ministério,[202] que aprova os recursos do cofinanciamento do SUAS, normatiza as ações socioassistenciais, acompanha e fiscaliza o processo de certificação das entidades de assistência social realizado pelo ministério, convoca a Conferência Nacional de Assistência Social, aprova a proposta orçamentária da PNAS, aprova critérios de transferência de recursos para os entes federados e aprova a execução financeira do FNAS;

6) os conselhos estaduais, municipais e distrital de assistência social, instâncias deliberativas do SUAS,[203] de caráter permanente e composição paritária entre governo e sociedade civil, vinculados ao órgão gestor de assistência social em cada ente federativo, que têm competência para, em seu âmbito de atuação, acompanhar a execução da política de assistência social, apreciar e aprovar a proposta orçamentária, em consonância com as diretrizes das conferências, orientar a gestão do fundo de assistência social e controlar a execução orçamentária dos seus recursos, fazer a inscrição das entidades e organizações de assistência social, autorizando seu funcionamento,[204] e fiscalizar o funcionamento das entidades inscritas;

7) os demais conselhos de políticas públicas (ou conselhos de direitos), como o Conselho Nacional dos Direitos da Pessoa Idosa (CNDPI),[205] o Conselho Nacional dos Direitos da Mulher (CNDM),[206] o Conselho Nacional dos Direitos da Pessoa com Deficiência (CONADE)[207] e o Conselho Nacional dos Direitos da Criança e do Adolescente

---

[202] Conforme previsão do artigo 17 da LOAS.
[203] Conforme previsão do artigo 16 da LOAS.
[204] A inscrição das entidades e organizações de assistência social é feita pelos conselhos municipais e distrital de assistência social, conforme previsão do artigo 9º da LOAS.
[205] Criado pela Lei nº 8.842/1994 e regulado pelo Decreto nº 11.483/2023, o CNDPI tem competência para supervisão, acompanhamento, fiscalização e avaliação da política nacional da pessoa idosa e por gerir o Fundo Nacional do Idoso (instituído pela Lei nº 12.213/2010).
[206] Criado pela Lei nº 7.353/1985 e regulado pelo Decreto nº 6.412/2008, o CNDM tem competência para propor diretrizes para a ação governamental voltada à promoção dos direitos das mulheres e atuar no controle social de políticas públicas de igualdade de gênero.
[207] Regulado pelo Decreto nº 10.177/2019, o CONADE tem competência para acompanhar a implantação da política nacional para a inclusão da pessoa com deficiência, acompanhar o planejamento e avaliar a execução das políticas setoriais de educação, saúde, trabalho, assistência social, transporte, cultura e outras políticas relativas à pessoa com deficiência.

(CONANDA),[208] no âmbito federal, e os conselhos estaduais, municipais e distrital, em seus respectivos âmbitos de atuação, que acompanham a gestão das ações das políticas destinadas aos respectivos públicos, seja na gestão de fundos específicos para a realização de ações com esses usuários, seja na edição de normas a serem observadas no atendimento a esse público-alvo nas ações da política de assistência social;

8) os trabalhadores e as trabalhadoras do SUAS, servidores, empregados públicos e trabalhadores das entidades e organizações da assistência social que compõem a rede socioassistencial; sejam eles agentes de gestão, atuando no planejamento, no monitoramento e na avaliação da política (nas áreas da vigilância socioassistencial e na gestão do trabalho, por exemplo), sejam eles burocratas de nível de rua,[209] atuando na proteção social, diretamente em contato com os usuários dos serviços;

9) os órgãos e agentes de outras políticas setoriais (como saúde e educação), que estão em permanente interlocução com a área da assistência social, para viabilizar a inserção dos usuários nas respectivas políticas e promover a universalização do acesso aos direitos sociais, uma vez que a atuação da assistência social se realiza de forma integrada às demais políticas setoriais;[210]

10) os Conselhos Tutelares,[211] Ministério Público,[212] Defensorias Públicas[213] e órgãos do Poder Judiciário, que atuam na proteção e na

---

[208] Criado pela Lei nº 8.242/1991, o CONANDA tem competência para elaborar as normas gerais, zelar pela aplicação da política nacional de atendimento dos direitos da criança e do adolescente e gerir o Fundo Nacional para a Criança e o Adolescente (FNCA).

[209] Para uma discussão sobre a atuação dos burocratas de nível de rua e os resultados da discricionariedade desses agentes no processo de implementação de políticas públicas, cf. LOTTA, 2008; LOTTA, 2010; LIPSKY, 2019. Os trabalhadores de entidades sem fins lucrativos que atuam na execução de políticas em parceria com o Poder Público, embora não trabalhem diretamente para o governo, preenchem o perfil para a burocracia de nível de rua (LIPSKY, 2019, p. 391).

[210] Conforme previsão do artigo 2º, parágrafo único, da LOAS.

[211] O Conselho Tutelar é um órgão permanente e autônomo, não jurisdicional, integrante da Administração Pública municipal, composto por membros escolhidos pela população local, encarregado de zelar pelo cumprimento dos direitos da criança e do adolescente, conforme disposto no ECA.

[212] O Ministério Público é instituição permanente, essencial à função jurisdicional do Estado, incumbindo-lhe a defesa da ordem jurídica, do regime democrático e dos interesses sociais e individuais indisponíveis, conforme disposição do artigo 127 da CF/88.

[213] A Defensoria Pública é instituição permanente, essencial à função jurisdicional do Estado, incumbindo-lhe, como expressão e instrumento do regime democrático, fundamentalmente, a orientação jurídica, a promoção dos direitos humanos e a defesa, em todos os graus, judicial e extrajudicial, dos direitos individuais e coletivos, de forma integral e gratuita, aos necessitados, conforme disposição do artigo 134 da CF/88.

garantia de direitos e têm grande interface com a política de assistência social, especialmente nas ações da proteção social especial, quando há situações de violência doméstica e familiar, de ameaças ou violação de direitos ou aplicação de medidas socioeducativas;

11) os senadores, deputados federais e estaduais e vereadores que, através do mecanismo de indicações parlamentares ao orçamento, operacionalizadas por meio de emendas ao projeto de Lei Orçamentária Anual (LOA),[214] podem alocar recursos públicos para ações socioassistenciais específicas, em função de compromissos políticos que tenham assumido durante seu mandato, tanto junto aos estados e municípios quanto junto a instituições e entidades privadas.[215]

3.2.6 Agentes não governamentais

São agentes não governamentais que atuam no Sistema Único de Assistência Social:

1) as organizações dos trabalhadores e trabalhadoras do SUAS, como o Fórum Nacional de Trabalhadores do SUAS (FNTSUAS),[216] espaço coletivo de caráter permanente, com atribuição de articular e integrar seus membros em defesa do SUAS, articular com os fóruns estaduais (FETSUAS), municipais (FMTSUAS), distrital (FTSUAS-DF) e regionais (FORTSUAS), acompanhar no Congresso Nacional a tramitação de projetos de lei referentes à PNAS, acompanhar e avaliar o processo de implementação das deliberações das Conferências Nacionais de Assistência Social, promover atos, manifestações e audiências públicas em defesa dos trabalhadores do SUAS;

2) as organizações de usuários do SUAS, estruturadas como coletivos, associações, fóruns, conselhos locais, associações comunitárias ou de moradores e suas redes de articulação (como, por exemplo, o Fórum

---

[214] As emendas podem acrescentar, suprimir ou modificar determinadas rubricas do projeto de lei orçamentária enviado pelo Executivo, para direcionar recursos do orçamento de acordo com os compromissos políticos assumidos pelo parlamentar junto à sua base.

[215] Em estudo de 2016 sobre os efeitos das emendas parlamentares na implementação do SUAS, foi identificada uma percepção convergente, entre os gestores da política, no sentido de que boa parte das emendas parlamentares era destinada a entidades privadas. Mas a base de dados do FNAS não disponibilizava dados sobre o beneficiário final do recurso, para corroborar se a percepção captada em entrevistas condiz com a real execução dos recursos do fundo (DELGADO, 2016, p. 26).

[216] Concebido durante a VII Conferência Nacional de Assistência Social, em 2009, em Brasília.

Nacional de Usuários do SUAS – FNUSUAS),[217] que tenham entre seus objetivos a defesa e a garantia de coletivos de usuários do SUAS;[218]

3) a Frente Nacional em Defesa do Sistema Único de Assistência Social e da Seguridade Social, formada em 2016, organização plural de entidades, instituições não governamentais, trabalhadores, usuários, gestores, professores, pesquisadores e pessoas interessadas em defender a assistência social e a seguridade social brasileira, que objetiva articular a participação para reverberar de forma unificada em todo o país;

4) as organizações da sociedade civil (OSC), entidades privadas sem fins lucrativos, sociedades cooperativas ou organizações religiosas[219] que executam diretamente programas, projetos ou serviços socioassistenciais, por meio de parcerias formalizadas com a Administração Pública por termos de colaboração, termos de fomento ou acordos de cooperação.[220]

Quanto às OSCs, três aspectos merecem ser destacados. Em primeiro lugar, a LOAS diferencia as organizações de assistência social em: i) entidades de *atendimento*, que executam serviços, programas ou projetos e concedem benefícios aos usuários da política; ii) entidades de *assessoramento*, que executam programas ou projetos voltados para o fortalecimento dos movimentos sociais e das organizações de usuários, bem como formação e capacitação de lideranças e iii) entidades de *defesa de direitos*, que executam programas e projetos voltados para a defesa e efetivação dos direitos socioassistenciais, construção de novos direitos, promoção da cidadania, enfrentamento das desigualdades sociais e articulação com órgãos públicos de defesa de direitos.[221]

---

[217] Constituído em novembro de 2014, na Reunião Descentralizada e Ampliada do CNAS em Salvador, Bahia.

[218] Conforme disposto na Resolução CNAS nº 11/2015, que caracteriza os usuários, seus direitos e sua participação na política pública de assistência social e no SUAS.

[219] Conforme previsão da Lei nº 13.019/2014. Essas entidades podem receber qualificações do Poder Público, como organizações sociais (OS), conforme previsão da Lei nº 9637/1998, ou como Organização da Sociedade Civil de Interesse Público (OSCIP), conforme previsão da Lei nº 9.790/1999, para formalizarem, respectivamente, contrato de gestão ou termo de parceria com o Poder Público. Mas a designação como OSC é mais abrangente (LOPEZ, 2018, p. 45 e p. 136).

[220] As parcerias entre as OSCs e a Administração Pública são reguladas pela Lei nº 13.019/2014. Os termos de colaboração e os termos de fomento envolvem a transferência de recursos financeiros por parte da Administração Pública, enquanto que os termos de cooperação não. A colaboração diz respeito à consecução de finalidades de interesse público e recíproco propostas pela Administração Pública, enquanto que o fomento é proposto pelas organizações da sociedade civil.

[221] A Resolução CNAS nº 191/2005, orientou a regulamentação do artigo 3º da LOAS, acerca das entidades e organizações de assistência social, indicando suas características essenciais.

Em segundo lugar, quando reconhecidas como entidades beneficentes de assistência social, essas organizações fazem jus à isenção do pagamento das contribuições para a seguridade social,[222] conforme previsão constitucional.[223] Para tanto, devem requerer a Certificação de Entidade Beneficente de Assistência Social (CEBAS) junto ao ministério certificador da sua área de atuação preponderante[224] e cumprir os demais requisitos legais.[225]

Em terceiro lugar, para o reconhecimento de que a entidade integra a rede socioassistencial e está vinculada ao SUAS, é necessário que a organização esteja inscrita no conselho municipal ou distrital de assistência social, conforme o caso, e que esteja inscrita no Cadastro Nacional de Entidades de Assistência Social (CNEAS), mantido pelo ministério com competência para coordenar as ações da PNAS.[226]

3.2.7 Mecanismos jurídicos de articulação

Para descrever os mecanismos jurídicos de articulação da ação dos diversos agentes governamentais e não governamentais envolvidos no planejamento, execução, monitoramento e avaliação das ações do Sistema Único de Assistência Social, optou-se por uma diferenciação desses mecanismos em três aspectos: i) as associações que reúnem agentes públicos e privados, interessados na política, que atuam ou incidem em determinada esfera, na defesa de seus próprios interesses ou na defesa de determinada forma de organização da política pública; ii) as instâncias de pactuação interfederativa, que reúnem representantes das esferas de governo organizados em associações e iii) os instrumentos de coordenação interfederativa, relativos a dispositivos e técnicas

---

Essa orientação foi acatada no Decreto nº 6.308/2007, que dispôs sobre as entidades e organizações de assistência social e, posteriormente, na Lei nº 12.435/2011, que atualizou a LOAS para incluir no artigo 3º os parágrafos que dispõem sobre as entidades de atendimento, de assessoramento e de defesa de direitos. Em seguida, a Resolução CNAS nº 27/2011 caracterizou as ações de assessoramento e defesa e garantia de direitos no âmbito do SUAS.

[222] As contribuições para a seguridade social estão previstas nos artigos 22 e 23 da Lei nº 8.212/1991.

[223] O artigo 195, §7º, da CF/88 prevê a isenção de contribuição para seguridade social para as entidades beneficentes de assistência social.

[224] Ministério gestor da PNAS, para as entidades de atuação preponderante na assistência social, Ministério da Saúde, para as entidades de atuação preponderante na saúde, ou Ministério da Educação, para as entidades de atuação preponderante na educação.

[225] Da lei do CEBAS e de seu decreto regulamentador. Cf. itens 15 e 16 da subseção 3.2.3 supra.

[226] Ver subseção 4.2.1 no quarto capítulo.

que organizam a ação governamental, visando à operacionalização da política (JACCOUD, 2020, p. 44).

1) No que se refere às associações de agentes públicos e privados, interessados na política, destacam-se:

1.1) o Fórum Nacional de Secretários(as) de Estado da Assistência Social (FONSEAS), sociedade civil sem fins lucrativos, formada pelos gestores estaduais e distrital de assistência social, reconhecida[227] como responsável pela indicação de representantes dos estados e distrito federal para compor a Comissão Intergestores Tripartite (CIT), que funciona como uma instância de articulação política interfederativa com o objetivo de fortalecer a participação dos entes estaduais na definição da política pública;

1.2) o Colegiado Nacional de Gestores Municipais de Assistência Social (CONGEMAS), associação civil sem fins lucrativos, formada por gestores municipais, reconhecida[228] como responsável pela indicação de representantes dos municípios para compor a CIT, que funciona como uma instância de articulação política interfederativa com o objetivo de fortalecer a representação municipal nos conselhos, comissões e colegiados, em todo o território nacional;

1.3) os Colegiados Estaduais de Gestores Municipais de Assistência Social (COEGEMAS), entidades sem fins lucrativos vinculadas ao CONGEMAS, organizadas nos estados com a finalidade de representação dos gestores e dirigentes públicos municipais de assistência social no âmbito dos estados, reconhecidas pela NOB-SUAS/2012 como responsáveis pela indicação das suas representações nas Comissões Intergestores Bipartite (CIBs);

1.4) as Frentes Parlamentares em defesa do Sistema Único de Assistência Social,[229] associações civis suprapartidárias, integradas por parlamentares no âmbito das Casas Legislativas, que funcionam como um mecanismo de mobilização e de articulação em torno da elaboração, acompanhamento, proposição e análise de propostas que disciplinem aspectos relacionados à área da assistência social;

---

[227] Pelo Decreto nº 10.009/2019. Ver subseção 5.1.6 no quinto capítulo.
[228] Pelo Decreto nº 10.009/2019. Ver subseção 5.1.6 no quinto capítulo.
[229] Na Câmara dos Deputados, por exemplo, a Frente Parlamentar em defesa do SUAS foi instalada na 56ª Legislatura (2019-2023) pelo Requerimento nº 918/2019. Segundo os registros disponíveis no site da Câmara, essa Frente Parlamentar existe na Casa desde a 53ª Legislatura (2007-2011). O registro de Frentes Parlamentares foi expressamente previsto a partir de 2005 pelo Ato da Mesa nº 69/2005. Disponível em: https://www.camara.leg.br/internet/deputado/frentes.asp. Acesso em: 2 maio 2021.

1.5) a Mesa Nacional de Negociação Permanente e Gestão do Trabalho do SUAS,[230] espaço permanente de diálogo e negociação entre gestores e trabalhadores do SUAS, no que concerne à Gestão do Trabalho, na perspectiva de qualificação dos serviços, programas, projetos, benefícios socioassistenciais, transferência de renda e de valorização dos trabalhadores do SUAS;

2) São instâncias de pactuação interfederativa:

2.1) a Comissão Intergestores Tripartite (CIT),[231] espaço de articulação e interlocução, caracterizado como instância de negociação e pactuação interfederativa dos aspectos operacionais da gestão do SUAS, composta por representantes da União (indicados pelo ministério), dos estados e do distrito federal (indicados pelo FONSEAS)[232] e dos municípios (indicados pelo CONGEMAS),[233] com competência para estabelecer estratégias operacionais relativas à implantação e ao aprimoramento das ações socioassistenciais, propor critérios de partilha e procedimentos de transferência de recursos para o cofinanciamento dessas ações e estabelecer prioridades e metas nacionais de aprimoramento do SUAS;

2.2) as Comissões Intergestores Bipartite (CIBs),[234] instâncias de negociação e pactuação de âmbito estadual, compostas por representantes do estado (indicados pelo órgão gestor estadual) e de seus respectivos municípios (indicados pelo COEGEMAS),[235] com competência para pactuar aspectos operacionais da gestão do SUAS na sua esfera de atuação.

3) Como instrumentos de coordenação interfederativa, foram identificados:

3.1) o Cadastro Único para Programas Sociais (CadÚnico), instrumento de identificação e caracterização socioeconômica das famílias brasileiras de baixa renda, utilizado para seleção de beneficiários de

---

[230] Instituída pela Portaria MDS nº 137/2013 e que teve o Regimento Interno publicizado pela Portaria SNAS nº 11/2016.
[231] A CIT foi prevista nas NOBs e foi instituída pelo Decreto nº 10.009/2019. Ver subseção 3.2.12 neste capítulo.
[232] A indicação de representantes dos estados e do distrito federal pelo FONSEAS deve contemplar as cinco regiões do país, conforme disposição da NOB-SUAS/2012.
[233] A indicação de representantes dos municípios pelo CONGEMAS deve contemplar as cinco regiões do país e os portes dos municípios, conforme previsto na NOB-SUAS/2012.
[234] As CIBs foram previstas na NOB-SUAS/2005 e na NOB-SUAS/2012.
[235] O COEGEMAS deve observar a representação regional e o porte dos municípios na indicação de representantes para compor a CIB, conforme disposição da NOB-SUAS/2012.

programas sociais nas esferas federal, estadual, distrital e municipal, que permite a integração entre diferentes programas, benefícios e serviços da assistência social;[236]

3.2) o Índice de Gestão Descentralizada do Programa Bolsa Família (IGD-PBF), instrumento de aferição da qualidade da gestão do PBF no nível subnacional, utilizado como parâmetro para o cálculo do apoio financeiro à gestão descentralizada do Programa Bolsa Família e do Cadastro Único, que se configura em uma ferramenta de incentivo à obtenção de resultados qualitativos na gestão estadual, distrital e municipal do programa;[237]

3.3) o Índice de Gestão Descentralizada do Sistema Único de Assistência Social (IGDSUAS), instrumento destinado a medir os resultados da gestão estadual, municipal e distrital do SUAS e calcular o montante de recursos a serem repassados aos entes federados a título de apoio financeiro à gestão descentralizada, que se configura em uma ferramenta de incentivo à obtenção de resultados qualitativos na gestão da política pública;[238]

3.4) os Pactos de Aprimoramento da Gestão, previstos na NOB-SUAS/2012, instrumento pelo qual se registram as metas e as prioridades nacionais no âmbito do SUAS, acordadas entre governo federal, estados, distrito federal e municípios no âmbito da CIT, que funciona como um mecanismo de indução do aprimoramento da gestão, dos serviços, programas, projetos e benefícios socioassistenciais;[239]

3.5) os Termos de Colaboração e os Termos de Fomento, instrumentos por meio dos quais são formalizadas as parcerias estabelecidas pela Administração Pública com organizações da sociedade civil para a execução de serviços, programas e projetos no âmbito do SUAS, que envolvam a transferência de recursos financeiros, que definem um conjunto de direitos, responsabilidades e obrigações às partes e permitem ao poder público gerir e fiscalizar a execução das ações socioassistenciais executadas pelas OSCs parceiras, a partir do monitoramento e avaliação do cumprimento do objeto da parceria.[240]

---

[236] Ver subseção 4.6.1 no quarto capítulo.
[237] Ver subseção 4.4.1 no quarto capítulo.
[238] Ver subseção 4.4.2 no quarto capítulo.
[239] Ver seção 4.5 no quarto capítulo.
[240] Ver subseção 4.2.1 no quarto capítulo.

3.2.8 Escala e público-alvo

Conforme previsto na PNAS/2004, o público-alvo das ações do Sistema Único de Assistência Social é constituído por indivíduos e famílias que se encontram em situações de vulnerabilidade e risco social, tais como: crianças e adolescentes, pessoas com deficiências, pessoas idosas, pessoas em situação de rua; pessoas em situação de pobreza ou sem acesso a direitos e políticas públicas; usuários de substâncias psicoativas; indivíduos com perda ou fragilidade de vínculos de afetividade, pertencimento e sociabilidade; identidades estigmatizadas em termos étnico, cultural e sexual; pessoas em situação de violência familiar; pessoas em situação de abandono, maus tratos, abuso sexual; adolescentes em cumprimento de medidas socioeducativas; crianças em situação de trabalho infantil; pessoas com inserção precária no mercado de trabalho ou desemprego.

Quanto à escala, é possível dimensionar o alcance das ações do SUAS pela quantidade de famílias e pessoas inscritas no Cadastro Único, pela quantidade de beneficiários do PBF e do BPC, pela quantidade de equipamentos da assistência social (CRAS, CREAS, Centros POP e unidades de acolhimento) e pela quantidade de municípios que ofertam serviços socioassistenciais (das proteções sociais básica e especial). Os dados sobre o número de usuários atendidos nos equipamentos da rede socioassistencial, apesar de serem coletados pelo Censo SUAS, não foram acessados pela presente pesquisa.

Os dados disponibilizados no Relatório de Informações Sociais da SAGI[241] demonstram que, no mês de janeiro de 2021, havia 29.054.469 *famílias* inscritas no Cadastro Único para acessar os programas sociais, o que corresponde a 75.568.184 *pessoas* cadastradas, ou 35,5% da população brasileira.[242]

Do total de *pessoas* inscritas no CadÚnico, 23% eram pessoas de baixa renda, 11,3% eram pessoas em situação de pobreza e 52,6% eram pessoas em situação de extrema pobreza.

---

[241] Disponível em: https://aplicacoes.mds.gov.br/sagi/ri/relatorios/cidadania/. Acesso em: 14 abri. 2021.

[242] Considerando a estimativa do IBGE de população total em 212.962.430 pessoas em janeiro de 2021. O IBGE disponibiliza os dados de projeção da população do Brasil no site https://www.ibge.gov.br/apps/populacao/projecao/index.html. Acesso em: 17 abr. 2021.

Se considerado o total de *famílias* inscritas no CadÚnico, 21,2% eram famílias de baixa renda, 9,6% eram famílias em situação de pobreza e 48,2% eram famílias em situação de extrema pobreza.

Dessas famílias cadastradas, segundo dados de março de 2021, 50% eram beneficiárias do Programa Bolsa Família, recebendo um benefício médio de R$ 186,49. Considerando o total da população brasileira, os beneficiários do PBF somavam 20,7% da população.

Com relação ao Benefício de Prestação Continuada, conforme dados de fevereiro de 2021, havia um total de 4.659.746 beneficiários (2,2% da população brasileira), sendo 54,8% deles pessoas com deficiência e 45,2% pessoas idosas. Importante destacar que, do total de beneficiários do BPC, 92,9% já estavam inscritos, à época, no CadÚnico.

A partir dos dados do Censo SUAS 2020,[243] é possível dimensionar a quantidade de equipamentos da assistência social no Brasil. Em 2019, foram identificados 8.466 CRAS, 2.750 CREAS municipais, 34 CREAS regionais, 236 Centros POP, 6.669 unidades de acolhimento municipais e 182 unidades de acolhimento estaduais.

A análise feita pelo suplemento de assistência social da Pesquisa de Informações Básicas Municipais (MUNIC)[244] de 2018 indicou que 99,5% dos municípios executavam algum serviço socioassistencial, dentre os quais a proteção social básica (PSB) estava presente na quase totalidade (em 99,8% deles). Do total de municípios que ofertavam pelo menos um serviço da PSB, mais de 91% deles ofereciam o Serviço de Proteção e Atendimento Integral à Família (PAIF). O Serviço de Convivência e Fortalecimento de Vínculos (SCFV) era ofertado a crianças e adolescentes de 6 a 15 anos em 94% dos municípios e para pessoas idosas em 93% deles. O Serviço de Proteção Social Básica no Domicílio para Pessoas com Deficiência e Idosas era ofertado em 55,5% dos municípios.

Dos 5.540 municípios que executavam algum serviço socioassistencial, a proteção social especial (PSE) estava presente, com pelo menos um de seus serviços, em 82,4% deles.

---

[243] Disponíveis em: https://aplicacoes.mds.gov.br/sagirmps/censosuas/status_censo/relatorio.php. Acesso em: 14 abr. 2021.

[244] A Pesquisa de Informações Básicas Municipais (MUNIC) é realizada anualmente na totalidade dos municípios brasileiros (em todos os 5.570 entes municipais) pelo Instituto Brasileiro de Geografia e Estatística (IBGE) para levantar informações sobre a estrutura, a dinâmica e o funcionamento das instituições públicas municipais. Usualmente, a pesquisa produz cadernos suplementares para contemplar temas específicos, sendo a política de assistência social contemplada nos suplementos dos anos de 2018, 2013, 2012, 2009 e 2005.

Dentre os municípios que executavam algum serviço da PSE, considerando-se a proteção social especial de média complexidade (PSEM), o Serviço de Proteção e Atendimento Especializado a Famílias e Indivíduos (PAEFI) era ofertado em 59,4% dos municípios (chegando a mais de 90% nos municípios com mais de 20.000 habitantes) e o Serviço de Proteção Social a Adolescentes em Cumprimento de Medida Socioeducativa de Liberdade Assistida (LA) e de Prestação de Serviços à Comunidade (PSC) era ofertado em 78,7% dos municípios.

Ainda no conjunto de municípios que executavam algum serviço da PSE, considerando-se a proteção social especial de alta complexidade (PSEA), o Serviço de Acolhimento Institucional para crianças e adolescentes era ofertado em 5,3% dos municípios (chegando a 81,6% nos municípios com mais de 50.000 habitantes) e o Serviço de Acolhimento Institucional para Idosos era ofertado em 29,4% dos municípios (chegando a 82,6% nos municípios com mais de 500.000 habitantes).

3.2.9 Dimensão econômico-financeira do programa

As ações da assistência social são custeadas com recursos do orçamento da seguridade social, conforme previsão constitucional, mas não há vinculação de recursos para essa política, como ocorre com a saúde e a educação.[245] A LOAS prevê o financiamento dos benefícios, serviços, programas e projetos da assistência social por recursos da União, dos estados, do distrito federal e dos municípios. Os recursos do cofinanciamento dos entes federados são alocados nos fundos de assistência social.

No âmbito federal, o Fundo Nacional de Assistência Social (FNAS)[246] é gerido pelo ministério responsável pela PNAS, sob orientação e acompanhamento do Conselho Nacional de Assistência Social. O FNAS é constituído por recursos consignados a seu favor na Lei Orçamentária Anual (LOA).[247]

Os recursos do FNAS são repassados na modalidade fundo a fundo, de maneira regular e automática para os fundos subnacionais, e podem ser destinados para: i) cofinanciamento dos serviços, programas

---

[245] A vinculação de recursos para o SUAS é uma bandeira que tem sido defendida no âmbito das Conferências Nacionais de Assistência Social. Ver seção 4.3 no quarto capítulo.

[246] O FNAS foi instituído pela LOAS e regulamentado pelo Decreto nº 7.788/2012.

[247] Além de receitas provenientes de aluguéis de bens imóveis e de alienação de bens móveis e imóveis da União destinados à assistência social.

e projetos de assistência social; ii) custeio e investimento em equipamentos públicos da rede socioassistencial; iii) ações assistenciais de caráter de emergência; iv) aprimoramento da gestão de serviços, programas, projetos e benefícios de assistência social, por meio do IGDSUAS; v) apoio às ações de gestão e execução descentralizada do PBF, por meio do IGD-PBF; vi) pagamento de profissionais que integram as equipes de referência, responsáveis pela organização e oferta das ações socioassistenciais; vii) capacitação de recursos humanos; viii) desenvolvimento de estudos e pesquisas relativos à execução de serviços, programas e projetos de assistência social; e ix) repasse às organizações da sociedade civil que compõem a rede socioassistencial.

A transferência de recursos do FNAS aos estados, ao distrito federal e aos municípios é condicionada à efetiva instituição e funcionamento, em seu âmbito de atuação, de conselho, fundo e plano de assistência social.[248] Além disso, para receber recursos do FNAS o ente subnacional deve constituir o fundo de assistência social como unidade orçamentária e deve alocar recursos próprios em seu respectivo fundo.[249]

Os recursos do FNAS destinados ao pagamento e operacionalização do Benefício de Prestação Continuada e da Renda Mensal Vitalícia são repassados pelo ministério gestor da PNAS diretamente ao Instituto Nacional do Seguro Social (INSS), que efetua o pagamento aos beneficiários.

Houve um aumento considerável nos valores investidos pela União na assistência social ao longo dos anos 2000.[250] Com base no total executado na Função 08, identificou-se um crescimento na participação relativa da assistência social no total executado da União, em especial em 2004, por conta do aumento dos benefícios de transferência de renda, seja pela criação do PBF, seja pela promulgação do Estatuto do Idoso, que reduziu a idade de concessão do BPC para a pessoa idosa de 67 para 65 anos e determinou que não fosse contabilizado o benefício já concedido a outro idoso da família para a apuração da renda familiar *per capita*. Em 2006, houve novo aumento no volume de recursos investidos nas ações de transferência de renda, em razão da ampliação de cobertura do PBF, do reajuste no valor dos benefícios e da criação do IGD-PBF. A política de aumento do salário mínimo, adotada no período, também

---

[248] Conforme previsão do artigo 30 da LOAS.
[249] Conforme previsão do Decreto nº 7.788/2012.
[250] Da ordem de 392,8% entre 2002 e 2012 (BRASIL, 2013b, p.15).

impactou no financiamento do BPC. Observou-se, ainda, um incremento relacionado à expansão dos serviços socioassistenciais desenvolvidos nos CRAS e nos CREAS. Além disso, houve crescimento do valor executado a partir da implantação do Plano Brasil sem Miséria, que deu prioridade a essas ações (BRASIL, 2013b, p. 14-17).

Na série histórica de despesas da União, disponível no site do Tesouro Nacional,[251] observa-se um aumento gradual dos recursos destinados para a função da assistência social, passando de 1,41% do orçamento, em 2000,[252] e atingindo o total de 4,71%, em 2013.[253] A partir de 2014, as despesas sofreram uma ligeira redução anual, passando de 4,43% em 2014 para 4,21% em 2019. Em 2020, o percentual subiu para 14,5%, mas esse aumento foi devido ao pagamento do auxílio emergencial, que será discutido no quinto capítulo.

Importante destacar que o financiamento da execução de ações socioassistenciais por entidades e organizações de assistência social pode ser feito de forma *direta*, por meio de subvenções, termos de colaboração e termos de fomento, que têm como fonte os recursos alocados nos fundos de assistência social, mas também de forma *indireta*, por meio de exonerações tributárias, que têm como fonte o orçamento da União.[254]

O financiamento direto é previsível e fiscalizado pelas instâncias de controle. Mas o financiamento indireto carece de transparência, na medida em que as estimativas sobre os valores que deixam de ser recolhidos aos cofres públicos são precárias.[255] Além disso, é difícil mensurar objetivamente os resultados do financiamento indireto na oferta de serviços socioassistenciais e no atendimento ao público-alvo da política (JACCOUD, 2012, p. 76-77).

---

[251] A série histórica das despesas da União contém dados desde 1980 e está disponível em: https://www.tesourotransparente.gov.br/publicacoes/despesas-da-uniao-series-historicas/2019/11?ano_selecionado=2021. Acesso em: 2 maio 2021. A série histórica consultada foi aquela das despesas da União por função de governo (assistência social).

[252] Primeiro ano da série histórica em que a assistência social aparece desvinculada da previdência.

[253] Esse cálculo levou em conta somente o valor nominal das despesas liquidadas na área da assistência social, em relação ao subtotal do gasto do governo federal (desconsiderando-se os encargos da dívida).

[254] A CF/88 determinou, em seu artigo 195, §7º, a isenção de contribuição para a seguridade social para as entidades beneficentes de assistência social; e a Lei nº 12.101/2009 regulou os procedimentos para a isenção, determinando que somente as entidades certificadas com o CEBAS fariam jus ao benefício.

[255] Estima-se que o governo deixou de arrecadar cerca de R$ 9 bilhões em 2007 e R$ 16,8 bilhões em 2013 (BRASIL, 2013b, p. 54).

O financiamento da política será tratado de maneira mais detalhada no quarto capítulo.

3.2.10 Estratégia de implantação

Para a implantação do Sistema Único de Assistência Social, foram adotadas as seguintes estratégias:

1) a criação dos níveis de gestão[256] da política de assistência social, correspondentes ao cumprimento de determinados requisitos (como a efetiva instituição e funcionamento de conselho, fundo e plano de assistência social e a alocação e execução de recursos próprios no respectivo fundo, constituído como unidade orçamentária). A cada nível de gestão, correspondem certas responsabilidades (relativas à gestão do Cadastro Único e das ações socioassistenciais em seu âmbito de atuação), mas também são conferidos incentivos (principalmente financeiros), como forma de estimular a adesão voluntária de estados, municípios e distrito federal ao SUAS;

2) a elaboração da Política Nacional de Assistência Social, pelo MDS, em atenção às deliberações da IV Conferência Nacional realizada em 2003, e a aprovação do texto da PNAS/2004 pelo Conselho Nacional de Assistência Social,[257] após a realização de encontros descentralizados, o que conferiu legitimidade democrática às decisões sobre os procedimentos de implantação do SUAS;

3) a realização periódica das Conferências Nacionais de Assistência Social, convocadas pelo CNAS, e das conferências de assistência social nos estados, municípios e distrito federal, convocadas pelos conselhos dos respectivos entes federativos, que têm como atribuição avaliar a execução e deliberar sobre as diretrizes para o aperfeiçoamento da política de assistência social, de modo a garantir a participação da sociedade civil organizada e dos movimentos sociais nas decisões sobre

---

[256] A definição de níveis de gestão foi prevista pela primeira vez na NOB/1997 como forma de incentivar a descentralização da política nacional de assistência social, conforme diretriz de descentralização político-administrativa prevista na LOAS. Os níveis de gestão foram revistos e aperfeiçoados pela NOB/1998 (que estipulou procedimentos operacionais de habilitação aos níveis de gestão). Mas foi somente com a NOB-SUAS/2005 (que estipulou os requisitos, as responsabilidades e os incentivos para cada nível de gestão), com o aumento dos incentivos financeiros à adesão, que se viabilizou o SUAS (MESQUITA; PAIVA; JACCOUD, 2020, p. 189). A NOB-SUAS/2012 manteve as condições de adesão já previstas em 2005.
[257] A PNAS/2004 foi instituída pela Resolução CNAS nº 145/2004.

a implantação das ações do SUAS, como garantia de democratização desse processo;[258]

4) o processo deliberativo nos conselhos de assistência social, de composição paritária entre governo e sociedade civil, que incentiva a participação de organizações da sociedade civil, movimentos sociais e representantes de usuários no planejamento, regulação e controle das ações socioassistenciais, garantindo a diretriz constitucional de participação da população, por meio de organizações representativas, na formulação e no controle da política pública;

5) os procedimentos de articulação e pactuação interfederativa nas Comissões Intergestores Tripartite (CIT) e Bipartite (CIBs), espaços de interlocução entre os gestores federais, estaduais, municipais e distrital, que se configuram como estratégia para viabilizar a negociação entre os entes federados quanto aos aspectos operacionais da gestão do SUAS, garantindo a diretriz constitucional de descentralização da organização da política pública;

6) os Planos Decenais, que estabelecem estratégias para consolidar o paradigma de direito na implementação das ações do SUAS, de modo a acabar com as práticas de assistencialismo e consolidar a assistência social como política pública. O primeiro Plano Decenal (SUAS Plano 10)[259] estabeleceu diretrizes, metas e objetivos para orientar o desenvolvimento da política nacional de assistência social em todo o país, para o período de 2006 a 2015, visando a unicidade das ações nas diversas escalas da Federação. O II Plano Decenal da Assistência Social[260] apresentou os resultados da primeira década do SUAS e estabeleceu diretrizes e objetivos estratégicos, bem como metas e instrumentos de avaliação e monitoramento para o período de 2016 a 2026;

7) os Pactos de Aprimoramento da Gestão,[261] firmados periodicamente pela União, estados, distrito federal e entre União e municípios,[262] conforme previsão da NOB-SUAS/2012,[263] são instrumentos de política

---

[258] Ver subseção 4.3 no quarto capítulo.
[259] Resultado das discussões da V Conferência Nacional da Assistência Social, realizada em 2005, o Plano foi aprovado pela Resolução CNAS nº 210/2007.
[260] Aprovado pela Resolução CNAS nº 7/2016
[261] Cf. item 3.4 na subseção 3.2.7 supra.
[262] Os pactos de aprimoramento da gestão dos estados e do distrito federal foram estabelecidos em 2006, 2010, 2013 e 2017, e o pacto de aprimoramento da gestão municipal foi estabelecido unicamente em 2013. Ver seção 4.5 no quarto capítulo.
[263] Os pactos de aprimoramento da gestão foram previstos inicialmente na NOB-SUAS/2005 como instrumentos unilaterais entre União e estados e União e distrito federal. Na NOB-SUAS/2012,

pública que contêm metas de aperfeiçoamento das ações e da gestão do SUAS que devem instruir, inclusive, a elaboração orçamentária em cada ente federativo. A pactuação das prioridades e metas é feita no último ano de vigência do PPA (Plano Plurianual), com a CIT e as CIBs, e essas metas são revistas anualmente – de modo a envolver os entes federados no processo de decisão sobre a implementação do SUAS, consolidando a diretriz constitucional de descentralização;

8) o Protocolo de Gestão Integrada de Serviços, Benefícios e Transferências de Renda no âmbito do SUAS, instituído pela Resolução CIT nº 7/2009, contendo procedimentos pactuados entre os gestores federais, estaduais, municipais e distrital quanto ao atendimento prioritário de indivíduos e famílias beneficiárias do PBF, PETI, BPC e benefícios eventuais nos serviços socioassistenciais, como estratégia para integrar todas as ações da política pública e qualificar o atendimento. O protocolo de gestão integrada permitiu a inclusão dos programas de transferência de renda na lógica das seguranças afiançadas do SUAS, fortalecendo o eixo da segurança de renda e reforçando a institucionalidade da política pública;

9) o Cadastro Único, instrumento de identificação de famílias de baixa renda, utilizado inicialmente para a seleção de beneficiários do PBF, que passou a ser utilizado para a identificação de indivíduos e famílias em situação de vulnerabilidade, a partir da diretriz de gestão integrada de benefícios e serviços e, posteriormente, também para a identificação de beneficiários do BPC. Esse instrumento viabilizou o compartilhamento de dados e informações sobre vulnerabilidade social de indivíduos e famílias entre as ações de transferência de renda e as demais ações socioassistenciais, permitindo às equipes da assistência social a integração de beneficiários das ações de transferência de renda nos serviços socioassistenciais e, simultaneamente, a concessão de benefícios (quando cumpridos os critérios de elegibilidade) aos usuários dos serviços, garantindo maior integralidade da cobertura da proteção social;[264]

10) os Índices de Gestão Descentralizada (IGD) do Programa Bolsa Família (PBF) e do Sistema Único de Assistência Social (SUAS), instrumentos criados para medir os resultados da gestão descentralizada do

---

a previsão foi alterada para que a pactuação fosse realizada entre a União, estados, distrito federal e municípios no âmbito da Comissão Intergestores Tripartite (CIT) e entre estados e municípios no âmbito da Comissão Intergestores Bipartite (CIBs).

[264] Cf. item 3.1 da subseção 3.2.7 supra.

benefício (no caso do IGD-PBF) e das ações socioassistenciais (no caso do IGDSUAS) e calcular o montante de recursos federais a serem repassados aos entes federados a título de apoio à gestão descentralizada,[265] que se configuram em importantes estratégias de implementação, na medida em que incentivam a obtenção de melhores resultados na gestão estadual, municipal e distrital do PBF e do SUAS, garantindo maior homogeneidade no processo de implementação descentralizada das ações da política pública;

11) a modalidade de repasses fundo a fundo (que garantiu o repasse regular e automático de recursos federais do FNAS aos fundos subnacionais), os pisos de proteção social (que instituíram valores mínimos de cofinanciamento para o custeio dos serviços socioassistenciais) e os blocos de financiamento (que agruparam os recursos destinados aos serviços, programas e projetos e sua gestão), ferramentas de organização e racionalização do repasse de recursos federais aos entes subnacionais, que permitiram maior previsibilidade e padronização do financiamento da implementação descentralizada das ações da política pública;

12) a inscrição das organizações da sociedade civil nos conselhos de assistência social e seu registro no Cadastro Nacional de Entidades de Assistência Social (CNEAS), instrumentos de reconhecimento da vinculação dessas entidades ao SUAS, que viabilizam a identificação das entidades e organizações de assistência social enquanto integrantes da rede socioassistencial e asseguram que essas organizações privadas atuem em consonância com as diretrizes públicas na implementação das ações assistenciais.

3.2.11 Funcionamento efetivo do programa

O Sistema Único de Assistência Social consolidou-se, nos últimos anos, como a forma de organização da política pública de assistência social no país. Isso se verifica, por exemplo, pelo esforço de adesão dos estados, distrito federal e municípios ao SUAS, ao instituírem plano, conselho e fundo de assistência social, assumindo as responsabilidades advindas do cofinanciamento federal. Considerando-se o desenho ideal da política, indicado na LOAS, e seu funcionamento real,[266] os dados

---

[265] Cf. itens 3.2 e 3.3 na subseção 3.2.7 supra.

[266] O funcionamento *efetivo* do programa, descrito nesse item, diz respeito à comparação entre o desenho ideal e seu funcionamento real (conforme BUCCI, 2016). A descrição contida nesse item restringiu-se a cotejar as regras do artigo 30 da LOAS (condicionantes aos

coletados pela Pesquisa de Informações Básicas Municipais (MUNIC) de 2018, acerca da instituição de plano, conselho e fundo de assistência social nos entes subnacionais, revelam elevada taxa de adesão dos municípios brasileiros ao SUAS.

Segundo a MUNIC, 94,2% dos municípios brasileiros possuíam Plano Municipal de Assistência Social (PMAS) em 2018. Em 97,7% deles, o plano havia sido aprovado pelo Conselho Municipal de Assistência Social (CMAS) e, em 84,1% deles, havia sido realizada a avaliação anual do PMAS.

A MUNIC também revelou que o Conselho Municipal de Assistência Social (CMAS) estava presente em 99,9% dos municípios brasileiros em 2018. Nos municípios com conselho, a composição era paritária (entre representantes do poder público e da sociedade civil) em 97% deles. Com relação à frequência das reuniões (considerada um parâmetro relevante para a verificação do grau de comprometimento desses órgãos com a implementação da política de assistência social), os dados da MUNIC revelaram que, em 99,5% dos municípios com CMAS, foi realizada pelo menos uma reunião do colegiado nos últimos 12 meses anteriores à data de aplicação da pesquisa.

A MUNIC também apontou que, em 2018, o Fundo Municipal de Assistência Social (FMAS) estava presente em 99,8% dos municípios brasileiros, sendo que, em 84,8% deles, o responsável pela gestão do FMAS era a secretaria de assistência social.

Outro dado relevante da MUNIC diz respeito à existência de estrutura organizacional para a política de assistência social. Em 2018, 99,9% dos municípios brasileiros possuíam alguma estrutura organizacional para a política, sendo, em sua maioria, ligada à administração direta e caracterizada como secretaria exclusiva ou secretaria em conjunto com outras políticas. Em 94,8% dos municípios com estrutura organizacional para a política de assistência social, a gestão recebia orientações e apoio técnico do órgão gestor da assistência social do estado.[267]

Os dados relativos ao alcance (escala) das ações socioassistenciais, como o número de famílias e indivíduos inseridos no Cadastro Único, o número de beneficiários do BPC e PBF e o número de equipamentos

---

repasses federais aos entes subnacionais) com os dados da MUNIC, a título exemplificativo da aplicação do quadro de referência a um dos aspectos do desenho ideal do SUAS (financiamento).

[267] O apoio técnico e financeiro aos municípios para a estruturação do sistema está entre as responsabilidades da gestão estadual da política, conforme disposição da NOB-SUAS/2012.

públicos do SUAS, que poderiam contribuir com a visão panorâmica e crítica da comparação entre o desenho ideal do SUAS e seu funcionamento efetivo, já foram apresentados nas subseções anteriores.[268] Esses dados também permitem confrontar o desenho ideal e o funcionamento real do SUAS, no sentido da cobertura.

3.2.12 Aspectos críticos do desenho jurídico-institucional

O primeiro aspecto crítico da implementação do Sistema Único de Assistência Social, já mencionado nas subseções anteriores, é a falta de transparência quanto ao volume de recursos do financiamento indireto das ações da política, por meio da isenção de contribuição para a seguridade social conferida às entidades beneficentes de assistência social certificadas com o CEBAS. Além da dificuldade de mensuração do montante de recursos que essas isenções representam, é difícil mensurar os efeitos do financiamento indireto na efetividade e na qualidade das ações socioassistenciais executadas pelas entidades beneficiadas por essa exoneração. A dificuldade de aferir os efeitos desses recursos nas ações da política é problemática na medida em que, se o recurso é público, e se constitui como investimento indireto, ele deveria ser objeto de planejamento, priorização e controle público (STUCHI, 2012, p. 189).

Em segundo lugar, ainda com relação ao financiamento da política, a destinação de recursos por meio de emendas ao orçamento, feitas por parlamentares para o envio de recursos às suas bases de apoio nos estados e municípios, apesar de responsivo às demandas do eleitorado, podem ter caráter dissipativo. Isso porque, ao garantir recursos para públicos específicos, particulariza-se o benefício coletivizando os custos, o que pode ser ineficaz (não ter impacto) ou ineficiente (custos mais altos que benefícios) (RENNÓ JUNIOR; PEREIRA FILHO, 2013, p. 11-18). As emendas podem gerar desequilíbrios na destinação de recursos federais, com alguns municípios recebendo mais e outros recebendo menos recursos, além de desequilíbrio na distribuição de recursos entre as regiões do Brasil.

Ainda que alguns parlamentares destinem recursos para a implantação de unidades públicas estatais (como CRAS e CREAS), suprindo situações descobertas pelo cofinanciamento federal via repasse fundo a fundo (principalmente no que diz respeito à destinação de recursos

---

[268] Cf. subseção 3.2.8 e 3.2.9 neste capítulo.

para construção e aquisição de equipamento e material permanente), nota-se a permanência da destinação de recursos às entidades privadas, notadamente para a proteção social especial (DELGADO *et al.*, 2017, p. 902-909). A discussão acerca da destinação de emendas parlamentares ganhou impulso a partir do momento em que as emendas se tornaram impositivas (EC nº 85/2015), com destaque para a discussão da Lei Orçamentária Anual (LOA) da União para o exercício financeiro de 2021 (Lei nº 14.144/2021), já que, para garantir apoio parlamentar, o governo de Jair Bolsonaro ampliou o volume de recursos das emendas, reforçando o efeito dissipativo e comprometendo as ações ordinárias do governo federal como, por exemplo, a realização do Censo do IBGE.[269]

Em terceiro lugar, a estruturação normativa do SUAS, composta por diversas normas infralegais, compromete a institucionalidade jurídica da política, na medida em que o desenho jurídico-institucional é "frágil", sendo possível a desestruturação por decisões unilaterais do Poder Executivo. Essa fragilidade pôde ser observada, por exemplo, nos efeitos da edição do Decreto nº 9.759/2019, que extinguiu os órgãos colegiados da Administração Pública federal instituídos por decreto, ato normativo inferior a decreto e ato de outro colegiado. Um parecer[270] da Consultoria Jurídica do Ministério da Cidadania entendeu que, por ter sido criada por ato de outro colegiado (Resolução do CNAS),[271] aplicava-se à Comissão Intergestores Tripartite (CIT) a regra de extinção prevista no referido decreto.[272]

***

Feita essa apresentação dos principais elementos do arranjo jurídico-institucional do Sistema Único de Assistência Social, a partir do método de investigação adotado – quadro de referência de uma política pública (BUCCI, 2016) –, foi possível expor, de forma sistemática, o modo de organização e funcionamento da política de assistência social no Brasil. Essa descrição servirá de suporte para a discussão empreendida, no quarto capítulo, acerca dos elementos de institucionalidade jurídica do SUAS.

---

[269] No projeto de lei original (PL nº 28/2020), o valor estimado para a realização do Censo era de 200 milhões de reais. O valor aprovado na Lei nº 14.144/2021 foi reduzido, inviabilizando a realização da pesquisa.
[270] Parecer nº 390/2019/CONJUR-MC/CGU/AGU.
[271] A CIT estava prevista na NOB-SUAS/2012 (Resolução CNAS nº 33/2012).
[272] A CIT foi novamente instituída pelo Decreto nº 10.009/2019. Ver seção 4.5 do quarto capítulo.

CAPÍTULO 4

OS ELEMENTOS DE INSTITUCIONALIDADE JURÍDICA DO SUAS

Este quarto capítulo identifica os elementos de institucionalidade jurídica do Sistema Único de Assistência Social a partir de uma análise do arranjo jurídico-institucional da política pública de assistência social, apresentado no terceiro capítulo. O objetivo é examinar a capacidade do Estado de implementar o SUAS a partir desse arranjo, considerando-se, para tanto, os papéis e os atributos do Direito que estrutura essa política pública.

Para tratar de seus elementos, vale lembrar que a institucionalidade jurídica, conforme apresentado no primeiro capítulo, diz respeito ao conjunto de normas, procedimentos, decisões e medidas que garantem a agregação de um determinado desenho institucional de funcionamento de uma política pública. A institucionalidade jurídica estabelece certo padrão de organização da ação governamental, desvinculado da figura do governante ou gestor que desencadeou a ação. E essa institucionalidade, que confere permanência ao desenho de política pública, é mais ou menos resiliente a depender do tipo de norma adotado para a organização do arranjo.

Para identificar os elementos de institucionalidade jurídica do SUAS, o capítulo divide-se em seis seções. Na primeira seção, discute-se a relevância da existência de um órgão gestor próprio, com competência para o comando único da política pública em determinada esfera federativa, a partir de uma análise da cronologia da estrutura ministerial competente para gerir a política nacional de assistência social na esfera federal.

Na segunda seção, discute-se o conteúdo e a estrutura das ofertas do SUAS a partir das ações socioassistenciais (benefícios, serviços, programas e projetos) e dos equipamentos públicos da assistência social.

Na terceira seção, são abordados aspectos de participação e controle social da política a partir dos conselhos de assistência social e das conferências convocadas periodicamente por esses colegiados.

Na quarta seção, discute-se o financiamento do SUAS a partir da lógica dos fundos de assistência social e da dinâmica de transferências de recursos federais. Analisa-se a sistemática de repasse de recursos entre os fundos de assistência social, a evolução do modelo convenial para os repasses regulares e automáticos, os pisos de proteção social, os blocos de financiamento e os índices de gestão descentralizada (IGD) do PBF e do SUAS.

Na quinta seção, são discutidos os aspectos relacionados à articulação interfederativa a partir das normas que regulam a atuação das comissões intergestores tripartite (CIT) e bipartite (CIBs) e os pactos de aprimoramento da gestão.

Por fim, a sexta seção dedica-se a analisar dois importantes instrumentos que foram decisivos para o sucesso da implementação do SUAS: o Cadastro Único para Programas Sociais e o Censo SUAS.

4.1 O órgão gestor da política pública

Um primeiro importante elemento de institucionalidade jurídica de uma política pública é a existência de um órgão gestor, responsável pelo comando único das ações executadas pelos agentes públicos e privados vinculados à área e pela coordenação da implementação do programa de ação governamental.

Conforme discutido no primeiro capítulo, a existência de órgãos com autoridade e alguma autonomia para a implementação da política é um dos elementos indicativos da capacidade de um Estado de atingir os seus objetivos. Isso porque pressupõe-se que a existência de um órgão gestor, com *capacidade técnico-administrativa* para planejar, implementar e monitorar as ações da política, revela um grau de complexidade da estruturação da política que lhe confere maior institucionalidade, ou seja, maior estabilidade e permanência.

Ao considerar-se a dimensão técnico-administrativa, além da existência de um órgão gestor, verifica-se a capacidade estatal a partir da disponibilidade de recursos humanos capacitados e de recursos financeiros (BICHIR, 2016, p. 117). Admite-se que a existência e o funcionamento de burocracias competentes e profissionalizadas, dotadas de recursos organizacionais, financeiros e tecnológicos, permite que o governo conduza as suas ações de forma coordenada (PIRES; GOMIDE, 2018, p. 28).

Do ponto de vista jurídico, destaca-se que a constituição de um órgão gestor para a política pública depende da edição de normas que definam as competências e as tarefas da estrutura administrativa, além das formas de vinculação dos recursos humanos ao órgão. Sua organização também pressupõe a existência de uma estrutura física, recursos financeiros e tecnológicos para a sua instalação e funcionamento. Nesse sentido, a criação de um órgão gestor, pela complexidade de elementos implicados na sua conformação, é reveladora da intencionalidade de permanência dessa organização – o que indica a pretensão de continuidade da execução de determinadas ações governamentais e, portanto, desvela a institucionalidade de uma política pública.

No caso da assistência social, a trajetória das estruturas administrativas responsáveis pela área no âmbito federal sinaliza o papel secundário dessas ações na agenda pública até meados dos anos 2000 (ver Quadro 6). Em primeiro lugar porque, conforme apontado no segundo capítulo, os serviços e benefícios foram, por muitos anos, providos por organizações privadas, de caráter beneficente, no sentido da caridade, desatrelados da noção de direito de cidadania. Em segundo lugar, porque os primeiros órgãos estruturados na burocracia estatal relacionados à assistência social se organizaram no sentido de fiscalizar a transferência de recursos públicos às instituições sem fins lucrativos, sem a preocupação de construir um referencial público para a atuação dessas organizações (MESTRINER, 2008, p. 29) e sem que o Estado assumisse, num primeiro momento, a responsabilidade pela execução direta ou mesmo pela coordenação das ações executadas pelos entes privados.

Quadro 6 – Órgãos de gestão das ações de assistência social

(continua)

Órgão	Governo	Competência	Norma
Conselho Nacional de Serviço Social (CNSS)	Getúlio Vargas	Órgão consultivo dos poderes públicos e das entidades privadas no tema do serviço social. (órgão de cooperação do Ministério da Educação e Saúde) (movido para o Ministério da Educação e Cultura).	Decreto-Lei nº 525/1938 Lei nº 1.920/1953
Ministério do Trabalho e Previdência Social (MTPS)	Castello Branco	Áreas de competência do MTPS i) trabalho; ii) previdência e assistência social; iii) política de imigração.	Decreto-Lei nº 200/1967
Fundação Legião Brasileira de Assistência (LBA)	Costa e Silva	Prestar assistência à maternidade, à infância e à adolescência. (Fundação vinculada ao MTPS).	Decreto-Lei nº 593/1969
Ministério da Previdência e Assistência Social (MPAS)	Ernesto Geisel	Áreas de competência do MPAS: i) previdência; ii) assistência social. Coordenação do Sistema Nacional de Previdência e Assistência Social (SINPAS) – composto por LBA e FUNABEM.	Lei nº 6.036/1974 Lei nº 6.439/1977
Ministério da Habitação e do Bem-Estar Social (MBES)	José Sarney	Coordenação da política de assistência social. Foram transferidos para o MBES a LBA, a FUNABEM e a Secretaria Especial de Ação Comunitária (SEAC).	Decreto nº 96.634/1988
Ministério da Ação Social (MAS)	Fernando Collor	Áreas de competência do MAS: i) assistência social; ii) defesa civil; iii) habitação e saneamento; iv) radicação de populações, ocupação do território e migrações internas.	Medida Provisória nº 150/1990, convertida na Lei nº 8.028/1990
Ministério do Bem-Estar Social (MBES)	Itamar Franco	Áreas de competência do MBES: i) assistência social; ii) habitação e saneamento; iii) radicação de populações, ocupação do território e migrações internas; iv) promoção humana; v) habilitação e reabilitação das pessoas com deficiência e a promoção de sua integração à vida comunitária. O CNSS tornou-se órgão específico do MBES.	Medida Provisória nº 309/1992, convertida na Lei nº 8.490/1992

(continua)

Órgão	Governo	Competência	Norma
Ministério da Previdência e Assistência Social (MPAS)	Fernando Henrique Cardoso	Áreas de competência do MPAS: i) previdência social; ii) previdência complementar; iii) assistência social.	Medida Provisória nº 813/1995 (reeditada), Lei nº 9.649/1998 e Medida Provisória nº 2.216-37/2001
Ministério da Assistência e Promoção Social (MAPS)	Lula	Área de competência do MAPS: política nacional de assistência social.	Medida Provisória nº 103/2003
Ministério da Assistência Social (MAS)	Lula	Área de competência do MAS: política nacional de assistência social.	Lei nº 10.683/2003
Ministério do Desenvolvimento Social e Combate à Fome (MDS)	Lula	Áreas de competência do MDS: i) política nacional de desenvolvimento social; ii) política nacional de segurança alimentar e nutricional; iii) política nacional de assistência social; iv) política nacional de renda de cidadania.	Medida Provisória nº 163/2004, convertida na Lei nº 10.869/2004
Ministério do Desenvolvimento Social e Agrário (MDSA)	Michel Temer	Áreas de competência do MDSA: i) política nacional de desenvolvimento social; ii) política nacional de segurança alimentar e nutricional; iii) política nacional de assistência social; iv) política nacional de renda de cidadania; v) reforma agrária; vi) agricultura familiar; vii) delimitação das terras remanescentes das comunidades dos quilombos.	Medida Provisória nº 726/2016, convertida na Lei nº 13.341/2016
Ministério do Desenvolvimento Social (MDS)	Michel Temer	Áreas de competência do MDS: i) política nacional de desenvolvimento social; ii) política nacional de segurança alimentar e nutricional; iii) política nacional de assistência social; iv) política nacional de renda de cidadania.	Medida Provisória nº 782/2017, convertida na Lei nº 13.502/2017

(conclusão)

Órgão	Governo	Competência	Norma
Ministério da Cidadania (MC)	Jair Bolsonaro	Áreas de competência do MC: i) política nacional de desenvolvimento social; ii) política nacional de segurança alimentar e nutricional; iii) política nacional de assistência social; iv) política nacional de renda de cidadania; v) políticas sobre drogas; vi) política de cultura; vii) política dos esportes.	Medida Provisória nº 870/2019, convertida na Lei nº 13.844/2019 (alterada pela Medida Provisória nº 1.058/2021, convertida na Lei nº 14.261/2021)
Ministério do Desenvolvimento e Assistência Social, Família e Combate à Fome (MDS)	Lula	Áreas de competência do MDS: i) política nacional de desenvolvimento social; ii) política nacional de segurança alimentar e nutricional; iii) política nacional de assistência social; iv) política nacional de renda de cidadania; v) ações e programas direcionados à redução do uso abusivo de álcool e outras drogas.	Medida Provisória nº 1.154/2023, convertida na Lei nº 14.600/2023 (com as inclusões feitas pela comissão mista do Congresso Nacional no Projeto de Lei de Conversão nº 12/2023)

Fonte: Elaboração própria

Observando-se o histórico da conformação da gestão das ações de assistência social no âmbito federal (Quadro 6), verifica-se que a primeira estrutura burocrática relacionada à assistência social na administração federal (CNSS) foi criada no Estado Novo para arbitrar pedidos de subvenção às instituições de caridade que prestassem serviços gratuitos à população excluída da legislação trabalhista e previdenciária.[273] A preocupação era instituir algum controle do repasse de recursos públicos às organizações privadas, seja de forma direta (com as subvenções), seja de forma indireta, quando essas entidades passaram a fazer jus à isenção de contribuição à seguridade social (e o CNSS assumiu a função de registro das entidades de fins filantrópicos).[274] Nos

---

[273] As subvenções eram concedidas com recursos da Caixa de Subvenções, criada para financiar as instituições de caridade que prestassem assistência a essa população. Nos anos 1970, a atribuição de conceder subvenções foi transferida do CNSS para o Congresso Nacional.

[274] A partir de 1959, quando foi instituída a isenção da taxa de contribuição de previdência às entidades de fins filantrópicos reconhecidas como de utilidade pública – o que implicou a necessidade de manutenção de um registro das entidades certificadas, função assumida pelo CNSS.

anos do regime militar, a assistência social foi incorporada aos assuntos de competência de um ministério (MTPS), atrelada à previdência. A execução das ações de assistência permaneceu sob responsabilidade de entidades privadas, mediante repasse de verbas públicas, com a coordenação da LBA.[275]

Com a promulgação da CF/88, a assistência social foi concebida como área autônoma, separada da previdência social, e isso se refletiu na organização dos ministérios (com a criação do MBES). Mas isso não alterou a lógica de organização das ações assistenciais, mantendo-se as metodologias e práticas executadas em período anterior à CF/88 (SANTOS, 2015, p. 46). No fim dos anos 1990, a estrutura de gestão da assistência social voltou a ser vinculada à previdência e, apesar da diretriz de responsabilização pública constante na LOAS, as ações socioassistenciais permaneceram majoritariamente sob responsabilidade das organizações da sociedade civil, coordenadas pelo Programa Comunidade Solidária.

Na primeira gestão de Lula, houve uma priorização do tema da assistência social na agenda pública e isso refletiu na organização dos ministérios, com a criação de um órgão autônomo para a gestão dessa política.[276] O Ministério de Desenvolvimento Social e Combate à Fome (MDS) destaca-se como marco importante de construção de capacidades estatais do SUAS, na medida em que foi durante a existência dessa estrutura de gestão no âmbito federal que o SUAS foi implantado e desenvolvido. Nesse sentido, a forma de organização e atuação desse ministério merece especial atenção desta pesquisa.

Com competência para gerir as políticas nacionais de assistência social, de desenvolvimento social, de segurança alimentar e nutricional e de renda de cidadania, a estrutura interna do MDS[277] abarcava diferentes culturas organizacionais (DULCI, 2010, p. 5). As Secretarias que compunham o MDS tinham áreas de atuação e comunidades de políticas diferentes: a Secretaria Nacional de Renda de Cidadania (SENARC) tinha competência para coordenar o recém-criado Programa Bolsa Família

---

[275] A LBA foi instituída como fundação, vinculada ao MTPS e, posteriormente, ao MPAS, passando a integrar o Sistema Nacional de Previdência e Assistência Social (SINPAS), que reunia entidades de previdência (INPS e o INAMPS) e de assistência social (LBA e FUNABEM).

[276] O MAPS foi renomeado MAS e, posteriormente, foi fundido ao Ministério Extraordinário de Segurança Alimentar e Combate à Fome (MESA), gerando o MDS.

[277] A estrutura organizacional do MDS foi regulada, inicialmente, pelo Decreto nº 5.074/2004.

e o Cadastro Único; a Secretaria de Avaliação e Gestão da Informação (SAGI) era responsável pelos instrumentos de monitoramento e avaliação das ações do ministério; e a Secretaria Nacional de Assistência Social (SNAS) era responsável por coordenar a implementação da política nacional de assistência social (PNAS/2004), recém aprovada pelo CNAS, com as diretrizes de implantação do SUAS deliberadas pela IV Conferência Nacional de Assistência Social, realizada em 2003.

Essa estrutura de gestão administrativa foi inovadora e bastante fecunda, na medida em que permitiu a articulação entre as áreas de atuação das Secretarias, especialmente entre as áreas de transferência de renda (SENARC) e de assistência social (SNAS), gerando oportunidades de colaboração na implementação dessas políticas (DULCI, 2010, p. 5). O processo de avaliação da implantação do PBF, realizado pela SENARC, permitiu a identificação de problemas no Cadastro Único (BRASIL, 2008, p. 2), que, ao serem corrigidos, beneficiaram o desenho institucional de integração entre o PBF e o SUAS. A avaliação dos programas executados pelo ministério, realizada pela SAGI, subsidiou o debate técnico sobre a melhoria dos processos internos tanto da política de transferência de renda quanto da política de assistência social (BRASIL, 2010, p. 141). O Cadastro Único passou a ser utilizado para a coordenação das ações socioassistenciais (e não apenas para a identificação de beneficiários do PBF), o que instrumentalizou a garantia de oferta prioritária de serviços socioassistenciais para as famílias em vulnerabilidade já beneficiárias do PBF, do BPC e do PETI.[278]

Mas isso não ocorreu sem conflitos entre as diferentes comunidades de políticas presentes em cada uma dessas Secretarias, especialmente no que diz respeito ao processo de coordenação interfederativa. Enquanto a SNAS defendia a inclusão do PBF na lógica do SUAS, a SENARC (apesar de concordar com o entrelaçamento do PBF com o SUAS) era resistente à proposta de submeter as diretrizes do PBF aos ritos de pactuação na CIT, defendendo a preservação da autonomia no processo decisório sobre a formulação e implementação do PBF (LICIO, 2012, p. 278). Essa estratégia de insulamento era justificada pela burocracia como forma de blindar o programa, que era vitrine da gestão, da associação com o assistencialismo tradicional (BICHIR, 2011, p. 22). Além disso, havia uma diferença de concepção entre o

---

[278] O que ficou pactuado no Protocolo de Gestão Integrada de Serviços, Benefícios e Transferências de Renda no âmbito do SUAS.

SUAS e o PBF, na medida em que a política de assistência social possui caráter universalizante, enquanto que o programa foi concebido como ação focalizada, de natureza intersetorial, com condicionalidades (COUTINHO, 2013a, p. 16).

De qualquer forma, a interação entre as diferentes comunidades de políticas no interior do MDS também é demonstrativa de uma dimensão *político-relacional* de capacidade estatal (PIRES; GOMIDE, 2018, p. 28), na medida em que a articulação entre essas diferentes burocracias foi capaz de construir consensos com relação à implementação das ações socioassistenciais e, nesse sentido, reforçar os processos de aprendizagem entre os diferentes programas governamentais coordenados pelo mesmo órgão gestor, gerando inovação nos processos de implementação das ações de garantia de renda e nas ações socioassistenciais. Em última instância, esse desenho institucional do MDS possibilitou a aproximação entre o PBF e o SUAS (COUTINHO, 2013a, p. 37-38), com a inclusão dos programas de transferência de renda no rol de provisões e ofertas do SUAS, na dimensão da segurança de renda (JACCOUD; HADJAB; CHAIBUB, 2009, p. 216).

Essa divisão de competências no âmbito federal, observada no interior da estrutura do MDS, em que a gestão do PBF e do Cadastro Único (competência da SENARC) estava separada da gestão do SUAS (responsabilidade da SNAS), não era replicada no âmbito municipal – no qual, muitas vezes, a gestão e implementação do PBF ficaram a cargo do órgão gestor da política de assistência social (COUTINHO, 2013a, p. 34). Nos níveis subnacionais, a gestão dos programas de transferência de renda tendeu a se concentrar nas estruturas do órgão gestor da política de assistência social, o que corroborou a integração entre os programas de transferência de renda e as ações socioassistenciais, na garantia de proteção social.

A estrutura organizacional do MDS permaneceu praticamente a mesma nos governos Lula e Dilma,[279] mas foi alterada nos governos Temer e Bolsonaro (ver Quadro 6), uma vez que as áreas de competência do ministério passaram a abarcar outras políticas[280] e, posterior-

---

[279] Nos governos petistas, a estrutura organizacional do MDS foi regulada pelo Decreto nº 5.074/2004, posteriormente substituído pelos Decretos nº 5.550/2005, nº 7.079/2010 e nº 7.493/2011.

[280] No governo Temer, o MDSA passou a abarcar competências relativas a reforma agrária, agricultura familiar e delimitação das terras remanescentes das comunidades dos quilombos. A estrutura organizacional do MDSA foi regulada pelo Decreto nº 8.949/2016.

mente, a própria estrutura do órgão gestor foi rebaixada na hierarquia institucional,[281] com efeitos mais simbólicos do que práticos. No governo Lula 3, o MDS voltou a ter a estrutura semelhante àquela dos governos petistas anteriores.[282]

No âmbito subnacional, a existência de subdivisão administrativa para a coordenação da política de assistência social é reveladora de algum grau de complexidade administrativa, considerada uma *proxy* para revelar o grau de institucionalidade da política pública no nível local (COUTINHO, 2013a, p. 33). Em um contexto de integração crescente dos programas de transferência de renda aos serviços, a gestão das ações socioassistenciais pressupõe conhecimento e capacidade institucional e técnica das secretarias municipais como um requisito importante da implementação local dessa política setorial. Assim, faz cada vez mais sentido contar com uma estrutura organizacional própria para a política nos níveis subnacionais (BICHIR, 2011, p. 140).

Isso se reflete nos dados da Pesquisa de Informações Básicas Municipais (MUNIC), que, em 2018, identificou que 99,9% dos municípios brasileiros tinham estrutura organizacional para a política de assistência social. Em 95,6% deles, havia estruturas com *status* de secretaria, caracterizadas como secretaria exclusiva ou associada a outra política. Em 23,8% deles, essa área estava em conjunto, seja como secretaria em conjunto com outra secretaria (22,8%), seja como setor subordinado (1%) a outra secretaria (quando o órgão gestor é parte da estrutura organizacional do estado ou do município, porém não possui *status* de secretaria, encontrando-se diretamente subordinado a outra política).

Outro ponto que merece destaque, relacionado à existência de um órgão autônomo para a gestão da política pública, é a existência de um corpo técnico de servidores capacitados para o planejamento, a execução e o monitoramento das ações da política. No âmbito federal, cumpre destacar o esforço do MDS nas gestões Lula e Dilma no sentido da composição de um corpo técnico qualificado para planejar, executar e monitorar as ações sob competência do ministério, com a ampliação

---

[281] No governo Bolsonaro, o MC passou a abarcar competências relativas a políticas sobre drogas, política de cultura e política dos esportes. Toda estrutura organizacional do antigo MDS foi rebaixada de ministério para Secretaria Especial. A estrutura regimental do MC foi regulada pelo Decreto nº 9.674/2019, posteriormente substituído pelos Decretos nº 10.357/2020 e nº 11.023/2022.

[282] No governo Lula 3, a estrutura organizacional do MDS foi regulada pelo Decreto nº 11.339/2023, posteriormente substituído pelo Decreto nº 11.392/2023.

dos recursos humanos do órgão, por meio da realização de concursos públicos para os cargos, por exemplo, de Especialista em Políticas Públicas e Gestão Governamental (EPPGG)[283] e de Analista Técnico de Políticas Sociais (ATPS)[284] (BRASIL, 2010, p. 35).

O empenho na contratação de recursos humanos para o órgão gestor é demonstrativo do compromisso com a qualificação das ações, especialmente no sentido da constituição e manutenção de uma burocracia com conhecimento técnico especializado na coordenação das ações específicas da política pública. Do ponto de vista jurídico, representa um importante elemento de institucionalidade, pela intencionalidade de estruturação e de conservação de uma burocracia com *expertise* para conduzir, de maneira competente, os programas de ação governamental nessa política setorial.

A quantidade e a qualificação dos recursos humanos vinculados aos órgãos gestores seriam indicativas de maior capacidade estatal para a execução das ações da política. Destaca-se, nesse ponto, a importância da atualização legislativa da LOAS pela Lei nº 12.435/2011, que inseriu o artigo 6º-E para prever a possibilidade de aplicação dos recursos do cofinanciamento do SUAS (destinados à execução das ações continuadas de assistência social) para o pagamento dos profissionais que integram as equipes de referência[285] – o que garantiu recursos financeiros para a ampliação do quadro de recursos humanos nos entes subnacionais. E a

---

[283] O cargo e a carreira de Especialista em Políticas Públicas e Gestão Governamental (EPPGG) foram criados pela Lei nº 7.834/1989. Desde então foram realizados 13 concursos para o cargo e, segundo dados da Associação Nacional dos Especialistas em Políticas Públicas e Gestão Governamental (ANESP), 78 EPPGGs estavam lotados no MDS em fevereiro de 2014. Disponível em: http://anesp.org.br/carreira. Acesso em: 17 jun. 2021.

[284] A carreira de Desenvolvimento de Políticas Sociais, composta pelos cargos de Analista Técnico de Políticas Sociais (ATPS), de nível superior, foi criada pela Lei nº 12.094/2009. O Decreto nº 7.191/2010 determinou a lotação inicial de 330 ATPSs no Ministério do Desenvolvimento Social e Combate à Fome (MDS).

[285] A possibilidade de destinação de recursos do cofinanciamento, repassados fundo a fundo, para pagamento de recursos humanos no âmbito dos municípios era controversa, até a inclusão do artigo 6º-E na LOAS. Em resposta a uma consulta formulada pela SNAS, o Parecer nº 811/2009, da CONJUR/MDS, concluiu pela possibilidade da destinação dos recursos repassados fundo a fundo para o pagamento de pessoal, diante da natureza *obrigatória* da transferência (afastando a vedação do artigo 167, inciso X, da CF/88 quanto à utilização de recursos de transferências *voluntárias* para o pagamento de despesas com pessoal). No entanto, as Consultorias Jurídicas do Ministério do Planejamento e do Ministério da Fazenda emitiram posicionamentos divergentes (AGU, 2015, p. 86-87). A questão foi pacificada pelo Parecer nº 75/2011/DENOR/CGU/AGU, no qual a Advocacia-Geral da União, manifestando-se acerca do PLC nº 189/2010 (PL nº 3.077/2008), reconheceu a natureza legal e obrigatória de tais transferências e afastou a aplicabilidade da vedação constitucional (BRASIL, 2015a, p. 11).

importância da NOB-RH, como parâmetro normativo para a estrutura de recursos humanos nos órgãos de gestão. A NOB-RH estipulou um quadro de referência[286] de profissionais designados para o exercício das funções essenciais, em cada nível de gestão do SUAS (municipal, estadual, distrital e federal) de modo a orientar a contratação de pessoal em todos os níveis federativos.

Além das equipes de referência,[287] a NOB-RH reconheceu que a gestão do trabalho tem importante implicação na qualidade dos serviços ofertados pela política. Assim, atendendo às deliberações da VIII Conferência Nacional de Assistência Social, realizada em 2011,[288] foram criados o Programa Nacional de Capacitação do SUAS (CapacitaSUAS),[289] com o objetivo de capacitar os gestores, trabalhadores e conselheiros, e a Política Nacional de Educação Permanente do SUAS (PNEP/SUAS),[290] com o objetivo de institucionalizar ações de formação e capacitação, num processo contínuo de atualização e renovação de conceitos, práticas e atitudes profissionais das equipes de trabalho.

Ainda com relação à gestão do trabalho, além da educação permanente e da supervisão técnica,[291] destaca-se o reconhecimento, pela

---

[286] Utiliza-se aqui a noção de referência sob a ótica da *gestão*, para dimensionamento do quadro de profissionais, considerando-se a suficiência do número de trabalhadores em relação ao número de usuários e famílias referenciadas, tendo em vista o trabalho social a ser realizado. Mas destaca-se que esse termo tem outra acepção, relativa à ótica do *usuário*, que diz respeito à certeza de que ele encontrará acolhida junto àquela equipe, quando dela necessitar para a satisfação de suas necessidades (BRASIL, 2011a, p. 25-29).

[287] As equipes de referência de nível *superior*, previstas pela NOB-RH, foram ratificadas pela Resolução CNAS nº 17/2011. A norma garantiu a obrigatoriedade da contratação de advogados para atuação nos CREAS, para orientação e acompanhamento dos processos de violação de direitos. A Resolução CNAS nº 9/2014 ratificou e reconheceu as ocupações profissionais de ensino *médio e fundamental* que compõem as equipes de referência do SUAS e desempenham funções de apoio ao provimento das ações socioassistenciais. Essa última resolução orientou a contratação para as funções de apoio a partir do critério de *escolaridade*. Mas esse critério mostrou-se insuficiente para os concursos públicos, na medida em que a atuação dos cuidadores sociais e dos auxiliares de cuidador social nos serviços de acolhimento institucional demandam habilidades e competências específicas para a função de cuidado e revelam a necessidade de formação profissional anterior ao ingresso (GOUVEIA *et al.*, 2020, p. 86-90).

[288] A VIII Conferência teve como tema: "Avançando na Consolidação do Sistema Único de Assistência Social com a Valorização dos Trabalhadores e a Qualificação da Gestão dos Serviços, Programas e Projetos e Benefícios".

[289] O CapacitaSUAS foi instituído pela Resolução CNAS nº 8/2012, alterada pela Resolução CNAS nº 28/2014 e pela Resolução CNAS nº 15/2017.

[290] A PNEP/SUAS foi instituída pela Resolução CNAS nº 4/2013.

[291] A supervisão técnica tem por objetivo geral fornecer subsídios teóricos, metodológicos, técnicos, operativos e éticos para a construção crítica e criativa de novas alternativas de intervenção aos trabalhadores do SUAS e elevar a qualidade do provimento dos serviços, programas, projetos, benefícios socioassistenciais e transferência de renda e da gestão do

NOB-RH, da necessidade de instituição das Mesas de Negociação[292] e dos Planos de Carreira, Cargos e Salários (PCCS) em todas as esferas da Federação, com o objetivo de capacitar e valorizar os trabalhadores do SUAS visando, em última instância, à qualificação das ações da política pública.

Vale destacar que o esforço de normatização da capacitação dos profissionais que atuam no SUAS tem como principal objetivo afastar o legado de filantropia, caracterizado pela atuação histórica de voluntários na política.

4.2 Unidades públicas e ações socioassistenciais: organização e conteúdo das provisões do SUAS

Um segundo elemento de institucionalidade jurídica do SUAS que merece destaque são as unidades públicas e as ações socioassistenciais, que organizam as provisões da política pública e constituem o conteúdo da ação governamental como meio de garantir o acesso ao direito constitucional à assistência social.

Esses elementos foram sendo progressivamente definidos pela regulamentação do SUAS nos últimos anos, de modo a tornar claro o papel e a forma de atuação dos diferentes entes federados e das entidades e organizações da sociedade civil na coordenação e execução das ofertas à população usuária. Com isso, as ações socioassistenciais e as unidades públicas se institucionalizaram, ou seja, se organizaram de maneira funcional, de modo a determinar o contexto de ação dos diferentes atores (gestores, trabalhadores, usuários, conselheiros) no interior da política.

As ações socioassistenciais, já apresentadas no terceiro capítulo,[293] foram organizadas pela LOAS em benefícios (BPC e benefícios eventuais),

---

SUAS. Os parâmetros para a supervisão técnica no âmbito do SUAS foram estabelecidos pela Resolução CNAS nº 6/2016.

[292] As Mesas de Negociação com composição paritária entre gestores e trabalhadores da assistência social foram previstas pela NOB-RH. O CNAS recomendou ao MDS a instituição de Mesa de Negociação por meio da Resolução nº 172/2007 (revogada pela Resolução CNAS nº 25/2012). A Mesa Nacional da Gestão do Trabalho do Sistema Único de Assistência Social foi instituída pela Portaria MDS nº 137/2013 (que previa a participação de gestores e trabalhadores dos setores público e privado, das três esferas da Federação) e, posteriormente, pelo Decreto nº 10.128/2019 (que reduziu a participação a gestores e trabalhadores do setor público e exigiu quórum de aprovação por unanimidade).

[293] Cf. subseção 3.2.4 do terceiro capítulo.

serviços, programas e projetos. As ações de transferência de renda, como o PBF, foram incorporadas ao SUAS na dimensão de segurança de renda (JACCOUD; HADJAB; CHAIBUB, 2009, p. 216).

A PNAS/2004, além de consagrar o escopo universal da política, inovou ao conceber elementos importantes de estruturação do SUAS: a proteção social a partir das seguranças afiançadas, a organização das ações socioassistenciais em dois níveis de complexidade (proteção social básica e especial) e os equipamentos públicos de atendimento (CRAS, CREAS e Centros POP).

As ações socioassistenciais foram, então, divididas em graus de complexidade: i) a PSB passou a englobar os benefícios (BPC e os benefícios eventuais), os programas de transferência de renda (como o PBF),[294] projetos de enfrentamento da pobreza, além dos serviços de proteção social básica previstos na Tipificação; ii) a PSEM passou a ser composta pelo PETI[295] e pelos serviços de atenção sociofamiliar; e iii) a PSEA abarcou os serviços de proteção integral.[296] No que se refere às unidades públicas de atendimento, ficou estipulado que a PSB seria prestada precipuamente nos CRAS, enquanto que a PSE seria prestada primordialmente nos CREAS.[297]

Essa forma de organização do SUAS (seguranças afiançadas, níveis de proteção, ações socioassistenciais, unidades públicas), que determinou o conteúdo das ofertas da política pública, foi prevista na PNAS/2004, na NOB-SUAS/2005 e na Tipificação Nacional de Serviços Socioasssistenciais. Apesar da legitimidade do conteúdo dessas normas, acordadas entre os atores envolvidos com a execução da política pública, a forma (resoluções do CNAS, órgão colegiado de âmbito federal) não possuía a prerrogativa de impor obrigações para os órgãos gestores da política em outras esferas da Federação, carecendo de coercitividade. A capacidade de coordenar a implementação da política restava limitada à adesão voluntária dos demais atores, o que foi possível, em grande medida, pela existência de outros mecanismos de indução, com destaque para o financiamento federal.

---

[294] Cf. BICHIR, 2011, p. 121.
[295] O Programa de Erradicação do Trabalho Infantil passou a integrar a PSE, conforme previsão da Resolução CNAS nº 08/2013, e ser financiado pelo Piso Variável de Média Complexidade, conforme previsão da Portaria MDS nº 123/2012.
[296] Para a visualização da divisão dos serviços socioassistenciais entre a PSB, PSEM e PSEA, cf. Quadro 5 na subseção 3.2.4 do terceiro capítulo.
[297] Cf. Quadro 3 na subseção 3.2.4 do terceiro capítulo.

Com a atualização da LOAS pela Lei nº 12.435/2011, as proteções sociais (PSB e PSE), os equipamentos públicos da assistência social (CRAS e CREAS) e as ações sociossistenciais de caráter público (PAIF, PAEFI e PETI) alcançaram *status* de norma legal, o que conferiu institucionalidade jurídica ao arranjo da política e permitiu maior disseminação desse desenho institucional nas esferas subnacionais – especialmente com a autorização de utilização de recursos do cofinanciamento federal para o pagamento de profissionais da equipe de referência.[298]

A partir da atualização da LOAS, observou-se a progressiva difusão da legalização da estrutura do SUAS nos estados e municípios (segundo o Censo SUAS, 3.104 municípios e 7 estados brasileiros possuíam lei de regulamentação do SUAS em 2018) e a inclusão das ações socioassistenciais nas leis orçamentárias (federal, estaduais, distrital e municipais), o que demonstra o espraiamento dessa institucionalidade nos entes subnacionais (JACCOUD; MENESES; STUCHI, 2020, p. 291).

4.2.1 Serviços socioassistenciais

Os serviços socioassistenciais foram definidos pela LOAS como atividades continuadas a serem prestadas de forma direta por municípios, distrito federal e estados (nos casos em que os custos ou ausência de demanda municipal justificassem uma rede regional de serviços) e de forma indireta por entidades e organizações da sociedade civil. A LOAS previu, ainda, que o Conselho Nacional de Assistência Social (CNAS) seria responsável por normatizar as ações e regular a prestação de serviços.

Apesar dos esforços para operacionalizar o processo de descentralização (pelas NOBs 1997 e 1998), com vistas a um reordenamento institucional para a gradativa transferência da execução direta dos serviços para os municípios, a adesão municipal, nesse primeiro momento, foi muito baixa (ARRETCHE, 1999, p. 120). Os serviços socioassistenciais continuaram a ser executados na mesma lógica da extinta LBA (SANTOS, 2015, p. 52) pela Rede de Serviços de Ação Continuada (SAC), que se voltava ao atendimento de públicos específicos (crianças e adolescentes, pessoas com deficiência e pessoas idosas), indivíduos enquadrados na incapacidade individual para o trabalho e, portanto, público-alvo historicamente característico das ações assistenciais (SILVA;

---

[298] Conforme discutido na seção 4.1 neste capítulo.

MELLO, 2004, p. 28). Além do recorte de público-alvo da Rede SAC, havia o limite de renda, instituído pela PNAS/1998,[299] que só foi abolido com a PNAS/2004.[300]

No que se refere ao conjunto de serviços executados pela política de assistência social, destaca-se que algumas das ações historicamente vinculadas à área[301] foram progressivamente afastadas do âmbito da política de assistência social, como o atendimento de crianças em creches e pré-escolas[302] e as medidas socioeducativas (MSE) restritivas e privativas de liberdade,[303] conforme apontado no segundo capítulo.

A PNAS/2004 configurou um importante passo no sentido da responsabilização pública pelos serviços socioassistenciais ao prever que os serviços fossem executados de forma direta nos equipamentos públicos.[304] Isso não reduziu a provisão privada, mas ficou determinado que a execução indireta dos serviços, por entidades sem fins lucrativos, seria feita na área de abrangência das unidades públicas (CRAS e CREAS), o que conferiu caráter de coordenação a esses equipamentos e reafirmou a responsabilidade estatal pela organização da proteção social, já prevista na LOAS.

Com a edição da NOB-RH, foram definidos critérios de composição das equipes de profissionais responsáveis pela provisão dos serviços. A norma indicou a função, a quantidade e a escolaridade dos profissionais que deveriam integrar as equipes de atendimento, estabelecendo parâmetros mínimos a serem utilizados por instituições públicas e privadas na contratação de recursos humanos.[305]

---

[299] A PNAS/1998 restringia o atendimento nos serviços aos usuários com renda familiar *per capita* de até meio salário mínimo, instituindo a focalização das ações sem reconhecer que as vulnerabilidades e riscos podem ser circunstanciais e não permanentes (STUCHI, 2015, p. 119). Cf. na seção 2.5 do segundo capítulo.

[300] A PNAS/2004 previu a universalidade do direito e a possibilidade de atendimento, nos serviços, de pessoas em situação de vulnerabilidade e risco, independentemente da renda. Cf. subseção 3.2.3 do terceiro capítulo.

[301] Inclusive previstas na PNAS/1998.

[302] Com a regulamentação do FUNDEB, em 2007, conforme descrito na seção 2.6 do segundo capítulo.

[303] Com a instituição do SINASE, em 2012, conforme informado na seção 2.6 do segundo capítulo.

[304] Ficou determinado que o PAIF seria obrigatoriamente ofertado nos CRAS, que o PAEFI seria ofertado diretamente nos CREAS e que o Centro POP ofertaria o serviço especializado para pessoas em situação de rua, conforme informado na seção 3.2.4 do terceiro capítulo.

[305] A NOB-RH determinou que os serviços executados de maneira direta pelo poder público deveriam contar com profissionais contratados a partir de concurso público e orientou que as entidades e organizações da sociedade civil valorizassem seus trabalhadores, de modo a ofertar serviços com caráter público e de qualidade.

A Tipificação Nacional de Serviços Socioassistenciais padronizou o conteúdo e a forma da oferta dos serviços de assistência social, organizando os serviços por níveis de complexidade do SUAS.[306] Com a definição dos parâmetros de execução dos atendimentos em cada serviço e em cada nível de proteção social, a Tipificação organizou não só a provisão pública, mas também o conteúdo e a forma do trabalho social das provisões das entidades e organizações da sociedade civil, no sentido da superação do legado de ações fragmentadas, definindo o que faz e o que não faz parte da política. Ao estabelecer parâmetros mínimos para as ofertas, a Tipificação garantiu que os serviços fossem considerados públicos, independentemente de serem executados pelo Estado ou pelas OSCs (BRETTAS, 2016, p. 64).

No que diz respeito à provisão dos serviços socioassistenciais pelas organizações da sociedade civil, registra-se a importância da NOB-RH e da Tipificação como instrumentos de constrangimento para a conformação das OSCs às diretrizes do SUAS. Isso foi possível pela construção de uma engenhosa estrutura normativa: a LOAS previu ser competência do CNAS regular a prestação dos serviços, o que foi feito pela Tipificação, que padronizou as ações continuadas, projetando maior homogeneidade das ofertas em todo o território nacional. A LOAS também previu a competência dos conselhos subnacionais em realizar, em sua esfera de atuação, a inscrição[307] e a fiscalização das entidades e organizações de assistência social. E determinou a observância das resoluções do CNAS pelas entidades na execução das ações socioassistenciais. Dessa forma, a inobservância do disposto na Tipificação (resolução do CNAS) pelas organizações de assistência social na execução dos serviços poderia implicar o cancelamento da inscrição junto ao conselho, levando à sua desvinculação do SUAS.

Com isso, as OSCs tiveram que se adaptar à regulamentação dos serviços: passou a ser necessário que garantissem profissionais com graus de formação e especialização mínimos, realizassem atividades específicas para cada tipo de serviço e mantivessem estrutura física adequada na execução dos serviços. As OSCs mantiveram, por outro lado, grande autonomia técnica e gerencial, bem como a liberdade de escolher pela adesão (ou não) às diretrizes nacionais – e, nesse sentido,

---

[306] Cf. Quadro 5 na subseção 3.2.4 do terceiro capítulo.
[307] Os parâmetros nacionais para a inscrição das entidades e dos serviços, programas, projetos e benefícios nos conselhos de assistência social foram disciplinados pela Resolução CNAS nº 14/2014.

pela vinculação (ou não) ao SUAS. A adaptação dessas entidades aos constrangimentos estatais não foi uniforme, variando com relação ao perfil da OSC (como porte e orçamento da entidade, grau de dependência orçamentária dos recursos públicos da assistência e tipo de serviço realizado) e com relação aos contextos locais (como porte e orçamento dos municípios, arranjos institucionais prévios, grau de priorização dessa política nas agendas municipais e capacidades estatais instaladas) (BRETTAS, 2016, p. 152-153). Mas ao se vincularem ao SUAS, as OSCs garantem acesso ao financiamento público de suas ações e têm a possibilidade de ampliar sua atuação para outros serviços e territórios (BICHIR; PEREIRA; GOMES, 2021, p. 74) – desde que atuem de acordo com as regras criadas e pactuadas com o poder público.

É importante reforçar que as OSCs respondem às regras pactuadas com alguma combinação de conformidade e desconformidade, integrando os propósitos organizacionais preexistentes aos novos comportamentos encorajados pela regulamentação do SUAS. Em geral, as organizações não têm a capacidade de reformular por completo o seu comportamento e a sua forma de atuação. Mas a resposta a incentivos legais produz mudanças na organização. E essas mudanças, ao longo do tempo, podem se tornar mais ou menos estáveis, gerando, eventualmente, a institucionalização de novas práticas (CLUNE, 2021, p. 31-33). Essa é, portanto, a aposta da regulamentação da atuação das OSCs pelas resoluções do CNAS.

Nesse sentido, a Tipificação e a NOB-RH destacam-se como importantes instrumentos de regulação da provisão privada, pois possibilitam a padronização do conteúdo das ofertas dos serviços socioassistenciais, colaborando para a construção de capacidade estatal da política pública de assistência social na dimensão *regulatória*.

No que diz respeito ao financiamento público para a execução de serviços socioassistenciais por entidades e organizações da sociedade civil, destaca-se que ele depende, desde a aprovação da Lei nº 13.019/2014[308] (Marco Regulatório das Organizações da Sociedade Civil – MROSC), da formalização de parcerias com a Administração Pública por meio de termos de colaboração ou termos de fomento[309] – instrumentos

---

[308] Alterada pela Lei nº 13.204/2015.
[309] Cf. subseção 3.2.6 no terceiro capítulo.

jurídicos que substituíram os convênios.³¹⁰ As parcerias,³¹¹ quando formalizadas a partir de chamamento público, permitem à Administração Pública selecionar as propostas mais adequadas para a execução do serviço, viabilizando maior controle quanto ao cumprimento, pelas OSCs parceiras, do disposto na Tipificação e na NOB-RH. O regime jurídico das parcerias prevê o monitoramento e a avaliação das ações executadas pelas OSCs, garantindo à Administração instrumentos de fiscalização quanto à observância da regulamentação dos serviços, bem como dos parâmetros estipulados seja no instrumento convocatório, seja no plano de trabalho aprovado. Ademais, ainda que formalizada por inexigibilidade³¹² ou dispensa,³¹³ a ausência do procedimento de seleção não afasta a aplicação das regras de fiscalização das parcerias, garantindo-se a observância das normas reguladoras dos serviços pelas OSCs executoras.

Importante destacar que o MROSC consolidou um conjunto de regras para a seleção de propostas, para a formalização e a execução das parcerias, buscando regular a aplicação financeira dos recursos públicos repassados às OSCs. A lei previu o monitoramento da execução pelo poder público, atrelou a avaliação da parceria ao cumprimento de metas e ao alcance de resultados e criou vedações à formalização para OSCs inadimplentes em outros ajustes com a Administração Pública. Dessa forma, procurou disciplinar com mais rigor as regras de repasse de recursos, em razão do histórico de denúncias de fraude e corrupção no financiamento das entidades de assistência social, como no caso da gestão de Rosane Collor na LBA e da Operação Fariseu no CNAS, mencionadas no segundo capítulo.

---

[310] Os convênios, apesar de terem sido utilizados ao longo da década de 1990 para a formalização de ajustes entre a Administração Pública e as entidades e organizações de assistência social para repasse de recursos para a execução de serviços socioassistenciais, são instrumentos previstos na Lei nº 8.666/1993 para a celebração de ajustes entre órgãos e entidades da Administração.

[311] Trata-se aqui da execução dos serviços socioassistenciais financiados com recursos públicos. Mas a Lei nº 13.019/2014 regula parcerias que podem ter, como objeto, a execução de outras ações socioassistenciais, como programas e projetos – inclusive sem transferência de recursos públicos.

[312] A Lei nº 13.019/2014 considera inexigível o chamamento público quando a parceria decorrer de transferência para OSC que esteja identificada expressamente em lei autorizadora – o que ocorre, por exemplo, no caso das subvenções.

[313] A dispensa pode ser autorizada quando o objeto do plano de trabalho for a prestação de serviços socioassistenciais regulamentados e a descontinuidade da oferta pela entidade apresentar dano mais gravoso à integridade do usuário, conforme previsão da Resolução CNAS nº 21/2016.

A execução de serviços socioassistenciais pelas OSCs, mediante parceria ou não, garante às entidades o reconhecimento de que elas integram a rede socioassistencial e estão vinculadas ao SUAS, desde que essas organizações:[314] i) estejam constituídas como entidades sem fins lucrativos, de atendimento, assessoramento ou de defesa e garantia de direitos; ii) estejam inscritas no conselho municipal (ou distrital) de assistência social; e iii) estejam inscritas no Cadastro Nacional de Entidades de Assistência Social (CNEAS), mantido pelo órgão gestor federal (ministério) a partir dos dados informados pelos órgãos gestores subnacionais.

Esses critérios, estipulados pela LOAS, de vinculação das OSCs à rede socioassistencial do SUAS, foram considerados requisitos para que as entidades celebrem parcerias com a Administração Pública[315] e solicitem a Certificação das Entidades Beneficentes de Assistência Social (CEBAS) – o que, por sua vez, é requisito para que essas entidades tenham direito à isenção de contribuições para a seguridade social.

Esse conjunto de regras evidencia a progressiva regulação, pelo Estado, do papel das entidades de assistência social na execução de serviços socioassistenciais. As normas estabeleceram espaços e limites para a atuação das OSCs na política, por meio da definição de critérios, formas de vinculação, escopo de atuação e parâmetros dos serviços. Com isso, foi possível enquadrar a atuação das organizações da sociedade civil no SUAS, com vistas a reduzir os espaços de discricionariedade dessas entidades na implementação da política. E, principalmente, com vistas à institucionalização da concepção da assistência social como direito de cidadania e da prestação de serviços socioassistenciais como parte de um conjunto de provisões de uma política pública.

É persistente, na literatura sobre o SUAS, a caracterização da atuação das OSCs na provisão de serviços como um indicativo da opção política pela desresponsabilização do Estado (BICHIR; PEREIRA; GOMES, 2021, p. 61). E, ainda que parte dessa literatura defenda a participação do Estado não só na regulação da atuação privada, mas sobretudo na provisão direta dos serviços (BICHIR; BRETTAS; CANATO, 2017, p. 8), é inegável a dependência do SUAS com relação à atuação das OSCs na execução dos serviços. Sem entrar no mérito de valoração da provisão direta ou indireta dos serviços, é preciso ressaltar que, para além da

---

[314] Os requisitos de vinculação ao SUAS foram definidos pelo artigo 6º-B, §1º, da LOAS.
[315] Conforme previsão da Resolução CNAS nº 21/2016.

capacidade de formulação e implementação direta, há uma importante dimensão de capacidade estatal que diz respeito à regulação da atuação dos atores privados para a consecução de um objetivo público.

É importante considerar que, a despeito do esforço de ampliação da rede de equipamentos públicos (JACCOUD *et al.*, 2020, p. 130) para a execução direta dos serviços, a expansão das instalações públicas esbarra em vários entraves, especialmente orçamentários, como as restrições à contratação de pessoal.[316] E que as organizações da sociedade civil possuem grande capilaridade territorial, inserção local e comunitária e que são capazes de atingir grupos vulneráveis específicos (BICHIR; BRETTAS; CANATO, 2017, p. 16-17). Com as parcerias, o Estado reúne mais condições de implementar a política e de viabilizar o atendimento da população, na medida em que se aproveita da capacidade instalada dessas organizações e de sua legada *expertise* no atendimento de determinados públicos.[317] Sendo assim, a interação entre as capacidades dos entes públicos e as capacidades das OSCs no âmbito do SUAS tem propiciado um atendimento mais abrangente no território, na medida em que o Estado ganha em especificidade (na execução de serviços especializados para situações de vulnerabilidade e risco por meio de parceria com uma OSC experiente nesse tipo de atendimento) e em penetração territorial (pela localização mais capilarizada dessas entidades) (BICHIR; PEREIRA; GOMES, 2021, p. 74). Essas interações geram capacidade socioestatal de implementar a política (LAVALLE *et al.*, 2018, p. 56-58), pela configuração de uma rede única de prestação de serviços, com finalidade pública, independentemente da natureza, pública ou privada, da organização ofertante do serviço (BRETTAS, 2016, p. 151).

Cumpre destacar, por fim, que, ao determinar que a regulação dos serviços se daria por meio de resoluções do CNAS, a LOAS conferiu à instância de participação popular, de composição paritária entre governo e sociedade civil, o poder de regular as atividades continuadas da política. A LOAS não só conferiu à instância participativa competência regulatória, mas garantiu a permanência da atuação das OSCs na provisão dos serviços e determinou a necessária subordinação da atuação (pública e privada) aos parâmetros definidos pelo conselho. Com isso,

---

[316] Determinadas pela Lei de Responsabilidade Fiscal (Lei Complementar nº 101/2000).
[317] Já que, em alguns casos, foram as entidades que começaram a oferecer atendimento a tais grupos, antes mesmo do que o próprio Estado (BICHIR; PEREIRA; GOMES, 2021, p. 73).

a lei instituiu uma necessária colaboração entre organizações estatais e organizações não estatais no âmbito do conselho, remetendo à noção de capacidade socioestatal, segundo a qual Estado e sociedade civil têm uma relação de codeterminação (LAVALLE; SZWAKO, 2015, p. 181).

Ao reunir em sua composição representantes governamentais e representantes da sociedade civil, o CNAS conferiu a esses atores importante papel na definição dos atos normativos nessa instância. Houve um processo de pactuação entre Estado e OSCs para a produção dessas normas. E essas normas, por terem sido construídas e debatidas em uma arena de participação popular, levando em conta o conhecimento acumulado, as necessidades e interesses dos destinatários das normas (atores estatais e não estatais), carregam os atributos de reflexividade do Direito discutidos no primeiro capítulo, garantindo maior adesão, em razão da legitimidade democrática de seu conteúdo.

O CNAS, por contar com representação do poder público e das organizações da sociedade civil executoras dos serviços, pode ser considerado uma estrutura reflexiva interna ao Estado, na medida em que envolve os grupos de interesse na formação das normas por ele expedidas, as resoluções. No processo de discussão das resoluções (como no caso da NOB-RH e da Tipificação), os representantes das OSCs, membros do colegiado, puderam participar da formulação dos parâmetros de execução dos serviços, garantindo a representação do setor regulado e de seus interesses na construção do conteúdo do texto normativo. E, com isso, foram reduzidas as possibilidades de conflitos e incertezas com relação ao conteúdo dessas normas.

As resoluções do CNAS, discutidas e pactuadas no âmbito do colegiado, são instrumentos de acoplamento estrutural entre o sistema legal e o sistema regulado (MORAND, 1999, p. 132), ou seja, entre o Estado e as OSCs que executam os serviços socioassistenciais. Nesse sentido, as resoluções produzidas no âmbito do conselho materializam a coautoria do regulamento, aprovado em uma arena com forte influência do setor regulado. A *expertise* histórica das OSCs na provisão de determinados serviços foi incorporada na discussão das normas, gerando uma construção conjunta dos parâmetros de execução dos serviços. O envolvimento das OSCs executoras nesse processo de definição dos padrões mínimos foi fundamental para aproveitar o conhecimento adquirido na realização das atividades e para garantir adesão às novas regras.[318] Assim, é possível afirmar que Estado e organizações da sociedade civil participam em conjunto da construção da institucionalidade do SUAS.

Desse modo, tanto a Tipificação quanto a NOB-RH podem ser consideradas normas demonstrativas da capacidade *político-relacional* das arenas de participação do SUAS, na medida em que o CNAS se configura em um espaço de interlocução entre o Estado e as OSCs. As resoluções aprovadas no conselho são o resultado de processos decisórios compartilhados, que envolveram negociação e construção de consensos, gerando compatibilização de interesses diversos em torno de plataformas comuns e legitimidade da regulamentação aprovada. Sendo assim, observa-se um processo de coconstrução de capacidades de regulação e de provisão de serviços socioassistenciais (BICHIR; PEREIRA; GOMES, 2021, p. 61) entre Estado e sociedade civil no âmbito do SUAS.

4.2.2 Benefício de Prestação Continuada (BPC)

O Benefício de Prestação Continuada foi previsto no artigo 203, inciso V, da Constituição Federal de 1988, como a garantia de um salário mínimo de benefício mensal à pessoa com deficiência e à pessoa idosa que comprovem não possuir meios de prover a própria manutenção ou de tê-la provida por sua família.

A garantia prevista na Constituição foi incluída na LOAS como uma das ações da política de assistência social e denominada Benefício de Prestação Continuada (BPC). A LOAS previu que o BPC seria garantido à pessoa com deficiência e à pessoa idosa com 70 anos ou mais, cuja renda mensal *per capita* fosse inferior a um quarto do salário mínimo.

A concessão do BPC teve início em 1996 para pessoas com deficiência e pessoas idosas com 70 anos ou mais comprovadamente pobres. O critério de idade para acesso ao benefício, que seria reduzido após dois anos do início da concessão,[319] só foi reduzido para 65 anos em 2004,

---

[318] Esse processo de interação socioestatal foi demonstrado na regulamentação dos serviços socioassistenciais no município de São Paulo, na interação entre os burocratas da Secretaria Municipal de Assistência e Desenvolvimento Social (SMADS) e os representantes das OSCs executoras de serviços no Conselho Municipal de Assistência Social (COMAS) (BICHIR; PEREIRA; GOMES, 2021, p. 66-67). Mas é possível extrapolar a análise para o âmbito federal, tendo em vista que o desenho de funcionamento da participação popular nos conselhos é similar nas diferentes esferas da Federação.

[319] A LOAS previa que a idade para a concessão do BPC seria reduzida de 70 para 67 anos após 24 meses do início da concessão e para 65 anos, após 48 meses. O Decreto nº 1.744/1995 previu a redução da idade para acesso ao BPC para 67 anos a partir de 1º de janeiro de 1998

com a aprovação do Estatuto do Idoso[320] (STOPA, 2019, p. 234-237). Isso implicou um aumento significativo do número de beneficiários idosos do BPC,[321] ampliando o acesso à segurança de renda a uma população em situação de extrema vulnerabilidade social.

Apesar dos efeitos positivos da redução da idade em termos de ampliação da cobertura da proteção social, esse critério é reiteradamente colocado em disputa no cenário político,[322] assim como o critério de renda familiar *per capita* para acesso ao benefício,[323] na disputa pelos recursos do fundo público. A alteração dos critérios de elegibilidade do BPC pode aumentar o número de beneficiários, o que implica ampliação no montante de recursos públicos destinados ao pagamento do benefício e comprometimento do fundo público com essa despesa, obrigatória em razão da garantia constitucional.

No que diz respeito à operacionalização do benefício, a LOAS previu que caberia ao órgão da Administração Pública federal responsável pela coordenação da política nacional de assistência social operar o BPC, podendo, para tanto, contar com o concurso de outros órgãos do governo federal. Na prática, apesar de integrado à assistência social, o BPC foi, desde o início, operacionalizado pelo Instituto Nacional do Seguro Social,[324] órgão responsável pelo pagamento dos benefícios previdenciários.

Quanto ao financiamento, destaca-se que, mesmo operacionalizado pelo INSS, por se tratar de um benefício assistencial, as despesas com o pagamento do BPC foram previstas para serem executadas

---

e a redução para 65 anos a partir de 1º de janeiro de 2000. Mas em 1998 a Lei nº 9.720/1998 determinou que a idade para acesso ao BPC continuasse sendo 67 anos.

[320] Com a aprovação da Lei nº 10.741/2003 (Estatuto do Idoso), a idade para acesso ao BPC foi reduzida para 65 anos, ainda que a lei considere como idosa toda pessoa maior de 60 anos (STOPA, 2019, p. 237). Posteriormente, a Lei nº 12.435/2011 alterou a LOAS para fixar o critério de idade do BPC em 65 anos.

[321] O número de beneficiários idosos do BPC aumentou 40,3% em 2004, quando foi alterado o critério de 67 para 65 anos (BRASIL, 2016, p. 22).

[322] No governo Temer, a PEC nº 287/2016 (reforma da previdência) tentou aumentar a idade mínima para acesso ao benefício, de 65 para 70 anos, conforme informado na seção 2.7 do segundo capítulo.

[323] Em 2020, o Congresso tentou elevar o limite de renda familiar *per capita* para meio salário mínimo por meio das Leis nº 13.931/2020 e nº 13.982/2020. A medida, no entanto, não foi implementada, conforme informado na seção 2.7 do segundo capítulo.

[324] Conforme previsão do Decreto nº 1.744/1995, posteriormente substituído pelo Decreto nº 6.214/2007.

com recursos do Fundo Nacional de Assistência Social.[325] Como o BPC substituiu a Renda Mensal Vitalícia, os recursos para pagamentos remanescentes da RMV passaram a ser executados também pelo FNAS.[326]

A PNAS/2004 previu que o BPC integra as provisões da proteção social básica[327] e, nesse sentido, o regulamento do benefício[328] determinou, como garantia do SUAS, o acompanhamento dos beneficiários e de suas famílias pela política de assistência social, bem como a inserção desses à rede de serviços socioassistenciais e de outras políticas setoriais. Para viabilizar o acompanhamento da família no âmbito do SUAS, ficou determinada[329] a necessária inclusão dos beneficiários e de suas famílias no Cadastro Único.

A inclusão dos beneficiários do BPC no CadÚnico foi concebida como uma forma de integrar as ações do SUAS e de reforçar o papel do CadÚnico como instrumento de integração das ações socioassistenciais, no sentido da maior articulação entre benefícios e serviços. No entanto, a partir de 2016, algumas medidas de caráter impositivo quanto à inserção desses usuários no cadastro geraram preocupação quanto à manutenção dos benefícios e da proteção aos beneficiários em situação de maior vulnerabilidade.

Isso porque a inscrição no CadÚnico passou a ser considerada[330] requisito para a concessão, a manutenção e a revisão do BPC.[331] Com isso, previu-se que o benefício seria concedido ou mantido somente para beneficiários com cadastros atualizados e válidos,[332] e que os beneficiários que não realizassem a inscrição ou a atualização no CadÚnico

---

[325] Conforme previsão do Decreto nº 7.788/2012, que regulamentou o FNAS, e do Decreto nº 6.214/2007, que regulamentou o BPC. Cf. subseção 3.2.9 no terceiro capítulo.

[326] A RMV continua sendo paga a 83.868 beneficiários, conforme dados de fevereiro de 2021 obtidos junto ao Relatório de Programas e Ações do Ministério da Cidadania, disponível em: https://aplicacoes.mds.gov.br/sagi/ri/relatorios/cidadania/#beneficiosbpc. Acesso em: 20 abr. 2021.

[327] Cf. seção 4.2 supra.

[328] Decreto nº 6.214/2007.

[329] Pelo Decreto nº 7.617/2011, que alterou o regulamento do BPC.

[330] Pelo Decreto nº 8.805/2016, que alterou o regulamento do BPC.

[331] O Decreto nº 9.462/2018 alterou o regulamento do CadÚnico (Decreto nº 6.135/2007) para revogar o dispositivo que previa ser *facultativa* a utilização do Cadastro Único na operacionalização do BPC.

[332] Ou seja, aqueles realizados ou atualizados nos últimos 2 anos, conforme regulamento do CadÚnico (Decreto nº 6.135/2007).

no prazo estabelecido em convocação a ser realizada pelo órgão gestor federal[333] teriam o seu benefício suspenso.[334]

Esses novos procedimentos para a inclusão dos beneficiários do BPC no Cadastro Único foram publicados antes de serem discutidos e pactuados na CIT e no CNAS, provocando tensionamento nessas instâncias. Sem a participação desses colegiados, a decisão do governo federal foi interpretada como uma tentativa de enfraquecimento das instâncias deliberativas.[335]

Além disso, a exigência de inclusão no Cadastro Único para acesso e manutenção do benefício suscitou duas ordens de preocupações: i) do lado do beneficiário, o ônus elevado às pessoas e famílias em situação de grande vulnerabilidade para a realização da inscrição do CadÚnico (uma vez que o público do BPC inclui pessoas com limitações de mobilidade, impostas pela idade avançada ou por uma deficiência, conjugada à vivência em famílias com baixíssima renda); ii) do lado da gestão, a falta de condições adequadas para que os beneficiários cumpram o novo requisito (uma vez que a exigência de cadastramento pressupõe uma eficiência das estruturas operacionais da política nem sempre existente). Não havendo condições operacionais e logísticas adequadas para o processo de cadastramento no prazo estabelecido, imputou-se como precipitada a decisão do governo de optar pela responsabilização do usuário diante dos procedimentos exigidos para acesso e manutenção do BPC, sob pena desse ser prejudicado por ineficiências nas estruturas operacionais da política (MESQUITA *et al.*, 2018, p. 17).

Ainda que a inclusão no CadÚnico não fosse uma novidade, a exigência do cadastramento como condição para o acesso e a manutenção do benefício foi interpretada como uma forma de responsabilização dos usuários pela manutenção do benefício – o que poderia gerar exclusão justamente daqueles indivíduos mais vulneráveis. Em razão da dificuldade de mobilização dos beneficiários idosos e pessoas

---

[333] O cronograma de inscrição dos beneficiários do BPC no CadÚnico foi estabelecido pela Portaria Interministerial MDSA/MP/MF nº 2/2016, prorrogado pela Portaria Interministerial MDS/MP/MF nº 5/2017. Novo cronograma foi estabelecido pela Portaria MDS nº 2.651/2018, posteriormente alterado pela Portaria MC nº 631/2019.

[334] Conforme previsão do Decreto nº 9.462/2018.

[335] O CONGEMAS chegou a demandar a anulação do Decreto nº 8.805/2016, em nota de repúdio de 11 de julho de 2016, e o CNAS manifestou-se por meio da Resolução nº 15/2016, recomendando "que todas as propostas de criação e implantação ou alteração de serviços, programas, projetos e benefícios da política de assistência social sejam apreciados e aprovados pelos conselhos de assistência social em suas respectivas esferas" (MESQUITA *et al.*, 2018, p. 10).

com deficiência para a inscrição no Cadastro Único, o governo acabou cedendo, prevendo[336] que a ausência de inscrição ou atualização do CadÚnico não impediria a formalização do requerimento do BPC.

Do ponto de vista normativo, é importante destacar que o BPC foi garantido na Constituição Federal, que os critérios de elegibilidade foram regulados pela LOAS e que a sua operacionalização foi regulamentada por decreto. Sendo assim, é notável que a regulamentação do benefício é constituída por normas de maior hierarquia (CF, lei, decretos) em comparação à regulamentação das demais ações socioassistenciais (como os serviços, que são regulados por resoluções do CNAS). Além disso, a operacionalização do benefício é normatizada por normas exaradas pelo Poder Executivo federal, de maneira centralizada – o que, em tese, estaria em desacordo com as diretrizes de descentralização e participação para a organização do SUAS, previstas na CF/88.

A regulamentação do BPC, por normas de maior hierarquia, parece referir-se ao caráter constitucional da garantia de renda que, prevista em lei (LOAS), constitui-se como despesa obrigatória de caráter continuado,[337] exigível por via judicial. Cumpre esclarecer que o entendimento do Congresso, após a promulgação da Constituição, era de que a iniciativa para a proposição de projetos de lei sobre a organização da seguridade social era exclusiva do Presidente da República.[338] Mas a LOAS demorou a ser aprovada (em 1993), sendo vetada integralmente em sua primeira versão (de 1990) pela discordância do então presidente Fernando Collor justamente com relação ao pagamento do BPC.[339]

A demora na regulamentação do BPC foi amenizada pelo fato de que essa garantia substituiu a RMV, benefício parcialmente contributivo que era pago desde 1974 aos idosos e pessoas com deficiência no âmbito da previdência social. E a RMV continuou a ser paga enquanto o BPC não foi regulamentado.[340] Ademais, por tratar-se de benefício destinado à população pobre, em situação de vulnerabilidade, não

---

[336] Por meio da Portaria Conjunta MDSA/INSS nº 3/2018.
[337] Conforme previsão da Lei de Responsabilidade Fiscal (Lei Complementar nº 101/2000).
[338] O artigo 59 do ADCT previa a iniciativa do Poder Executivo para legislar sobre a organização da seguridade social, conforme mencionado na seção 2.5 do segundo capítulo.
[339] Conforme apresentado na seção 2.5 do segundo capítulo.
[340] A Lei nº 8.213/1991 (que dispôs sobre os Planos de Benefícios da Previdência Social) determinou que a RMV continuaria integrando o elenco de benefícios da previdência social até que fosse regulamentado o inciso V do artigo 203 da Constituição Federal – o que efetivamente ocorreu em 1993, com a aprovação da LOAS, que denominou a garantia constitucional de Benefício de Prestação Continuada (BPC).

houve uma mobilização significativa dos destinatários para a sua rápida regulamentação.

Uma vez disciplinado por decreto, o BPC passou a ser operacionalizado pelo INSS,[341] em uma certa continuidade ao modo de operação da RMV e demais benefícios previdenciários – com processos decisórios centralizados na esfera federal, no âmbito do Executivo. E, ainda que a CF/88 previsse a descentralização e a participação como diretrizes para as ações da assistência social, os procedimentos para a materialização dessa forma de organização só se consolidaram após a aprovação da PNAS/2004 – anos depois do início da concessão do BPC.

O processo de operacionalização do benefício, pelo legado de atuação do INSS na operação de benefícios da previdência, manteve-se centralizado e menos permeável às demandas dos grupos de interesse, que se articulam nas arenas de pactuação do SUAS (CIT e CNAS). No entanto, a diretriz de inclusão da pessoa com deficiência e da pessoa idosa no Cadastro Único como critério para concessão e manutenção do BPC implica, cada vez mais, a necessidade de diálogo entre as estruturas operacionais do INSS e as equipes técnicas dos equipamentos do SUAS, que realizam a inclusão e atualização do Cadastro. Com isso, faz cada vez mais sentido que as instâncias de participação (CNAS) e articulação interfederativa (CIT) do SUAS sejam consultadas para a discussão e pactuação das regras de operação do benefício a fim de garantir reflexividade às normas de operação dessa ação socioassistencial.

4.2.3 Programa Bolsa Família (PBF)

O Programa Bolsa Família foi criado no primeiro ano do governo Lula (PT) como um programa de transferência direta e condicionada de renda, com o objetivo de garantir às famílias em situação de pobreza e de extrema pobreza o acesso à renda, à educação e à saúde. O PBF unificou o público-alvo, os critérios de elegibilidade e a estrutura de gestão dos diversos programas de transferência de renda que já existiam no âmbito federal, adotando um modelo de gestão intersetorial, descentralizado e com controle social (BRASIL, 2010, p. 17).

---

[341] Em 1994, o primeiro regulamento do BPC (Decreto nº 1.330/1994) chegou a prever que o requerimento de concessão do benefício seria endereçado ao INSS no caso de pessoa idosa e à LBA no caso de pessoa com deficiência. Com a extinção da LBA, o novo regulamento do benefício (Decreto nº 1.744/1995) determinou que o órgão responsável pela operacionalização do BPC seria, exclusivamente, o INSS.

A gestão do PBF[342] é descentralizada em termos federativos (ou verticais), na medida em que é compartilhada entre governo federal (que fixa os procedimentos do programa), governos estaduais (que desenvolvem atividades de capacitação e dão apoio técnico e logístico aos municípios) e governos municipais, que respondem pela inscrição de famílias no Cadastro Único, pela atualização cadastral, pela garantia de acesso dos beneficiários aos serviços de educação e saúde, pelo acompanhamento do cumprimento das condicionalidades, pela oferta de programas complementares, pela apuração e o encaminhamento de denúncias e pelo apoio à instância de controle social (ICS) do programa.

A gestão é intersetorial em termos federais (ou horizontais) na medida em que compete ao Ministério gestor da PNAS a coordenação do programa, aos Ministérios da Educação e da Saúde o acompanhamento e a fiscalização do cumprimento das condicionalidades em sua esfera de atuação e à Caixa Econômica Federal (CEF), agente operador do programa, a efetivação dos pagamentos aos beneficiários (COUTINHO, 2013a, p. 14).

No que diz respeito à implantação do benefício, é importante reforçar o processo de progressiva imbricação entre o PBF e o SUAS, já mencionado na seção 4.1 deste capítulo. Em primeiro lugar, pela adoção do Cadastro Único, instrumento de identificação de beneficiários do PBF, como instrumento de coordenação das ações socioassistenciais do SUAS – o que ampliou a utilização desse banco de dados para além da função inicial de identificação de beneficiários de programas federais de transferência de renda e fortaleceu o seu uso como instrumento estratégico para o mapeamento da situação socioeconômica das famílias em todos os municípios brasileiros (BRASIL, 2010, p. 23). Isso ampliou sobremaneira a relevância do Cadastro Único para o planejamento das ações do SUAS e de outras políticas setoriais, uma vez que sua base contém dados de composição familiar e renda familiar *per capita* de cerca de 35% da população brasileira.[343]

---

[342] A descrição constante nessa seção diz respeito ao desenho de funcionamento do PBF antes de sua extinção e substituição pelo Programa Auxílio Brasil, no governo Jair Bolsonaro. As eventuais alterações no PBF feitas no governo Lula 3 não estão contempladas nessa descrição.
[343] Cf. dados da subseção 3.2.8 do terceiro capítulo.

Em segundo lugar, pela priorização da oferta de serviços socioassistenciais para os beneficiários do PBF, do BPC e do PETI,[344] no sentido da potencialização da capacidade de diminuição dos riscos e vulnerabilidades que incidem sobre as famílias atendidas por essas ofertas simultâneas. Isso impulsionou a integração entre as diferentes ações socioassistenciais previstas na política de assistência social, assegurando maior integralidade na promoção e proteção dos direitos e seguranças que a política deve afiançar.

Em terceiro lugar, pela aproximação entre a instância de controle social (ICS)[345] do PBF e os conselhos de assistência social, já instituídos no âmbito do SUAS. A regularização dos conselhos de assistência social como ICS do PBF foi uma meta pactuada pelos entes federados,[346] uma vez que essas instâncias de participação e controle social, previstas tanto na regulamentação do PBF quanto na LOAS, possuem competências convergentes de acompanhamento e fiscalização das ações relacionadas à execução do benefício (no caso do PBF) e das ações socioassistenciais (no caso do SUAS) e podem, perfeitamente, ser exercidas pela mesma instância, já instituída no âmbito do SUAS – os conselhos de assistência social.

Em quarto lugar, por meio do processo de acompanhamento das condicionalidades do Programa Bolsa Família,[347] que se constituiu em ferramenta de identificação de vulnerabilidades das famílias nos territórios. Isso porque o descumprimento das condicionalidades,[348] ao invés

---

[344] Cf. protocolo de gestão integrada, mencionado no item 8 da subseção 3.2.10 do terceiro capítulo.

[345] O Decreto nº 5.209/2004, que regulamentava a lei do PBF, previa a participação popular na avaliação da execução do programa em âmbito local, por meio da constituição formal de instância de controle social (ICS) no âmbito dos municípios e do distrito federal, com paridade de representação entre governo e sociedade.

[346] No Pacto de Aprimoramento da Gestão dos Municípios.

[347] As condicionalidades do PBF referem-se a: i) no caso das gestantes, o comparecimento às consultas de pré-natal; ii) no caso das nutrizes, participação em atividades educativas sobre aleitamento materno e alimentação saudável; iii) vacinação em dia das crianças de 0 a 7 anos; iv) acompanhamento da saúde de mulheres na faixa de 14 a 44 anos; v) frequência escolar mínima de 85% para crianças e adolescentes de 6 a 15 anos e de 75% para adolescentes de 16 e 17 anos.

[348] Os efeitos do descumprimento das condicionalidades estão previstos na Portaria MDS nº 251/2012 e na Instrução Operacional Conjunta SENARC/SNAS nº 19/2013. No primeiro registro de descumprimento, aplica-se uma *advertência*, que não afeta o recebimento do benefício. Quando há um segundo registro de descumprimento em um período de até seis meses, há o *bloqueio*, que impede que as famílias recebam o benefício por um mês, embora esse valor possa ser sacado no mês seguinte junto com a nova parcela. Se, após o bloqueio, houver novo descumprimento em até seis meses, o benefício fica *suspenso* por dois meses,

de determinar a punição e a exclusão de beneficiários do programa,[349] configurou-se num indicador de potencial risco social (JACCOUD; BICHIR; MESQUITA, 2017, p. 47), indicando a necessidade de acompanhamento dessas famílias e indivíduos pelas equipes do SUAS. Nesse sentido, o PBF fortaleceu o papel das equipes dos CRAS, pois determinou uma ampliação da intervenção da política de assistência social e forneceu um instrumento de apoio aos profissionais do SUAS na identificação de vulnerabilidades no território.

Um último exemplo de colaboração entre PBF e SUAS foi o processo de aprendizagem institucional, relativo à utilização do Índice de Gestão Descentralizada (IGD) como indutor de convergência das ações municipais ao cumprimento das regras pactuadas com o governo federal na implementação da política pública. Instituído inicialmente no âmbito do PBF, o IGD foi criado como um indicador sintético utilizado para medir os resultados da gestão descentralizada do programa e calcular o montante de recursos federais a ser repassado aos entes subnacionais. Com o sucesso da utilização do IGD na obtenção de resultados qualitativos na gestão descentralizada do PBF,[350] o instrumento foi adotado também para incentivar a obtenção de resultados qualitativos na gestão descentralizada do SUAS.[351] Além disso, a própria adesão dos municípios ao SUAS passou a fazer parte do cálculo do IGD-PBF,[352] o que demonstra uma imbricação cada vez maior do PBF como uma oferta da política de assistência social, no âmbito do SUAS.

O SUAS garantiu um *lócus* institucional para o PBF nos estados e municípios (LICIO, 2012, p. 320), uma vez que o repasse financeiro para apoio à gestão descentralizada do PBF nos entes subnacionais se deu por meio dos fundos de assistência social e que a inserção das famílias no Cadastro Único, para inclusão no benefício, tem sido realizada pelas equipes da assistência social, no âmbito dos CRAS. Nesse sentido, o

---

sem possibilidade de a família receber os valores referentes a esse período. As suspensões podem ser aplicadas repetidas vezes. O efeito mais grave é o *cancelamento* do benefício, quando a família deixa de participar do PBF.

[349] O cancelamento do benefício é uma exceção, já que o descumprimento dos compromissos do programa de forma reiterada é compreendido como um sinal de que a família está em situação de vulnerabilidade que a impede de acessar os serviços essenciais de saúde e de educação, motivo pelo qual deve receber a atenção e o apoio do poder público.

[350] Ver subseção 4.4.1 neste capítulo.

[351] Ver subseção 4.4.2 neste capítulo.

[352] Conforme Portaria MDS nº 754/2010, que inseriu o fator de adesão ao SUAS no cálculo do indicador do PBF.

SUAS permitiu que o PBF se viabilizasse, por meio da utilização das estruturas da política de assistência social para se operacionalizar (LICIO; MESQUITA; CURRALERO, 2011, p. 464).

Em contrapartida, a operação do PBF ajudou a fortalecer a rede socioassistencial, na medida em que a operação do benefício exigiu um esforço de cadastramento das famílias de baixa renda, demandou o acompanhamento das condicionalidades e, com isso, fortaleceu o papel das equipes da assistência social tanto na busca ativa dessas famílias pobres para inserção no Cadastro Único quanto no encaminhamento para a rede socioprotetiva.

Nesse sentido, é possível afirmar que houve uma retroalimentação positiva entre a operacionalização do PBF, a utilização do Cadastro Único e a ampliação da rede de equipamentos públicos do SUAS. Isso porque, apesar de ter um arranjo institucional próprio e um arcabouço jurídico autônomo, o PBF dependeu das estruturas da assistência social para sua operacionalização na maior parte dos municípios brasileiros, em especial nos municípios pequenos e pobres (COUTINHO, 2013a, p. 9). O Cadastro Único acabou sendo aprimorado para identificar as famílias em situação de vulnerabilidade passíveis de inclusão no PBF e tornou-se um importante instrumento de coleta de dados para os gestores da assistência social. E a rede socioassistencial se valeu do acompanhamento das condicionalidades do PBF para realizar o acompanhamento das famílias em situação de vulnerabilidade, sua inserção na rede de serviços socioassistenciais e seu encaminhamento para outras políticas setoriais.

Por fim, cumpre destacar que a gestão e a regulamentação do PBF concentram-se no órgão gestor federal (BICHIR, 2011, p. 86). Há pouca pactuação na CIT acerca da operacionalização do programa, sendo mais comum a participação de representantes da SENARC na comissão com o objetivo de dar informes sobre o programa e de colher impressões relativas a novos processos de gestão (LICIO, 2012, p. 283).

Destaca-se que a normatização do PBF se deu por medidas provisórias,[353] o que revela uma opção pela centralização da estruturação do programa no âmbito decisório do Poder Executivo federal. Isso porque as medidas provisórias, utilizadas como forma de normatização e juridificação de uma política pública, conferem celeridade

---

[353] O PBF foi criado pela MPV nº 132/2003 (convertida na Lei nº 10.836/2004) e o IGD-PBF foi instituído pela MPV nº 462/2009 (convertida na Lei nº 12.058/2009).

à edição de atos normativos, permitindo ao Executivo delimitar os contornos do desenho institucional do programa de maneira mais alinhada a determinado programa de governo. E essa estratégia blinda o programa de um debate mais aprofundado no Poder Legislativo, já que as medidas provisórias: i) permitem ao Poder Executivo a inserção de determinados programas de ação governamental na agenda do Poder Legislativo; ii) podem funcionar como condicionantes à atuação do Poder Legislativo na matéria; e iii) conferem maior celeridade ao regime de tramitação no Congresso, comparativamente aos projetos de lei (PINHO, 2018, p. 55-71).

No caso do PBF, é importante ressaltar que o programa foi instituído no início do governo Lula como forma de unificar outros programas de transferência de renda. E que, dentre os programas unificados, estava o Cartão Alimentação, criado em 2003 para garantir segurança alimentar, como parte de um programa de governo centrado no combate à fome. Nesse sentido, havia grande expectativa pelo sucesso na implementação do PBF – motivo pelo qual se presume que o governo federal tenha optado por centralizar o processo decisório, estabelecendo seu regulamento por meio de medida provisória.

Na exposição de motivos da MPV, o governo justificou a *urgência* da medida pela necessidade imediata de: i) racionalização dos programas de transferência de renda; ii) incorporação de novas famílias no recebimento de um benefício básico de transferência de renda; e iii) aumento do valor do benefício até então recebido pelas famílias mais pobres. E justificou a *relevância*[354] pelo alcance social do PBF e pelos impactos sobre demanda e oferta que o estabelecimento de um piso de benefício monetário para as famílias em situação de extrema pobreza seria capaz de promover.

A adoção de medida provisória para regulamentar o PBF indica a urgência do Executivo em instituir um programa capaz de carregar a marca do governo, já que a MPV produz efeitos jurídicos imediatos, mesmo requerendo posterior apreciação pelas Casas do Congresso Nacional para se converter definitivamente em lei ordinária. Com a adoção da MPV, o Executivo deu visibilidade ao PBF, inseriu o tema das transferências condicionadas de renda na agenda do Congresso,

---

[354] Urgência e relevância são os requisitos para a adoção de MPV, conforme previsão do artigo 62 da CF/88.

garantiu a celeridade da tramitação da matéria no Legislativo[355] e restringiu a influência dos congressistas no arranjo do programa.[356]

A título de comparação vale lembrar que a Lei Orgânica da Assistência Social experimentou um longo processo de debate legislativo até sua efetiva aprovação, em 1993,[357] assim como a Lei nº 12.435/2011,[358] que atualizou a LOAS para inserir os dispositivos relativos à organização e operacionalização do SUAS no texto legal. Enquanto isso, a regulação do Programa Bolsa Família, normatizado por medida provisória, logrou ser aprovada e implementada de maneira muito mais célere, mantendo-se a integralidade do desenho institucional e operacional do programa, formulado pelo Executivo na MPV.[359]

4.2.4 Benefícios eventuais

Os benefícios eventuais são provisões suplementares e provisórias, concedidas aos cidadãos em forma de pecúnia, bens ou serviços, de modo a garantir segurança aos indivíduos e às famílias com impossibilidade temporária de arcar, por conta própria, com o enfrentamento de situações de vulnerabilidade decorrentes ou agravadas por contingências, ou seja, por eventos inesperados e repentinos (BRASIL, 2018, p. 21).

Esse apoio circunstancial às famílias que vivenciam situações de vulnerabilidade social foi observado ao longo de toda a história

---

[355] Uma vez que o prazo inicial de vigência de uma MPV é de 60 dias, prorrogado automaticamente por igual período. Se não for apreciada em até 45 dias, contados da sua publicação, a MPV entra em regime de urgência, sobrestando todas as demais deliberações legislativas da Casa em que estiver tramitando.

[356] Já que as emendas ao Projeto de Lei de Conversão (PLV), ainda que possam alterar significativamente alguns aspectos do regulamento, dificilmente irão desconfigurar por completo o desenho do programa. Isso porque a tramitação é célere, reduzindo a possibilidade de debates alongados no Legislativo. E, em caso de completa discordância, o Congresso pode rejeitar a matéria ou decidir não votá-la, fazendo com que a MPV perca a eficácia. Nesse caso, em que a MPV tenha sido rejeitada ou que tenha perdido sua eficácia por decurso de prazo, é vedada sua reedição, na mesma sessão legislativa – o que inviabiliza ao Poder Executivo a implantação do programa de maneira unilateral.

[357] O PL nº 3.099/1989 foi vetado por Collor em 1990 e um novo projeto (PL nº 4.100/1993) só foi apresentado e aprovado em 1993, conforme apontado na seção 2.5 do segundo capítulo.

[358] O PL SUAS (PL nº 3.077/2008) foi apresentado em 2008 e só foi aprovado em 2011.

[359] O ponto central do argumento diz respeito à celeridade da aprovação das medidas provisórias pelo Congresso, em comparação com os projetos de lei. Essa questão merece uma análise mais aprofundada, que ultrapassa o escopo da presente pesquisa. Mas há uma percepção de que houve, no processo legislativo, uma maior resiliência na manutenção da integralidade do texto originalmente proposto pelo Executivo quando aprovado pelo Congresso na conversão de uma MPV (no caso do PBF) do que quando votado como PL (no caso da LOAS e do PL SUAS).

do Brasil, a partir da ação caritativa de organizações religiosas ou de voluntários, como já mencionado no segundo capítulo. Essas provisões circunstanciais aos "necessitados" consistiam em dinheiro ou bens materiais, como enxovais nas situações de nascimento ou caixões por ocasião da morte. Na década de 1950, o Estado assumiu a responsabilidade por essas provisões, com a criação do auxílio-maternidade e do auxílio-funeral, destinados aos segurados da previdência social e aos seus dependentes.[360] Com a aprovação da LOAS, esses auxílios foram incluídos no âmbito da assistência social, sob a forma de benefícios eventuais, de caráter não contributivo (BRASIL, 2018, p. 22). O auxílio por natalidade e o auxílio por morte foram garantidos às famílias cuja renda mensal *per capita* fosse inferior a um quarto do salário mínimo.[361] Mas com a atualização da LOAS pela Lei nº 12.435/2011, esse limite de renda para acesso aos benefícios eventuais foi suprimido.

Ficou determinado que a regulamentação da concessão e do valor dos benefícios eventuais ficaria sob responsabilidade dos conselhos subnacionais de assistência social, mediante critérios e prazos definidos pelo Conselho Nacional de Assistência Social.[362] Para o auxílio por *natalidade*,[363] previu-se a possibilidade de o benefício ser ofertado em bens de consumo[364] ou na forma de pecúnia, sendo essa última entendida como a que melhor respeita a autonomia dos beneficiários, já que o recurso pode ser utilizado para suprir necessidades materiais diversas, conforme definição da própria família (BRASIL, 2018, p. 28). Para o auxílio por *morte*,[365] previu-se a possibilidade de o benefício ser

---

[360] O Regulamento Geral dos IAPs (Decreto nº 35.448/1954) criou o auxílio-maternidade e o auxílio-funeral, destinados aos segurados de previdência social e aos seus dependentes.

[361] A redação original da LOAS (de 1993) também previu a possibilidade de estabelecimento de outros benefícios eventuais para atender necessidades advindas de situações de vulnerabilidade temporária.

[362] O CNAS propôs critérios orientadores para a regulamentação, provisão e financiamento dos benefícios eventuais por meio da Resolução nº 212/2006.

[363] O auxílio por natalidade tem como objetivo atender às necessidades do nascituro, dar apoio à mãe nos casos de natimorto e morte do recém-nascido e dar apoio à família no caso de morte da mãe.

[364] Como enxoval do recém-nascido, incluindo itens de vestuário, utensílios para alimentação e de higiene.

[365] O auxílio por morte visa a atender as despesas de urna funerária, velório e sepultamento, as necessidades urgentes da família para enfrentar riscos e vulnerabilidades advindas da morte de um de seus provedores ou membros.

ofertado na forma de pecúnia ou de prestação de serviços.[366] Pouco depois, foram previstos[367] benefícios eventuais para situações de vulnerabilidade temporária[368] e de calamidade pública.[369]

Em 2009, o CNAS realizou um *Levantamento Nacional sobre os Benefícios Eventuais da Assistência Social*, com vistas ao mapeamento da situação da regulação e prestação dos benefícios eventuais por todo o Brasil. Esse levantamento identificou que provisões específicas da política de saúde estavam sendo sistematicamente disponibilizadas como benefícios eventuais da assistência social por diversos entes federados.

Sendo assim, o CNAS buscou apoiar o reordenamento da prestação dos benefícios eventuais afiançados na assistência social, orientando[370] quais itens não seriam considerados provisões da política de assistência social[371] e recomendando aos órgãos gestores e conselhos de assistência social das três esferas de governo que promovessem alterações na regulação dos benefícios eventuais em seu âmbito de atuação, de modo a resguardar o campo específico de atuação da assistência social e as responsabilidades de cada política.

---

[366] Que devem cobrir o custeio de despesas de transporte funerário, utilização de capela, isenção de taxas e colocação de placa de identificação, dentre outros.

[367] O Decreto nº 6.307/2007 reiterou as previsões já contidas na Resolução CNAS nº 212/2006, para os auxílios por natalidade e por morte, e ampliou a previsão dos benefícios para situações de vulnerabilidade temporária e de calamidade pública. Posteriormente, essas novas modalidades de benefícios foram incorporadas à LOAS pela Lei nº 12.435/2011.

[368] A situação de *vulnerabilidade temporária* ficou caracterizada pelo advento de riscos (ameaça de sérios padecimentos), perdas (privação de bens e de segurança material) e danos (agravos sociais e ofensa) à integridade pessoal e familiar, que podem decorrer da falta de documentação, da falta de domicílio ou da falta de acesso a condições e meios para suprir a reprodução social cotidiana do solicitante e de sua família (principalmente a falta de alimentação). Além disso, previu-se os riscos podem decorrer da situação de abandono ou da impossibilidade de garantir abrigo aos filhos, da perda circunstancial decorrente da ruptura de vínculos familiares, da presença de violência física ou psicológica na família, de situações de ameaça à vida, de desastres e de calamidade pública ou de outras situações sociais que comprometam a sobrevivência.

[369] O estado de calamidade pública refere-se ao reconhecimento, pelo poder público, de situação anormal, advinda de baixas ou altas temperaturas, tempestades, enchentes, inversão térmica, desabamentos, incêndios, epidemias, que cause sérios danos à comunidade afetada, inclusive à incolumidade ou à vida de seus integrantes.

[370] Por meio da Resolução CNAS nº 39/2010.

[371] Itens referentes a órteses e próteses (tais como aparelhos ortopédicos e dentaduras), cadeiras de roda, muletas, óculos (e outros recursos de tecnologia assistiva ou ajudas técnicas inerentes à área de saúde), bem como medicamentos, pagamento de exames médicos, apoio financeiro para tratamento de saúde fora do município, transporte de doentes, leites e dietas de prescrição especial e fraldas descartáveis.

Importante reforçar que o CNAS, como estrutura reflexiva interna ao Estado,[372] é composto por representantes dos estados (indicados pelo FONSEAS) e dos municípios (indicado pelo CONGEMAS), que participam das deliberações do colegiado e, portanto, influem na formulação das resoluções que estipulam os parâmetros de regulação e prestação dos benefícios eventuais. Essa forma de regulamentação das provisões do SUAS, com participação dos entes federados, além de atender às diretrizes constitucionais de organização do sistema, procura garantir a legitimidade das decisões acerca das ações socioassistenciais que são executadas de maneira descentralizada, com recursos próprios dos entes subnacionais.

Os parâmetros para a concessão dos benefícios eventuais, regulamentados por decreto e detalhados nas resoluções do CNAS, procuram induzir os entes subnacionais a conformarem suas provisões circunstanciais às diretrizes da política pública. Mas essa indução é somente normativa, demonstrando a insuficiência da mera definição legal para garantir a adesão dos governos subnacionais, conforme discutido no primeiro capítulo.[373]

Como os benefícios eventuais são custeados por municípios e distrito federal, com participação dos estados, mas sem incentivos financeiros federais que promovam uma coordenação, nem todos os entes federados conformaram suas provisões às diretrizes da política. Além disso, muitos entes subnacionais ainda não regulamentaram a concessão de benefícios eventuais, o que gerou situações de desproteção especialmente em 2020, como será discutido no quinto capítulo.[374]

4.3 Participação e controle social: os conselhos e as conferências de assistência social

O terceiro elemento de institucionalidade jurídica do SUAS que merece ser enfatizado são os conselhos e as conferências de assistência social, instâncias de participação popular e controle social da política pública.

Os conselhos, previstos pela LOAS como instâncias deliberativas do SUAS, se institucionalizaram como *lócus* de vocalização de discursos,

---

[372] Conforme discutido na subseção 4.2.1 deste capítulo.
[373] Cf. seção 1.2 do primeiro capítulo.
[374] Ver subseção 5.1.4.

demandas e interesses da sociedade civil, representada por grupos organizados, líderes comunitários, sindicatos, ativistas e os próprios beneficiários da política (COUTINHO, 2013a, p. 12).

A LOAS instituiu o Conselho Nacional de Assistência Social como um órgão de deliberação colegiada no âmbito federal, em substituição ao CNSS.[375] Previu composição paritária para o CNAS, entre representantes governamentais (incluindo representantes dos estados e dos municípios) e representantes da sociedade civil (incluindo representantes dos usuários, das entidades e organizações de assistência social e dos trabalhadores do SUAS).[376] Determinou mandato de dois anos para os conselheiros, permitida uma única recondução por igual período.[377] E estipulou como competências do CNAS a aprovação da Política Nacional de Assistência Social,[378] a normatização das ações e regulação da prestação de serviços[379] e o acompanhamento e fiscalização da execução financeira dos recursos do Fundo Nacional de Assistência Social.

A LOAS determinou que estados, distrito federal e municípios instituíssem, por lei específica, conselhos permanentes de assistência social em suas respectivas esferas de atuação.[380] E incluiu a instituição e o efetivo funcionamento desses conselhos entre as condições para o repasse de recursos federais. Posteriormente, com a atualização da LOAS pela Lei nº 12.435/2011, ficou determinado que os órgãos gestores de assistência social deviam garantir a infraestrutura necessária (recursos materiais, humanos e financeiros) ao funcionamento dos conselhos e que percentual dos recursos transferidos pelo IGDSUAS (a título de

---

[375] O Conselho Nacional de Serviço Social (CNSS) exerceu função de registro das entidades de fins filantrópicos até ser extinto pela LOAS, em 1993, conforme discutido no segundo capítulo.

[376] Conforme previsão do Regimento Interno do CNAS (Resolução CNAS nº 6/2011 e suas alterações).

[377] A autorização de uma única recondução visou garantir a rotatividade dos conselheiros do CNAS, uma vez que no antigo CNSS havia um histórico de mandatos muito longos, conforme apontado no segundo capítulo.

[378] O que ocorreu com a PNAS/1998 (aprovada pela Resolução CNAS nº 207/1998) e com a PNAS/2004 (aprovada pela Resolução CNAS nº 145/2004).

[379] O que ocorreu no caso da NOB-RH (Resolução CNAS nº 269/2006) e da Tipificação Nacional dos Serviços Socioassistenciais (Resolução CNAS nº 109/2009), conforme mencionado na subseção 4.2.2 deste capítulo.

[380] Os conselhos subnacionais, de composição paritária entre governo e sociedade civil, têm competência, conforme previsão da LOAS, para acompanhar a execução da política de assistência social, apreciar e aprovar a proposta orçamentária (em consonância com as diretrizes das conferências) e controlar a execução financeira dos recursos dos fundos de assistência social, em suas respectivas esferas de atuação.

apoio financeiro ao aprimoramento da gestão descentralizada do SUAS) devia ser obrigatoriamente utilizado para o apoio técnico e financeiro das atividades do controle social – o que funcionou como importante mecanismo de incentivo para os entes subnacionais instituírem esses colegiados.[381]

Mesmo com os incentivos federais para a instituição e efetivo funcionamento dos conselhos, há grande disparidade entre esses colegiados nos diferentes entes federados. O IDConselho, indicador que mensura o desenvolvimento dessas instâncias de participação e controle social do SUAS a partir de sua estrutura administrativa, dinâmica de funcionamento e composição,[382] revela que os melhores resultados foram alcançados pelos municípios de maior porte. Entre as metrópoles, por exemplo, 62,5% dos conselhos estavam no nível 4 ou superior, sendo que apenas um conselho teve seu ID abaixo de 3. Já entre os municípios de pequeno porte 1, 62% dos conselhos estava com ID abaixo do nível 3 e quase 35% deles estavam no nível 2 ou abaixo (BRASIL, 2017a, p. 7).

Os conselhos possuem competência para realizar a inscrição[383] e a fiscalização das entidades de assistência social, o que confere a esses colegiados um importante papel de instância de controle da execução dos serviços socioassistenciais, conforme discutido na subseção 4.2.1 deste capítulo. Essa competência indica empatia sistêmica dos conselhos que, por serem arenas compostas por representantes das organizações da sociedade civil, realizam as atividades de inscrição e fiscalização das OSCs com a participação de conselheiros que são, ao mesmo tempo, membros dessas entidades. Isso viabiliza o acoplamento estrutural entre o sistema legal e o sistema regulado, mencionado no primeiro capítulo (MORAND, 1999, p. 128-133), já que os grupos de interesse,

---

[381] Com isso, 99,9% dos municípios brasileiros contavam com conselho de assistência social em 2018, conforme dados da MUNIC. Cf. subseção 3.2.11 do terceiro capítulo.

[382] O valor de cada uma dessas dimensões varia entre 1 (menor desenvolvimento) e 5 (maior desenvolvimento) e o indicador final é igual à média do resultado das três dimensões.

[383] A LOAS previa a necessidade de inscrição das organizações de assistência social no conselho municipal ou distrital de assistência social como condição para obtenção do Certificado de Entidade de Fins Filantrópicos (CEFF) junto ao CNAS. O CEFF, requisito para a isenção constitucional da contribuição para a seguridade social, foi posteriormente substituído pela Certificação das Entidades Beneficentes de Assistência Social (CEBAS), que passou a ser concedido pelo ministério gestor da área de atuação principal da entidade (saúde, educação ou assistência social). Com isso, o CNAS se desobrigou da função cartorial que historicamente carrega com relação à certificação das entidades para fins de isenção tributária, mas manteve a função da inscrição, na lógica do acompanhamento das ações socioassistenciais realizadas pela rede privada, enquanto instância de fiscalização e controle do SUAS, conforme discutido nos capítulos dois e três.

representados nos conselhos, se envolvem diretamente na formação e implementação da legislação, bem como na fiscalização da execução.

Outra importante atribuição dos conselhos, no sentido de promover a participação popular na política pública de assistência social, é convocar periodicamente a realização de *conferências* de assistência social, com o objetivo de avaliar a situação da assistência social e propor diretrizes para o aperfeiçoamento do sistema.

As conferências são mecanismos de participação e decisão conjunta que mobilizam os atores públicos e privados, estimulam esses atores a se engajarem no acompanhamento e na avaliação da política pública, garantindo permeabilidade do SUAS às demandas da sociedade civil. Nesse sentido, as deliberações das conferências representam o Direito como *vocalizador de demandas* (COUTINHO, 2013b, 203-204), descrito no primeiro capítulo.

A I Conferência Nacional de Assistência Social foi convocada pelo CNAS e realizada em 1995, em Brasília-DF. A II Conferência Nacional ocorreu em 1997,[384] mas uma alteração na regra de periodicidade das convocações pelo CNAS fez com que a III Conferência Nacional só fosse realizada quatro anos depois, em 2001.[385]

Em 2003, O CNAS convocou extraordinariamente[386] a IV Conferência Nacional e, a partir de 2001, as conferências nacionais foram sendo realizadas a cada dois anos, alternadamente por convocação ordinária e extraordinária.[387] A convocação periódica das Conferências Nacionais de Assistência Social pelo CNAS, a cada dois anos, pode ser visualizada no quadro:

---

[384] O texto inicial da LOAS, de 1993, previa que o CNAS convocasse a Conferência Nacional de Assistência Social ordinariamente, a cada dois anos (com possibilidade de convocação extraordinária, por voto da maioria absoluta dos membros do CNAS).

[385] Em 1997, a MPV nº 1473-30/1997 (reeditada diversas vezes e convertida na Lei nº 9.720/1998) modificou a LOAS para determinar que, a partir da realização da II Conferência Nacional, a convocação de conferências nacionais pelo CNAS ocorreria a cada quatro anos, extinguindo a possibilidade de convocação extraordinária.

[386] A despeito da alteração supramencionada, na periodicidade de quatro anos prevista pela Lei nº 9.720/1998.

[387] O CNAS previu em seu Regimento Interno (Resolução CNAS nº 177/2004) a possibilidade de convocação ordinária de Conferência Nacional de Assistência Social a cada quatro anos, bem como a possibilidade de convocação extraordinária. Em 2011, o novo Regimento Interno do CNAS (Resolução CNAS nº 6/2011) previu expressamente a possibilidade de o conselho convocar conferências nacionais ordinária ou extraordinariamente a cada dois anos. Desse modo, o novo regimento regulamentou uma prática que já estava sendo adotada pelo CNAS desde 2001.

Quadro 7 – Conferências Nacionais de Assistência Social

(continua)

Conferência	Convocatória	Tema	Período de realização	Deliberações
I Conferência Nacional de Assistência Social	Portaria MPAS n° 2.233/1995	A Assistência Social como um direito do cidadão e dever do Estado	20 a 23 de novembro de 1995 (Brasília-DF)	Não houve publicação das deliberações da I Conferência por meio de Resolução do CNAS*
II Conferência Nacional de Assistência Social	Portaria MPAS n° 4.251/1997	O Sistema Descentralizado e Participativo da Assistência Social – Construindo a Inclusão – Universalizando Direitos	9 a 12 de dezembro de 1997 (Brasília-DF)	Não houve publicação das deliberações da II Conferência por meio de Resolução do CNAS*
III Conferência Nacional de Assistência Social	Portaria MPAS/ CNAS n° 909/2001 (convocação ordinária)	Política de Assistência Social: Uma trajetória de Avanços e Desafios	4 a 7 de dezembro de 2001 (Brasília-DF)	Não houve publicação das deliberações da III Conferência por meio de Resolução do CNAS*
IV Conferência Nacional de Assistência Social	Portaria conjunta MAPS/CNAS n° 262/2003 (convocação extraordinária)	Assistência Social como Política de Inclusão: uma Nova Agenda para a Cidadania – LOAS 10 anos	7 a 10 de dezembro de 2003 (Brasília-DF)	Resolução CNAS n° 30/2004
V Conferência Nacional de Assistência Social	Resolução CNAS n° 111/2005 (convocação ordinária)	SUAS – PLANO 10: Estratégias e Metas para Implementação da Política Nacional de Assistência Social	5 a 8 de dezembro de 2005 (Brasília-DF)	Resolução CNAS n° 40/2006

(continua)

Conferência	Convocatória	Tema	Período de realização	Deliberações
VI Conferência Nacional de Assistência Social	Portaria MDS/ CNAS nº 292/2006 (convocação extraordinária)	Tema inicial: A Efetivação do Plano Decenal da Assistência Social Alterado para: Compromissos e Responsabilidades para Assegurar Proteção Social pelo Sistema Único de Assistência Social – SUAS	14 a 17 de dezembro de 2007 (Brasília-DF) (data definida pela Resolução CNAS nº 52/2007)	Resolução CNAS nº 42/2008
VII Conferência Nacional de Assistência Social	Portaria Conjunta MDS/ CNAS nº 1/2008 (convocação ordinária)	Participação e controle social no SUAS	30 de novembro a 3 de dezembro de 2009 (Brasília-DF)	Resolução CNAS nº 105/2009
VIII Conferência Nacional de Assistência Social	Portaria Conjunta MDS/ CNAS nº 1/2010 (convocação extraordinária)	Avançando na consolidação do Sistema Único de Assistência Social – SUAS com a valorização dos trabalhadores e a qualificação da gestão, dos serviços, programas, projetos e benefícios	7 a 10 de dezembro de 2011 (Brasília-DF)	Resolução CNAS nº 1/2012
IX Conferência Nacional de Assistência Social	Portaria Conjunta MDS/ CNAS nº 3/2012 (convocação ordinária)	A Gestão e o Financiamento na efetivação do SUAS	16 a 19 de dezembro de 2013 (Brasília-DF)	Resolução CNAS nº 1/2014
X Conferência Nacional de Assistência Social	Portaria Conjunta MDS/ CNAS nº 1/2015 (convocação extraordinária)	Consolidar o SUAS de vez rumo a 2026	7 a 10 de dezembro de 2015 (Brasília-DF)	Resolução CNAS nº 1/2016

(continua)

Conferência	Convocatória	Tema	Período de realização	Deliberações
XI Conferência Nacional de Assistência Social	Portaria Conjunta MDSA/CNAS nº 2/2016 (convocação ordinária)	Garantia de direitos no fortalecimento do SUAS	5 a 8 de dezembro de 2017 (Brasília-DF)	Resolução CNAS nº 21/2017
12ª Conferência Nacional Extraordinária de Assistência Social	Resolução CNAS nº 12/2019 (convocação extraordinária) (Revogada pela Resolução CNAS nº 15/2019)	Avaliação do SUAS à luz do II Plano Decenal (2016/2026)	Previsão: 3 a 5 de dezembro de 2019 (Brasília-DF) (a conferência não foi realizada em razão da revogação da convocação)	Não houve deliberações, uma vez que a convocação da conferência foi cancelada
Conferência Nacional Democrática de Assistência Social (CNDAS)	Convocada em maio de 2019 pela Frente em Defesa do SUAS e da Seguridade Social, por membros da sociedade civil do CNAS e por outras organizações, movimentos, fóruns, mandatos	Assistência social: direito do povo com financiamento público e participação social	25 e 26 de novembro de 2019 (Brasília-DF)	O resultado das discussões da CNDAS foi publicado em Carta aberta dos participantes, disponível no site da conferência[388]
12ª Conferência Nacional de Assistência Social	Portaria Conjunta MC/CNAS nº 8/2021 (convocação ordinária)	Assistência Social: Direito do povo e Dever do Estado, com financiamento público, para enfrentar as desigualdades e garantir proteção social	15 a 18 de dezembro de 2021 (Portaria Conjunta MC/CNAS nº 16/2021)	Resolução CNAS/MC nº 59/2022

---

[388] A carta dos participantes da Conferência Nacional Democrática de Assistência Social está disponível em: https://conferenciadeassistenciasocialhome.files.wordpress.com/2019/11/agenda-de-lutas-2.pdf. Acesso em: 6 abr. 2021.

(conclusão)

Conferência	Convocatória	Tema	Período de realização	Deliberações
13ª Conferência Nacional de Assistência Social	Resolução CNAS/MC nº 90/2022 (convocação extraordinária) Portaria Conjunta MDS/CNAS nº 23/2023 (convocação extraordinária)	Reconstrução do SUAS: O SUAS que temos e o SUAS que queremos	Previsão: 5 a 8 de dezembro de 2023 (Brasília-DF)	Não publicadas até a conclusão deste estudo

* Conforme esclarecimento do Ministério da Cidadania à consulta feita via plataforma Fala.BR (Lei de Acesso à Informação).

Fonte: Elaboração própria.

Em 2019, a 12ª Conferência Nacional foi convocada de maneira extraordinária pelo CNAS, por votação da maioria dos membros do colegiado, a despeito da posição contrária dos representantes do governo federal.[389] Mas a convocação foi revogada poucos dias depois, após consulta do CNAS à Consultoria Jurídica do MC, que, em parecer, entendeu pela necessidade de quórum qualificado para fins de votação de convocação do processo conferencial extraordinário.[390]

Mesmo com a revogação da convocação, houve mobilização para a realização da Conferência em 2019. Como o processo conferencial de estados e municípios não se submete à decisão do órgão gestor federal,[391] a Frente Nacional em Defesa do SUAS e da Seguridade

---

[389] De acordo com a nota de esclarecimento da Frente Nacional em Defesa do SUAS e da Seguridade Social, de 8 de maio de 2019, os representantes do governo federal junto ao CNAS manifestaram a posição contrária do então Ministro da Cidadania, Osmar Terra, à convocação da Conferência Nacional. Apesar disso, os representantes da sociedade civil, do CONGEMAS e do FONSEAS constituíram maioria e aprovaram a convocação da Conferência, com o voto contrário dos representantes do governo, que cumpriram a decisão do Ministro. Disponível em: https://conferenciadeassistenciasocialhome.files.wordpress.com/2019/05/nota_frentenacional_conferecc82ncias.pdf. Acesso em: 6 abr. 2021.

[390] A presidência do CNAS encaminhou consulta à CONJUR-MC quanto ao quórum a ser aplicado na votação de convocação de processo conferencial extraordinário, indicando a contrariedade dos representantes do governo federal quanto ao resultado da votação do colegiado. O Parecer nº 201/2019 apontou a necessidade de votação por 2/3 dos membros do CNAS para aprovação de "matéria referente à Política Nacional de Assistência Social". O referido parecer foi posteriormente mencionado na Resolução CNAS nº 15/2019 como justificativa para o cancelamento da convocação do processo conferencial.

[391] A NOB-SUAS/2012 prevê a convocação de conferências estaduais, municipais e distritais de assistência social pelos respectivos conselhos, de maneira ordinária, a cada quatro anos,

Social, em conjunto com organizações da sociedade civil, movimentos, fóruns e mandatos, convocou a Conferência Nacional Democrática de Assistência Social (CNDAS),[392] com o tema "Assistência Social: Direito do Povo com Financiamento Público e Participação Social". A CNDAS foi realizada de maneira descentralizada em diversos entes federados e em Brasília-DF, nos dias 25 e 26 de novembro de 2019.

A convocação da Conferência Nacional Democrática de Assistência Social é demonstrativa da institucionalidade da realização periódica das conferências, uma vez que expressa a mobilização dos agentes públicos e privados, em diversos entes da Federação, para a manutenção da realização do evento, a despeito da convocação oficial. Sendo assim, desde 1995, quando foi realizada a primeira Conferência Nacional, só o intervalo entre a II e a III Conferência foi de quatro anos (1997-2001). Entre a I e a II Conferência (1995-1997) e da III Conferência em diante (2001-2023), as Conferências Nacionais têm ocorrido a cada dois anos, por sucessivas convocações ora ordinárias, ora extraordinárias.

É preciso ressaltar que, ao final dos processos conferenciais, são aprovadas *deliberações*, que expressam as diretrizes para o aperfeiçoamento do SUAS, acordadas entre os participantes. Essas deliberações, conforme previsão da LOAS, devem nortear o gestor no planejamento orçamentário e na execução das ações da política, bem como devem orientar o acompanhamento da política por parte do controle social, exercido pelos conselhos. Nesse sentido as deliberações, resultantes dos processos conferenciais, formalizam metas e objetivos para o SUAS, delimitando o *dever ser* a ser perseguido pela ação governamental. As deliberações expressam decisões políticas dos atores participantes das conferências e revestem essas decisões de formalidade, conferindo caráter prescritivo ao que foi acordado. Assim, as deliberações de conferências materializam o papel de Direito como *objetivo* da política pública (COUTINHO, 2013b, p. 199-200), conforme apontado no primeiro capítulo.

Dentre as deliberações das Conferências Nacionais realizadas desde 1995, destacam-se as seguintes: na II Conferência Nacional (1997), a deliberação pela eliminação da relação convenial entre as três esferas de governo, com a consequente regulamentação da modalidade de

---

facultando-se a convocação de conferências extraordinárias a cada dois anos, conforme deliberação da maioria dos membros dos respectivos conselhos.

[392] A convocação para a Conferência Nacional Democrática de Assistência Social está disponível em: https://conferenciadeassistenciasocial.home.blog/convocacao/. Acesso em: 6 abr. 2021.

transferência regular e automática de recursos aos fundos de assistência social. Essa deliberação foi reiterada na conferência seguinte e o repasse de recursos fundo a fundo tornou-se um dos pilares da organização do SUAS.[393]

Na III Conferência Nacional (2001), ressalta-se a deliberação no sentido da destinação de um percentual fixo de 5% do orçamento da seguridade social para a área da assistência social, nos moldes da destinação orçamentária para as políticas de saúde e educação. O pleito se manteve como bandeira dos ativistas do campo da assistência social até pelo menos a VI Conferência, realizada em 2007, mas acabou sendo abandonado, na medida em que o contexto político de disputa orçamentária entre as políticas setoriais, nos anos que se seguiram à promulgação da Constituição, mostrou-se progressivamente avesso à destinação obrigatória de percentual do fundo público para ações setoriais.[394]

As deliberações da IV Conferência Nacional (2003) merecem especial destaque, uma vez que foi nessa ocasião que se convencionou a implementação do Sistema Único de Assistência Social. A Conferência deliberou pela elaboração de um novo Plano Nacional de Assistência Social, o que foi efetivamente realizado pelo MDS em 2004. As deliberações da IV Conferência foram incorporadas ao texto da PNAS/2004, que previu estratégias para a implantação do SUAS como sistema descentralizado e participativo de gestão das ações da política de assistência social.

Da V Conferência Nacional (2005), ressalta-se a deliberação pela construção de um plano decenal para a política de assistência social.[395] As estratégias de efetivação desse plano foram discutidas na VI Conferência Nacional (2007). A partir das deliberações da X Conferência Nacional (2015), foi aprovado o II Plano Decenal da Assistência Social para o período de 2016 a 2026.[396]

---

[393] Ver seção 4.4 neste capítulo.
[394] Em 2017, em reação ao Novo Regime Fiscal instituído pela EC nº 95/2016, a XI Conferência Nacional deliberou pela aprovação da PEC nº 383/2017, que determina à União a aplicação anual de, no mínimo, 1% da receita corrente líquida do respectivo exercício financeiro no financiamento do SUAS.
[395] As metas do Plano Decenal SUAS Plano 10 foram aprovadas pela Resolução CNAS nº 210/2007.
[396] O II Plano Decenal da Assistência Social foi aprovado pela Resolução CNAS nº 7/2016. Os planos decenais foram identificados como estratégias de implantação do SUAS e tratados na subseção 3.2.10 do terceiro capítulo.

Uma análise mais aprofundada sobre as deliberações das conferências e seus efeitos nos processos de tomada de decisão sobre a política merece um estudo mais detalhado, que ultrapassa o escopo da presente pesquisa. Da mesma forma, merece ser empreendida uma análise mais detalhada sobre as potencialidades e limites da participação social, tanto nos conselhos quanto nas conferências – a fim de que se possa verificar a efetividade da diretriz constitucional de participação da população, por meio de organizações representativas, na formulação das políticas e no controle das ações em todos os níveis.

Não obstante, a despeito de extrapolar o objeto da presente pesquisa, é importante sinalizar que existem limites para a participação, especialmente nos conselhos. Como instância de composição paritária entre representantes do governo e representantes da sociedade civil, esses limites dizem respeito justamente à participação da sociedade civil, composta por representantes de movimentos sociais, usuários, trabalhadores e organizações de assistência social.

Quanto aos movimentos sociais, destaca-se que o envolvimento em dinâmicas participativas institucionalizadas demanda conhecimentos especializados (que os movimentos em geral não possuem) e que o processo de aprendizado dessas técnicas de participação demanda tempo e energia das lideranças (até que isso se integre a seu repertório de atuação). A participação institucionalizada gera uma tendência de profissionalização dos movimentos e tende, com o tempo, a ser privilegiada com relação a outras formas de atuação. Além disso, a participação institucionalizada incentiva uma postura de maior conciliação, o que implica disposição menos conflitiva, diminuindo o uso do protesto como forma de negociação – e tudo isso tem impactos negativos sobre a capacidade de mobilização, gerando dificuldades de manutenção de vínculos com a base (TATAGIBA, 2011, p. 175-177). Além disso, há uma diferença geracional no entendimento da democracia e do processo representativo, evidente na postura de recusa da nova geração às instituições, que não identificam as instituições participativas como algo pelo qual lutar (TATAGIBA, 2021, p. 28).

No que se refere aos usuários, a despeito do esforço de organização (com a criação de coletivos estruturados, como no FNSUAS),[397] é preciso destacar que são pessoas em situação de vulnerabilidade e risco social, indivíduos com fragilidade de vínculos de afetividade, pertencimento

---

[397] Cf. item 2 na subseção 3.2.6 do terceiro capítulo.

e sociabilidade, que vivenciam situações de desproteção social e que muitas vezes são designados como invisíveis, por habitarem comunidades, por estarem em situação de rua, por terem inserção precária no mercado de trabalho ou por vivenciarem situações de violência, abuso e maus tratos. Muitos não possuem documentação civil, o que embaraça não só o acesso a benefícios socioassistenciais (COSTA; LEÃO, 2020, p. 30-44), mas dificulta, também, o exercício da cidadania participativa.

Quanto às organizações da sociedade civil, destaca-se que essas entidades são diversas e que nem todas têm incidência relevante sobre os processos decisórios do setor. As entidades possuem diferentes perfis (de acordo com o porte da entidade, com os territórios em que atuam e o tipo de serviços que ofertam) e esses perfis têm possibilidades distintas de acesso aos canais de pactuação da política. Nesse sentido, o protagonismo tende a ser restrito às OSCs com muitos funcionários, que reúnem condições administrativas e financeiras de manter representantes nessas arenas. Organizações menores, que não possuem essas condições, acabam dependentes da interação com organizações maiores para vocalizar suas demandas e acessar informações sobre o processo decisório (BICHIR; PEREIRA; GOMES, 2021, p. 67-68).

De qualquer forma, apesar dos limites mencionados, é possível afirmar que a construção colaborativa das resoluções, no interior dos conselhos de assistência social, e das deliberações, no âmbito das conferências, em processos que envolvem a participação de representantes do poder público e do setor privado, de gestores, trabalhadores e usuários, propicia espaços de discussão e pactuação sobre aspectos substantivos da política pública e sobre as prioridades da ação governamental, que imprime grande legitimidade democrática às decisões. Essa legitimidade é, posteriormente, espraiada para a execução das ações socioassistenciais (no caso das resoluções) e para outros espaços decisórios do SUAS (no caso das deliberações, na medida em que os planos de assistência social e as peças orçamentárias devem ser elaborados a partir dos resultados desses encontros).

4.4 Financiamento: os fundos de assistência social e a dinâmica de transferência de recursos federais

O quarto elemento de institucionalidade da política pública de assistência social são os fundos de assistência social e a dinâmica de transferência de recursos para o financiamento do SUAS.

Os fundos de assistência social são fundos especiais de natureza contábil[398] que reúnem recursos para o cofinanciamento dos serviços, programas, projetos e benefícios da política pública de assistência social. A LOAS criou o Fundo Nacional de Assistência Social (FNAS), gerido pelo órgão gestor da política no âmbito federal, sob a orientação e controle do Conselho Nacional de Assistência Social, e determinou que estados, distrito federal e municípios instituíssem fundos de assistência social em suas respectivas esferas de atuação, a serem orientados e controlados pelos respectivos conselhos.

A LOAS determinou, ainda, que o efetivo funcionamento dos fundos subnacionais seria condição para o repasse de recursos federais a estados, distrito federal e municípios – estabelecendo um incentivo financeiro para os entes Federados constituírem fundos de assistência social em suas respectivas esferas de atuação.

O primeiro regulamento do FNAS[399] previu que a transferência de recursos do fundo para órgãos federais, estados, distrito federal e municípios seria processada mediante *convênio*. As regras de formalização dos convênios foram definidas pela NOB/1997,[400] que previu que o financiamento dos serviços se daria mediante o pagamento de um valor *per capita* mensal, específico para cada serviço e para cada tipo de público.[401] As instituições executoras (públicas ou privadas) recebiam, dessa forma, repasses proporcionais ao número de usuários atendidos nos serviços. Os convênios permitiam o controle da Administração Pública sobre o repasse às entidades (por meio de relatórios de execução financeira), mas ainda não havia parâmetros claros para a execução dos serviços.

Essa sistemática prevista na NOB/1997 implicou uma baixa taxa de adesão municipal ao processo de descentralização,[402] pois, ao assumirem em seus territórios a gestão integral das ações de assistência

---

[398] Conforme previsão da Lei nº 4.320/1964 e do Decreto nº 93.872/1986 (BASSI, 2019, p. 19).
[399] Decreto nº 1.605/1995.
[400] Em observância às Instruções Normativas da Secretaria do Tesouro Nacional para a execução de serviços socioassistenciais (IN/STN nº 3/1993) ou projetos (IN/STN nº 1/1997).
[401] A NOB/1997 previu que o valor *per capita* mensal seria fixado por portaria ministerial. Mas logo foi editada a NOB/1998, que previu expressamente os valores *per capita* referentes aos serviços socioassistenciais de atenção à infância (com valores diferenciados para creches e atendimento integral), pessoas com deficiência (com valores diferenciados para tratamento precoce, habilitação e reabilitação e atendimento integral) e pessoas idosas (para atendimento asilar ou domiciliar, com valores diferenciados para idosos dependentes e independentes).
[402] Até setembro de 1997, apenas 33% dos municípios tinham aderido ao processo de descentralização (ARRETCHE, 1999, p. 120-121).

social, as administrações municipais assumiam um risco financeiro, de responder pelo pagamento dos convênios com as instituições não governamentais prestadoras de serviços sem a certeza quanto ao efetivo cumprimento das transferências financeiras por parte da União.

Para solucionar essa questão, previu-se que os recursos do FNAS pudessem ser repassados *automaticamente* para os fundos estaduais, municipais e distrital, independentemente da celebração de convênios.[403] Como requisito para o recebimento das transferências federais automáticas,[404] o ente subnacional deveria comprovar a alocação de recursos próprios destinados à assistência social em seu respectivo fundo de assistência social. Com isso, foi criado mais um incentivo para induzir os governos subnacionais a assumirem o financiamento parcial da política, uma vez que a mera enunciação, em lei, da responsabilidade compartilhada entre União, estados, distrito federal e municípios para o financiamento das ações socioassistenciais não foi suficiente para garantir a adesão dos governos subnacionais (GOMES, 2009, p. 665).

A transferência automática de recursos do FNAS para os fundos subnacionais foi incorporada à PNAS/1998 e, para operacionalizar essa modalidade de repasse, denominada *fundo a fundo*, a NOB/1998 determinou o critério da *série histórica* de despesas para a definição dos valores a serem transferidos para o financiamento dos serviços.[405] Esse critério privilegiava a rede de serviços já consolidada (pela Rede SAC), mantendo altos patamares de desigualdade e constrangendo a busca de universalização (MESQUITA; PAIVA; JACCOUD, 2020, p. 185-186), ao invés de atender às necessidades de estruturação dos serviços de acordo com as demandas identificadas por meio de diagnóstico e planejamento municipal (JACCOUD; HADJAB; CHAIBUB, 2009, p. 190).

Com a aprovação da PNAS/2004, o repasse regular e automático fundo a fundo consolidou-se e foram estabelecidos os *pisos de proteção social* (em substituição ao pagamento de valores *per capita*), que vincularam o valor dos repasses aos níveis de complexidade das ações socioassistenciais. Com isso, o financiamento da política incorporou duas inovações, decorrentes de aprendizados institucionais do próprio campo e de outros sistemas já consolidados, como o SUS: a regularidade

---

[403] Lei nº 9.604/1998, que dispõe sobre a prestação de contas da aplicação de recursos do FNAS.
[404] Estabelecido pela Lei nº 9.720/1998, que alterou a LOAS para incluir essa previsão.
[405] A NOB/1998 usou como referência para a série histórica os valores alocados pelo FNAS para o financiamento de serviços assistenciais no ano de 1998.

e a finalidade dos repasses federais (MESQUITA; PAIVA; JACCOUD, 2020, p. 186).

A regularidade dos repasses federais foi reforçada pela NOB-SUAS/2005, que determinou a liberação mensal de recursos financeiros pelo FNAS diretamente para os fundos estaduais (FEAS) e municipais (FMAS), visando garantir a continuidade do custeio dos serviços[406] e mobilizar os entes subnacionais a aderirem ao SUAS.

A NOB-SUAS/2005 estipulou que, além do porte populacional dos municípios, os critérios para a partilha de recursos deveriam considerar a proporção de população vulnerável e o cruzamento de indicadores socioterritoriais e de cobertura, de modo a equalizar, priorizar e projetar a universalização da cobertura das ações socioassistenciais.[407]

A NOB-SUAS/2005 também estabeleceu que os critérios de partilha dos recursos do FNAS deveriam ser constantemente revisados e pactuados nas comissões intergestores (CIT ou CIBs) e deliberados pelos respectivos conselhos (para a definição dos municípios prioritários para inserção ou expansão do financiamento), viabilizando uma gestão financeira mais transparente e racionalizada. Previu, ainda, que a prestação de contas dos recursos repassados seria feita mediante apresentação de relatório de gestão pelo órgão gestor ao respectivo conselho, para análise e manifestação quanto à regularidade da aplicação dos recursos. Com isso, buscou fortalecer o controle social na gestão financeira dos fundos, garantindo a atuação desses colegiados no controle do planejamento e da execução orçamentária.

Os pisos de proteção social, instituídos pela NOB-SUAS/2005, dotaram o repasse federal de finalidade, vinculando os recursos a objetivos de implantação e custeio de serviços, em substituição à série histórica. Os pisos foram organizados por nível de complexidade dos serviços (básica e especial) e foram classificados em piso *fixo*, piso *de*

---

[406] A NOB-SUAS/2005 previu a regularidade dos repasses de forma automática, no caso dos serviços e benefícios, para os entes que aderissem ao SUAS. Mas manteve o mecanismo de convênio para apoio financeiro aos programas e projetos não continuados, com duração determinada. Pouco tempo depois, o Ministério editou a Portaria MDS nº 459/2005, que regulou o repasse de recursos do cofinanciamento federal fundo a fundo, ou seja, do FNAS aos fundos municipais, estaduais e distrital.

[407] Nesse sentido, determinou, por exemplo, que a repartição de recursos para o Programa de Erradicação do Trabalho Infantil (PETI) considerasse a taxa de cobertura do programa em relação à incidência do trabalho infantil, enquanto que a distribuição dos recursos para ações de enfrentamento do abuso e da exploração sexual de crianças e adolescentes considerasse a incidência destas situações, combinada com a presença de fatores agravantes (como municípios com região portuária, turística, de fronteiras, ribeirinha etc.).

transição e piso *variável*, sinalizando um compromisso não só em manter os serviços, mas em expandir e estruturar novas ofertas.

A NOB-SUAS/2005 previu que os pisos seriam custeados pela participação de todos os entes federados mediante cofinanciamento. Para as ações da proteção social especial (PSE), foram previstos:[408] i) o *piso fixo*, relativo aos serviços prestados pelos CREAS;[409] ii) o *piso de transição*, relativo aos valores dos demais serviços da PSEM;[410] iii) o *piso de alta complexidade I*, para serviços socioassistenciais prestados pelas unidades de acolhimento; e iv) o *piso de alta complexidade II*, para financiamento de ações com usuários em situações específicas de exposição à violência, com elevado grau de dependência (particularidades que exijam os serviços específicos altamente qualificados). Para a proteção social básica (PSB), foram previstos:[411] i) o *piso básico fixo*, destinado ao custeio do PAIF nos CRAS e das ações complementares ao PBF; ii) o *piso básico de transição*, destinado à continuidade das ações atualmente financiadas e iii) o *piso básico variável*, destinado a incentivar ações da PSB.

Com essas novas regras, o governo federal logrou ampliar o gasto na área da assistência social, passando a financiar as ações e priorizando transferências condicionadas, dotadas de critérios transparentes e impessoais. Os pisos buscaram reorientar as ofertas e atuaram como incentivos aos níveis subnacionais para manterem e implantarem serviços e programas em conformidade com parâmetros pactuados no âmbito federal. A previsibilidade dos repasses fundo a fundo e a finalidade do repasse federal modificaram o padrão do gasto federal e criaram incentivos claros à adesão dos governos subnacionais ao SUAS (MESQUITA; PAIVA; JACCOUD, 2020, p. 184).

As regras que previram regularidade e finalidade ao financiamento do SUAS indicam o papel do Direito como *ferramenta* de indução a certos comportamentos (COUTINHO, 2013b, p. 202), instrumentalizando a estratégia de persuasão, típica de um Estado *incitador* (MORAND, 1999, p. 162-167).

Com a atualização da LOAS pela Lei nº 12.435/2011, os dispositivos que tratavam dos fundos de assistência social foram modificados.

---

[408] Pela Portaria MDS nº 440/2005.
[409] Posteriormente, a Portaria nº 843/2010 incluiu no piso fixo da PSEM o financiamento dos serviços do Centro POP para adequar o financiamento à Tipificação.
[410] Exceto o Programa de Erradicação do Trabalho Infantil (PETI).
[411] Pela Portaria MDS nº 442/2005, alterada pelas Portarias MDS nº 460/2007, MDS nº 176/2008, MDS nº 288/2009 e MDS nº 116/2013.

Ampliou-se a possibilidade de destinação dos recursos alocados nos fundos para que pudessem atender não só à prestação dos serviços, programas, projetos e benefícios da política, mas também a sua operacionalização, aprimoramento e viabilização. Além disso, previu-se que os recursos do cofinanciamento, destinados à execução das ações continuadas de assistência social, poderiam ser aplicados no pagamento dos profissionais das equipes de referência.[412]

Posteriormente, a regulamentação do FNAS foi atualizada[413] para consolidar as possibilidades de destinação dos recursos do fundo[414] e para determinar que o cofinanciamento federal das ações socioassistenciais e da gestão do SUAS seria realizado por meio de *blocos de financiamento*.[415] A adoção dos blocos de financiamento foi impulsionada por discussões, no âmbito da CIT, sobre a autonomia das esferas subnacionais na gestão dos recursos do cofinanciamento das ações do SUAS (MESQUITA; PAIVA; JACCOUD, 2020, p. 189). Nesse sentido, foram instituídos os blocos, que agrupam recursos destinados ao custeio de serviços, programas e projetos e sua gestão, para permitir aos entes subnacionais o remanejamento de recursos entre ações socioassistenciais de um mesmo nível de proteção.[416]

---

[412] Essa previsão, incluída na lei, foi essencial para a ampliação do quadro de recursos humanos do SUAS nos estados, distrito federal e municípios, conforme discutido na seção 4.1 do quarto capítulo.

[413] Pelo Decreto nº 7.788/2012.

[414] Ficou expresso que os recursos do FNAS poderiam ser utilizados para: i) custeio de ações socioassistenciais; ii) ampliação e construção de equipamentos públicos; iii) atendimento às ações assistenciais de caráter de emergência; iv) aprimoramento da gestão de serviços, programas, projetos e benefícios de assistência social, por meio do IGDSUAS; v) apoio financeiro às ações de gestão e execução descentralizada do PBF por meio do IGD-PBF; vi) pagamento, operacionalização, gestão, monitoramento e avaliação do BPC e da RMV; vii) pagamento de profissionais que integram as equipes de referência; viii) capacitação de recursos humanos e ix) desenvolvimento de estudos e pesquisas essenciais à execução de serviços, programas e projetos.

[415] Os blocos de financiamento, previstos no Decreto nº 7.788/2012, foram posteriormente incluídos na NOB-SUAS/2012.

[416] Os blocos de financiamento foram regulamentados pela Portaria MDS nº 113/2015, que previu o agrupamento dos recursos em: i) bloco da PSB; ii) bloco da PSEM; iii) bloco da PSEA (compostos pelos serviços tipificados nessas três proteções); iv) bloco da gestão do SUAS (composto pelo IGDSUAS); e v) bloco da gestão do PBF e do Cadastro Único (composto pelo IGD-PBF). A portaria previu, ainda, que eventuais recursos para programas e projetos poderiam ser alocados nos blocos, de acordo com a disponibilidade financeira do FNAS.

4.4.1 O Índice de Gestão Descentralizada do Programa Bolsa Família (IGD-PBF)

Além dos incentivos financeiros mencionados, destacam-se os Índices de Gestão Descentralizada como importantes instrumentos de coordenação interfederativa. Os IGDs foram criados para servirem como base de cálculo para a transferência de recursos federais voltados para o aprimoramento da gestão da política pública.

O IGD foi instituído inicialmente no âmbito do Programa Bolsa Família diante da necessidade de atualizar as informações cadastrais da base de dados do CadÚnico.[417] O MDS criou um apoio financeiro do governo federal aos municípios para a realização dessa atividade[418] e a experiência exitosa do incentivo financeiro levou ao desenvolvimento de um indicador que fosse capaz de associar os valores de repasse federal a um determinado resultado de execução e monitoramento das condicionalidades do PBF (BRASIL, 2013a, p. 6).

O Índice de Gestão Descentralizada foi concebido[419] como um instrumento para aferir: i) a qualidade e a integridade das informações constantes no CadÚnico (apuradas por meio do percentual de cadastros válidos); ii) a atualização da base de dados do CadÚnico; e iii) as informações sobre o cumprimento das condicionalidades da área de educação e da área de saúde pelas famílias do PBF. Esse indicador, apurado mensalmente pelo governo federal, seria utilizado como base de cálculo do valor de recursos federais a ser transferido aos municípios, na modalidade fundo a fundo.

Com o sucesso do IGD, em operação desde 2006, o governo federal decidiu elevar o *status* normativo desse instrumento, fixando o apoio financeiro à gestão descentralizada do PBF em norma legal,[420] com o objetivo de perenizar essa ferramenta e, nesse sentido, reforçar sua institucionalização.

---

[417] Em meados de 2004, o PBF foi alvo de diversas denúncias envolvendo irregularidades por conta de fragilidades e inconsistências das informações cadastrais dos beneficiários registradas no Cadastro Único (BRASIL, 2008, p. 2).

[418] O apoio financeiro consistia no repasse de um valor fixo por cadastro válido e atualizado. O cadastro válido era aquele com, além de apresentar todos os campos obrigatórios preenchidos (para todos os membros da família), deveria apresentar o registro de CPF ou título de eleitor pelo menos para o responsável pela família (BRASIL, 2008, p. 4).

[419] O IGD foi criado pela Portaria MDS nº 148/2006.

[420] Por meio da Medida Provisória nº 462/2009, convertida na Lei nº 12.058/2009, que atualizou a Lei do PBF (Lei nº 10.836/2004) para incluir o IGD-PBF nas regras de execução e gestão descentralizadas do programa.

A alteração legislativa consolidou o IGD como um critério objetivo para a transferência de recursos federais a título de incentivo material à gestão do PBF nas esferas subnacionais. Além disso, possibilitou a ampliação da utilização do IGD-PBF para além da esfera municipal, abarcando também estados e distrito federal como entes beneficiários dos repasses federais. No caso dos estados e do distrito federal, previu-se um indicador de desempenho a ser obtido a partir do processo de monitoramento e avaliação dos pactos de aprimoramento da gestão,[421] celebrados entre esses entes e o governo federal. O Índice de Gestão Descentralizada dos Estados (IGD-E)[422] era destinado exclusivamente aos estados que tivessem aderido formalmente ao PBF e ao SUAS – o que demonstra a imbricação progressiva entre o programa e a política de assistência social, já mencionada nas seções anteriores.

Uma atualização do regulamento do PBF[423] previu que pelo menos 3% dos recursos do IGD-PBF deveriam ser destinados para atividades de apoio técnico e operacional das instâncias de controle social (ICS) do PBF nos entes federados e que a utilização dos recursos do IGD deveria estar vinculada à gestão articulada e integrada com os benefícios e serviços socioassistenciais previstos na LOAS. Com isso, o regulamento fortaleceu a integração entre as ações socioassistenciais e o papel dos conselhos de assistência social no controle social da política,[424] reforçando a institucionalidade jurídica do SUAS.

Em 2017, uma Portaria do MDS[425] alterou a forma de cálculo dos valores a serem repassados pelo IGD-PBF, com base no saldo em conta

---

[421] Os pactos de aprimoramento da gestão de estados e do distrito federal foram previstos na NOB-SUAS/2005 como requisito para o recebimento de repasse de recursos federais a título de incentivo para a adesão de estados e do distrito federal ao SUAS. Esses instrumentos serão discutidos de maneira mais aprofundada na seção 4.5 deste capítulo.

[422] Previsto inicialmente na Portaria MDS nº 76/2008, o IGD-E foi posteriormente regulamentado pela Portaria MDS nº 256/2010 como base de cálculo para o apoio financeiro às ações de gestão estadual do PBF. O cálculo do IGD-E seria realizado mensalmente e só os estados que apresentassem um indicador com valor igual ou superior a 0,6 fariam jus ao repasse. Com a edição do Decreto nº 7.332/2010, que alterou o regulamento da lei do PBF (Decreto nº 5.209/2004), foi formalizada a distinção (já prevista em portarias do MDS) do IGD-PBF em Índice de Gestão Descentralizada dos Municípios (IGD-M), a ser aplicado aos municípios e ao distrito federal, e Índice de Gestão Descentralizada Estadual (IGD-E), a ser aplicado aos estados.

[423] Decreto nº 7.332/2010.

[424] Uma vez que o pacto de aprimoramento da gestão dos municípios previu que a ICS do PBF coincida com os conselhos municipais de assistência social, conforme mencionado na subseção 4.2.4 deste capítulo.

[425] Portaria MDS nº 517/2017.

de cada um dos entes subnacionais – o que reduziu o repasse federal aos entes com baixa capacidade de execução dos recursos.

Em resumo, o IGD consolidou-se como instrumento para aferir a qualidade da gestão do Programa Bolsa Família, incentivar a obtenção de resultados qualitativos por parte das gestões estaduais, municipais e distrital e calcular o montante de recursos federais a serem repassados aos entes federados a título de apoio financeiro. O IGD é considerado um mecanismo de coordenação da política pública que permite ao governo federal induzir as ações dos órgãos gestores nos âmbitos subnacionais no sentido de uma implementação local coerente com as diretrizes nacionais, produzindo resultados cada vez mais convergentes em todos os âmbitos da Federação (BICHIR, 2011, p. 43). E essa indução das ações executadas nos níveis subnacionais, por meio do IGD, como já visto, se dá por meio de repasses de recursos federais a partir da mensuração do esforço de cada ente no aprimoramento da gestão em sua esfera de atuação.

Como meio de indução ou recompensa para certos comportamentos, o IGD assume o papel de Direito como *ferramenta*, na medida em que instrumentaliza determinada estratégia de ação (COUTINHO, 2013b, p. 202-203), conforme descrito no primeiro capítulo. O IGD também se reveste do atributo de *adaptabilidade* do Direito das políticas públicas na medida em que serve a mais de uma finalidade: mensura os resultados da gestão subnacional, determina o montante de recursos federais a serem repassados e incentiva a obtenção de resultados qualitativos por estados, distrito federal e municípios.

4.4.2 O Índice de Gestão Descentralizada do Sistema Único de Assistência Social (IGDSUAS)

Inspirado na experiência inovadora do IGD-PBF, foi instituído o Índice de Gestão Descentralizada do Sistema Único de Assistência Social, destinado a incentivar a obtenção de resultados qualitativos na implementação, execução e monitoramento dos serviços, programas, projetos e benefícios de assistência social.

O IGDSUAS foi criado pela Lei nº 12.435/2011, que alterou a LOAS para instituir o IGD no âmbito do SUAS e determinar que um percentual dos recursos federais transferidos a estados, municípios e distrito federal a título de apoio à gestão descentralizada do SUAS fosse obrigatoriamente gasto com atividades de apoio técnico e operacional dos conselhos de assistência social, para fins de fortalecimento desses colegiados – emulando o desenho de funcionamento do IGD-PBF.

A regulamentação do IGDSUAS[426] determinou como parâmetros para aferição do índice: i) o grau de cobertura dos serviços socioassistenciais; ii) a qualidade desses serviços, iii) a qualidade da infraestrutura física das unidades públicas do SUAS e iv) a articulação e integração com o PBF. E previu que o IGDSUAS seria implementado em duas modalidades: o Índice de Gestão Descentralizada dos Municípios (IGDSUAS-M), aplicado aos municípios e ao distrito federal, e o Índice de Gestão Descentralizada dos Estados (IGDSUAS-E), aplicado aos estados.

Previu-se que os recursos federais repassados por meio do IGDSUAS deveriam ser destinados a:[427] i) gestão e organização da rede de serviços assistenciais; ii) gestão integrada dos serviços e benefícios; iii) gestão articulada com o PBF e com os programas BPC na Escola[428] e BPC Trabalho;[429] iv) gestão do trabalho e educação permanente; v) gestão da informação, implementação da vigilância socioassistencial e monitoramento do SUAS; vi) apoio técnico e operacional aos conselhos e vii) gestão financeira dos fundos.

Para o cálculo do IGDSUAS-M e do IGDSUAS-E, determinou-se a utilização do Índice de Desenvolvimento do Centro de Referência de Assistência Social.[430] O IDCRAS é obtido a partir dos dados coletados anualmente pelo Censo SUAS[431] e pelo Registro Mensal de Atendimentos (RMA), relativos a: i) estrutura física; ii) serviços e benefícios; e iii) recursos humanos do CRAS. Essas três dimensões são qualificadas segundo

---

[426] Pelo Decreto nº 7.636/2011.
[427] Conforme Portaria MDS nº 7/2012.
[428] O Programa BPC na Escola, instituído pela Portaria Normativa Interministerial MEC/MDS/MS/SDH-PR nº 18/2007, tem como objetivo desenvolver ações intersetoriais, visando a garantir o acesso e a permanência na escola de crianças e adolescentes com deficiência, beneficiários do BPC.
[429] O Programa BPC Trabalho, instituído pela Portaria Interministerial MDS/MEC/MTE/MDH nº 2/2012, é destinado à articulação de ações intersetoriais para promover a qualificação profissional e o acesso ao trabalho às pessoas com deficiência beneficiárias do BPC.
[430] O IGD é obtido pela média aritmética ponderada de dois componentes de operação do SUAS: i) a execução financeira dos recursos federais repassados ao fundo de assistência social e ii) o IDCRAS médio dos municípios e do distrito federal, calculado a partir da média aritmética simples do IDCRAS de cada unidade de CRAS existente nesses entes. O IDCRAS médio dos estados é calculado a partir da divisão da soma dos IDCRAS obtidos por todas as unidades localizadas no estado pela quantidade de municípios existentes nesse estado.
[431] Ver subseção 4.6.2 deste capítulo.

seu nível de desenvolvimento.[432] Além de ser utilizado na composição do IGDSUAS, o IDCRAS é também muito útil para a análise da construção de capacidades estatais da política pública, configurando-se como importante indicador da capacidade técnico-administrativa desses equipamentos públicos.[433]

O IGDSUAS, assim como o IGD-PBF, permitiu racionalizar o repasse de recursos federais, vinculando-o aos resultados alcançados pelos entes federados na gestão das ações socioassistenciais. Os índices (IGDSUAS e IGD-PBF) diferem quanto à forma de cálculo, quanto às variáveis que os compõem e quanto às finalidades do uso dos recursos. Mas, nos dois casos, utiliza-se um indicador sintético, objetivo e transparente para a mensuração do resultado das ações dos entes federados e, a partir do indicador obtido, a União calcula os valores a serem repassados a título de incentivo financeiro aos estados, distrito federal e municípios que obtiverem bons resultados.

Além disso, ambos os índices: i) exigem desempenho mínimo para o recebimento de recursos; ii) têm como requisito para o recebimento dos recursos a adesão ao SUAS pelos entes a serem beneficiados; iii) exigem um percentual de destinação mínima dos recursos para o fortalecimento do controle social; iv) exigem acompanhamento do conselho de assistência social quanto ao planejamento do uso dos recursos pelo órgão gestor da política na sua esfera de atuação, bem como o controle e fiscalização da execução dos recursos repassados por esses colegiados.

Por todo o exposto nas últimas subseções, fica claro que as normas associadas a incentivos financeiros da União aos demais entes federados tiveram papel central no esforço de coordenação empreendido pelo governo federal e na capacidade de mobilização dos níveis subnacionais de governo (MESQUITA; PAIVA; JACCOUD, 2020, p. 184). Os incentivos financeiros federais foram sendo desenvolvidos e aperfeiçoados, ao longo dos anos, por normas exaradas pelo governo federal, pactuadas nas instâncias de articulação interfederativa (CIT e CIBs) e de participação social (CNAS), o que garantiu interlocução entre os agentes interessados, a acomodação de interesses e maior legitimidade democrática às normas – imbuídas dos atributos de reflexividade

---

[432] O grau de desenvolvimento é escalonado em cinco níveis, sendo o nível 5 a situação que mais se aproxima dos padrões de qualidade desejável e o nível 1 a situação mais distante do padrão almejado. O indicador final é calculado a partir da média aritmética simples dos níveis atingidos nas dimensões (BRASIL, 2015b, p. 4-8).

[433] O IDCRAS será abordado novamente na subseção 4.6.2 deste capítulo.

apresentados e discutidos no primeiro capítulo. Além disso, os incentivos financeiros permitiram que o governo federal induzisse comportamentos nos demais entes federados, revelando capacidade de coordenação do órgão gestor federal no processo de implementação e consolidação do SUAS.

A literatura que trata de coordenação interfederativa para a implementação de políticas sociais demonstra que as transferências de recursos federais, de maneira regular e previsível, são importantes para a descentralização da gestão, uma vez que não basta a regulamentação da distribuição de competências de uma política pública entre os diferentes entes federados, sem os necessários recursos financeiros para a execução das ações. Ainda mais no caso da Federação brasileira, que dispõe de capacidades institucionais muito desiguais no plano subnacional (BICHIR, 2011, p. 115).

Nesse sentido, os mecanismos de transferência de recursos federais aos entes subnacionais, mencionados nesta seção, se configuraram como importantes *instrumentos de coordenação* da política, utilizados como fator de indução à descentralização das ações e à melhoria de aspectos prioritários para a gestão das ações socioassistenciais do SUAS nas esferas estadual, municipal e distrital. O repasse de recursos federais viabiliza e recompensa os esforços realizados por cada município, distrito federal e estado no alcance de resultados cada vez melhores (BRASIL, 2013a, p. 7), no sentido da garantia de ofertas homogêneas, com capilaridade em todo o território nacional.

4.5 Articulação interfederativa: as comissões intergestores e os pactos de aprimoramento da gestão

O quinto elemento de institucionalidade jurídica do SUAS são as instâncias e os mecanismos de articulação interfederativa, ou seja, as comissões intergestores e os pactos de aprimoramento da gestão.

As comissões intergestores foram previstas, pela primeira vez, na NOB/1997, que buscou disciplinar o processo de descentralização político-administrativa da política pública de assistência social, previsto na CF/88 e regulado pela LOAS. A NOB/1997 previu a instalação de comissões tripartites[434] no âmbito da União, dos estados e do distrito federal, com caráter *consultivo* e competências idênticas, independentemente do âmbito de atuação (federal ou estadual).

Antes mesmo da efetiva instalação dessas comissões, foi aprovada a NOB/1998, que dotou as comissões intergestores de caráter *deliberativo*, com competência para a edição de resoluções a fim de regular os aspectos operacionais da política. A NOB/1998 alterou a composição dessas instâncias, mas manteve competências idênticas para as comissões de âmbito federal e estadual.[435] Determinou que a Comissão Intergestora Tripartite (CIT), de âmbito nacional, fosse composta por nove representantes, sendo três de cada esfera de governo, e que as Comissões Intergestores Bipartite (CIBs), de âmbito estadual, fossem compostas por três representantes da gestão estadual e seis representantes de gestões municipais.[436]

A CIT foi instituída em 1999[437] para dar início à discussão sobre os critérios de transferência de recursos federais para estados e municípios, em razão da adoção da modalidade de repasses fundo a fundo. As CIBs foram sendo criadas nos anos seguintes, com cada estado seguindo sua trajetória, sendo 23 delas criadas em 1999 e as demais instituídas entre 2002 e 2007 (JACCOUD; MENESES; STUCHI, 2020, p. 285).

Com a aprovação da PNAS/2004, o esforço de coordenação federal (até então voltado para impulsionar a descentralização) voltou-se para a definição de responsabilidades federativas na implantação do SUAS, para a padronização dos serviços, para a normatização das ofertas, para a destinação de recursos financeiros, para a definição de sistemas de monitoramento e de indicadores e para a ampliação da capacidade protetiva do Estado (PALOTTI; MACHADO, 2014, p. 421).

---

[434] Compostas por três representantes, um de cada esfera de governo.

[435] As competências da CIT e das CIBs consistiam em: i) habilitar e desabilitar estados (CIT) e municípios (CIBs), verificando as condições para a gestão em seus respectivos âmbitos de atuação; ii) acompanhar a gestão da política de assistência social no seu âmbito de atuação; iii) discutir critérios de transferência de recursos da assistência social para estados, distrito federal e municípios e iv) participar da definição de estratégias para a ampliação dos recursos da assistência social.

[436] A NOB/1998 previu, ainda, uma Comissão Intergestora Bipartite para o distrito federal (CIB/DF) que deveria ser composta por três representantes da União e seis representantes do distrito federal. Posteriormente, o CNAS retirou da NOB/1998 o subitem que tratava da CIB/DF, determinando que a CIT deveria definir, oportunamente, as formas de articulação e pactuação junto ao governo do distrito federal (Resolução CNAS nº 207/1999).

[437] Pela Portaria SEAS/MAPS nº 131/1999.

Para organizar o processo de implantação do SUAS, foi editada a NOB-SUAS/2005, que reforçou o caráter transacional das comissões intergestores, determinando que as decisões deveriam ser tomadas não por votação, mas sim a partir da concordância de todos os envolvidos quanto às estratégias de implementação do SUAS. A CIT passou a ter 15 representantes[438] e as CIBs nove.[439]

A NOB-SUAS/2005 previu que as CIBs deveriam, em suas pactuações, observar as orientações emanadas da CIT e do CNAS, bem como as deliberações dos conselhos estaduais de assistência social, de modo a integrar todas as instâncias de negociação e deliberação do SUAS. Além disso, determinou a obrigatoriedade de a CIT submeter suas pactuações para apreciação ou aprovação do CNAS e que todas as pactuações das CIBs deveriam ser encaminhadas à CIT, ao CNAS e aos respectivos conselhos estaduais (CEAS) e municipais (CMAS) para conhecimento.

CIT e CIBs passaram a ter competências convergentes para pactuar, em seu âmbito de atuação, os critérios de partilha, os procedimentos de transferência de recursos e os pactos de aprimoramento da gestão celebrados entre União, estados e distrito federal.[440]

Passado o momento inicial de habilitação dos entes federados junto ao SUAS[441] e após a atualização da LOAS pela Lei nº 12.435/2011, foi aprovada uma nova norma operacional básica, a NOB-SUAS/2012, cuja preocupação central estava em definir estratégias para aprimorar a gestão de estados, municípios e distrito federal, no sentido de ampliar a cobertura e a efetividade da proteção social e de estabelecer as bases para o fortalecimento da institucionalidade do SUAS.

---

[438] Sendo cinco membros da União (indicados pelo órgão gestor federal), cinco membros representando os estados e o distrito federal (indicados pelo FONSEAS) e cinco membros representando os municípios (indicados pelo CONGEMAS).

[439] Sendo três representantes dos estados (indicados pelo gestor estadual) e seis gestores indicados pelo COEGEMAS, observando-se a representação de diferentes níveis de gestão no SUAS, a representação regional e o porte dos municípios, de acordo com a PNAS/2004.

[440] A NOB-SUAS/2005 determinou que, no âmbito federal, caberia à CIT: i) pactuar estratégias de implementação e regulamentação do SUAS; ii) avaliar o cumprimento dos requisitos dos níveis de gestão estadual e distrital; iii) atuar como instância de recurso de municípios desabilitados pelas CIBs e iv) promover a articulação entre as três esferas de governo. No âmbito estadual, caberia às CIBs: i) pactuar questões operacionais relativas à implantação de serviços, programas, projetos e benefícios e ii) avaliar o cumprimento dos requisitos relativos às condições de gestão municipal para fins de habilitação e desabilitação.

[441] Disciplinado pela NOB-SUAS/2005.

A NOB-SUAS/2012 buscou reforçar a institucionalidade das comissões intergestores, determinando que os órgãos gestores federal e estaduais garantissem infraestrutura e recursos materiais, humanos e financeiros às respectivas comissões, para viabilizar o seu efetivo funcionamento, bem como o custeio das despesas para a participação dos seus membros.

A composição da CIT permaneceu a mesma,[442] mas previu-se que os membros da comissão contemplassem as cinco regiões do país e os diferentes portes dos municípios.[443] A composição das CIBs passou a ser paritária e foi majorada para 12 membros.[444] CIT e CIBs ganharam a tarefa de pactuar: i) indicadores, sistemas de informação e rotinas de monitoramento e avaliação dos serviços; ii) prioridades e metas nacionais e iii) planos de providências voltados ao aperfeiçoamento da gestão de estados e municípios.[445]

No que diz respeito à relação entre as comissões intergestores e os conselhos nacional e estaduais, as NOBs de 2005 e 2012 consolidaram, no plano normativo, a integração entre todas as instâncias de negociação e deliberação do SUAS: as comissões intergestores (CIT e CIBs) pactuam os critérios de partilha dos recursos; os conselhos (CNAS, CEAS ou CMAS) deliberam sobre a partilha em seu âmbito de competência, os órgãos gestores observam os critérios pactuados e os conselhos verificam se os critérios de partilha e de transferência dos

---

[442] De 15 membros, já prevista na NOB-SUAS/2005.

[443] Garantida a rotatividade entre: i) os estados da respectiva região do país; ii) os municípios da respectiva região do país e iii) os municípios segundo o porte, quando da substituição das representações dos entes federativos na CIT.

[444] Sendo seis representantes do estado (indicados pelo gestor estadual) e seis representantes dos municípios (indicados pelo COEGEMAS), reiterada a necessidade de se observar a representação regional e o porte dos municípios na escolha desses representantes – ou seja: dois representantes de municípios de pequeno porte 1, um de municípios de pequeno porte 2, um de municípios de médio porte, um de municípios de grande porte; e um da capital do Estado. Ficou determinado que os representantes contemplassem as diversas regiões do estado, observando-se a rotatividade quando da substituição das representações dos municípios.

[445] A NOB-SUAS/2012 determinou que cabe à CIT pactuar: i) estratégias para a implantação, a operacionalização e o aprimoramento do SUAS; ii) estratégias para a qualificação das ações socioassistenciais; iii) instrumentos, parâmetros e mecanismos de implementação e regulamentação do SUAS; iv) critérios de partilha e procedimentos de transferências de recursos federais para os estados, municípios e distrito federal e v) metas nacionais de aprimoramento do SUAS (os pactos de aprimoramento da gestão, que serão abordados a seguir). Às CIBs foram reconhecidas as atribuições de pactuar: i) o aperfeiçoamento do SUAS no âmbito regional; ii) a estruturação e a organização da oferta de serviços regionais; iii) os critérios, estratégias e procedimentos de repasse de recursos estaduais para os municípios e iv) plano estadual de capacitação.

recursos foram observados no controle do financiamento. Além da partilha de recursos, outros temas de interesse intergovernamental, como o cofinanciamento dos serviços socioassistenciais e as prioridades e metas dos pactos de aprimoramento da gestão, passaram a observar essa sistemática de pactuação prévia nas comissões e posterior deliberação dos conselhos, como foi o caso da própria NOB-SUAS/2012, pactuada na CIT antes da sua aprovação pelo CNAS.

As comissões intergestores se consolidaram, ao longo do processo de implementação do SUAS, como estruturas institucionais da política responsáveis pelas negociações entre as três esferas de governo. Essas instâncias produzem alinhamento entre os gestores quanto às estratégias de implementação e promovem a circulação de informações sobre a política entre todas as esferas subnacionais (JACCOUD; MENESES; STUCHI, 2020, p. 288).

Nesse sentido, CIT e CIBs garantem a articulação necessária à operacionalização da descentralização da política (prevista como diretriz constitucional), reforçam a divisão de responsabilidades entre os entes, atuam no sentido de evitar sobreposições e lacunas, bem como de minimizar rivalidades e disputas no desempenho de tarefas da política pública. Assim, as comissões intergestores integram o arranjo institucional do SUAS na dimensão *estruturante* da política pública (COUTINHO, 2013b, p. 200-204), conforme apresentado no primeiro capítulo.

Em 2019, um decreto presidencial extinguiu os colegiados da Administração Pública federal e a CIT foi considerada extinta por um parecer jurídico da CONJUR/MC.[446] Mas a movimentação dos gestores subnacionais pela manutenção da estrutura da CIT culminou em sua restauração pelo Decreto nº 10.009/2019, com a elevação do *status* normativo dessa instância.[447] Importante pontuar que ao menos duas reuniões ordinárias, com participação do próprio governo federal, ocorreram no

---

[446] O Decreto nº 9.759/2019 extinguiu os colegiados da Administração Pública federal instituídos por ato normativo inferior a decreto e por ato de outro colegiado. A CIT havia sido instituída pela NOB-SUAS/2012 (uma resolução do CNAS) e, portanto, foi considerada extinta pelo Parecer nº 390/2019 da Consultoria Jurídica do Ministério da Cidadania.

[447] A CIT do SUAS foi reinstituída pelo Decreto nº 10.009/2019 como instância de pactuação interfederativa com competência para: i) estabelecer estratégias operacionais relativas à implantação e ao aprimoramento das ações socioassistenciais do SUAS; ii) propor critérios de partilha e procedimentos de transferência de recursos, estabelecer prioridades e metas nacionais de aprimoramento do SUAS; iii) orientar sobre a estruturação e o funcionamento das CIBs dos estados e iv) propor debates e ações ao CNAS a respeito das competências do conselho.

período em que a CIT esteve formalmente extinta[448] (SALES, 2022, p. 215). A manutenção das reuniões, em conjunto com a restauração da CIT por decreto, demonstra a institucionalidade dessa arena entre os gestores subnacionais, que, reconhecendo a relevância desse espaço no processo de coordenação federativa do SUAS, se organizaram para manter seu funcionamento e para pleitear seu pronto restabelecimento pelo governo federal.

Sobre esse ponto, é importante ressaltar que as comissões intergestores da política de assistência social não foram legalmente institucionalizadas na LOAS por ocasião da aprovação do PL SUAS – ainda que isso tenha ocorrido, no mesmo ano, com as comissões intergestores da política da saúde, que foram expressamente incluídas na Lei Orgânica da Saúde como foros de negociação e pactuação entre os gestores do SUS.[449]

No que se refere ao processo decisório das comissões intergestores, é preciso destacar que as pactuações realizadas nessas instâncias exigem, desde a NOB-SUAS/2005, o consenso de todos os membros para a tomada de decisão. Assim, CIT e CIBs produzem resoluções que contam com a concordância de todos os entes federados representados. A consensualidade confere legitimidade à decisão e, consequentemente, às resoluções que materializam e publicizam essas pactuações. Nesse sentido, o Direito produzido nessas instâncias se reveste dos atributos transacionais descritos por Ewald (1988), por ser um Direito

---

[448] As 170ª e 171ª reuniões da Comissão Intergestores Tripartite, realizadas, respectivamente, em 17 de abril de 2019 e em 21 de maio de 2019 (SALES, 2022, p. 215).

[449] Em 2011, tanto a Lei Orgânica da Saúde (Lei nº 8.080/1990) quanto a Lei Orgânica da Assistência Social (Lei nº 8.742/1993) foram atualizadas, respectivamente, pelas Leis nºs 12.466/2011 e 12.435/2011. O intervalo de pouco mais de um mês de aprovação entre as duas leis, que atualizaram a LOS e a LOAS, parece indicar um compromisso das forças políticas no primeiro ano de gestão da presidenta Dilma em institucionalizar aspectos relevantes do arranjo institucional do SUS e do SUAS que, até então, estavam sendo regulados por normas infralegais. Observa-se que as comissões intergestores foram inseridas na atualização legislativa da LOS, mas o mesmo não ocorreu com essas mesmas instâncias de articulação federativa na LOAS. A CIT e as CIBs foram incluídas na LOS como foros legítimos de negociação e pactuação entre gestores do SUS. O Conselho Nacional de Secretários de Saúde (CONASS) e o Conselho Nacional de Secretarias Municipais de Saúde (CONASEMS) foram reconhecidos como entidades representativas dos entes estaduais e municipais no âmbito da política de saúde. A presente pesquisa não foi capaz de abarcar uma investigação detalhada sobre o processo legislativo do período, mas levanta a hipótese, para investigações futuras, de que os atores envolvidos na atualização da LOS (com destaque para os gestores estaduais e municipais, organizados no CONASS e no CONASEMS) tiveram maior capacidade de incidência política sobre os parlamentares para fazer incluir essas instâncias no texto da lei da saúde do que os atores da área da assistência social (FONSEAS e CONGEMAS) para promover a mesma mudança na LOAS.

frequentemente negociado, que reconhece os interesses em disputa e oferece os meios para que todos aqueles que venham a ser afetados pela decisão sejam consultados.

Dentre os documentos elaborados e pactuados por representantes dos três níveis de governo no âmbito da CIT, destacam-se os *pactos de aprimoramento da gestão*, que estabelecem princípios, prioridades e metas a serem alcançadas pelos entes federados, visando a contribuir para a consolidação do SUAS no país. Os pactos são considerados *mecanismos de coordenação interfederativa*, na medida em que versam sobre responsabilidades já estabelecidas e distribuídas entre os níveis de governo, objetivando impulsionar a atuação dos entes federados no cumprimento de suas atribuições e incentivar o aprimoramento do que já vem sendo realizado (LEANDRO, 2020, p. 257).

Os pactos de aprimoramento da gestão foram previstos, inicialmente,[450] como instrumentos para a adequação dos órgãos executivos dos estados e do distrito federal ao pleno exercício da gestão da assistência social no seu âmbito de competência. Nessa lógica, cada estado deveria elaborar sua própria proposta de pacto e celebrar um compromisso unilateral com o governo federal para o biênio 2007-2008[451] e, posteriormente, de dois em dois anos,[452] no primeiro e no terceiro ano de mandato do governo estadual. Em 2008, o MDS definiu as diretrizes e ações prioritárias para o biênio 2009-2010 e o CNAS aprovou a prorrogação do cumprimento dos pactos firmados em 2007, que estavam em vigência (LEANDRO, 2020, 262).

Previu-se que o eventual não cumprimento dos compromissos pactuados implicaria a suspensão do repasse dos recursos federais a título de incentivo à gestão estadual e distrital.[453] No entanto, como o montante de recursos transferidos aos estados era irrisório (comparado ao montante de recursos transferidos para os municípios), a estratégia para pressionar os estados no cumprimento das metas e prioridades não era tão relevante, não tendo sido colocada em prática (LEANDRO, 2020 p. 261).

---

[450] Pela Resolução CIT nº 5/2006.
[451] A Portaria MDS nº 350/2007 reviu as prioridades nacionais para o biênio 2007-2008 e incluiu a gestão do PBF e do Cadastro Único entre as ações do pacto de aprimoramento da gestão. A adoção da forma de portaria ministerial decorreu do julgamento do órgão gestor de que tal norma teria maior possibilidade de ser acatada pelos entes subnacionais do que uma resolução da CIT (LEANDRO, 2020, p. 262).
[452] Conforme previsão da Resolução CIT nº 3/2007.
[453] Os incentivos federais à gestão estadual e distrital foram definidos pela NOB-SUAS/2005.

Em 2010, o pacto passou a ter vigência de quatro anos (para o quadriênio de 2011-2014).[454] Abandonou-se a necessidade de assinatura de um termo de compromisso, mas manteve-se a necessidade de que cada estado e o distrito federal elaborassem um plano contendo o detalhamento das ações, metas e cronogramas de execução para o alcance das prioridades nacionais pactuadas na resolução da CIT.

Em 2013, foram revistas as metas e prioridades a serem alcançadas pelos estados no biênio 2013-2015.[455] Foi abolida a obrigatoriedade de elaboração, por cada estado, de uma proposta de pacto. A partir de então, as prioridades e metas informadas na resolução da CIT passaram a ser consideradas como o pacto em si, o que representou uma conquista do nível estadual, no sentido de garantir uma relação menos subordinada junto ao gestor federal (LEANDRO, 2020, p. 265).

Em 2016, a SNAS apresentou na CIT um conjunto de prioridades a serem incluídas no pacto, mas a proposta não havia sido acordada previamente com os representantes dos estados e municípios, o que gerou muita queixa de atropelamentos, por parte da nova gestão do governo federal, dos fluxos institucionais estabelecidos para o funcionamento do SUAS. Firmou-se um acordo entre os três níveis de governo de que o FONSEAS ficaria responsável pela elaboração de nova proposta a ser pactuada na CIT (LEANDRO, 2020, p. 266). A discussão dessa nova proposta teve diversos questionamentos por parte dos representantes do CONGEMAS e, após esforços de convencimento por parte dos representantes do FONSEAS, as prioridades e metas para o quadriênio de 2016-2019 foram pactuadas.[456]

Na avaliação do conteúdo dos pactos de aprimoramento da gestão de estados e distrito federal (2007-2008, 2009-2010, 2011-2014, 2014-2017), é possível identificar que o período de 2005 a 2010 foi marcado pela priorização da elaboração de documentos normativos e pela pactuação de metas de instituição dos serviços, programas e benefícios; que no período de 2011 a 2015, as pactuações voltaram-se para a ampliação do cofinanciamento, implementação da política de capacitação permanente, reordenamento dos serviços da proteção social especial e qualificação do atendimento aos usuários; mas que, a partir de 2016, as prioridades se voltaram à manutenção da estrutura constituída, em função da

---

[454] Pela Resolução CIT nº 17/2010.
[455] Pela Resolução CIT nº 16/2013.
[456] Pela Resolução CIT nº 1/2017 e aprovadas pela Resolução CNAS nº 2/2017.

crise política e econômica (LEANDRO, 2020, p. 267-268) – indicando uma mudança significativa nas prioridades para o aprimoramento da gestão, no sentido da consolidação do SUAS, até 2015, e no sentido da contenção da desestruturação, a partir de 2016.

Em 2013, foi estabelecido, pela primeira vez, o pacto de aprimoramento da gestão municipal, para o quadriênio 2014-2017.[457] As prioridades foram separadas em quatro eixos (PSB, PSE, gestão e controle social) e as metas a serem alcançadas pelos municípios consideraram os seus respectivos portes. O pacto previu que o alcance das metas estabelecidas seria apurado anualmente, a partir de informações prestadas nos sistemas de informação oficiais; que os planos de assistência social dos municípios deveriam ser produzidos em consonância com as prioridades e metas nacionais pactuadas; e que essas prioridades deveriam ser expressas no PPA – o que demonstra maior pragmatismo desse pacto em relação ao pacto de estados e distrito federal (LEANDRO, 2020, p. 274).

Os pactos de aprimoramento da gestão, tanto estadual quanto municipal, podem ser qualificados, portanto, como *instrumentos de coordenação interfederativa,* que materializam as prioridades e metas convencionadas entre os entes federados e direcionam um esforço convergente entre eles para a implementação descentralizada do SUAS. As comissões intergestores buscam promover a articulação entre os níveis de governo, reduzir a fragmentação, evitar a superposição da ação pública e estimular a convergência de esforços, organizando as ofertas para garantir a universalidade dos direitos sociais. O diálogo permanente entre os entes federados nas comissões intergestores permite uma constante calibragem das regras e o reordenamento periódico das ações (JACCOUD; MENESES; STUCHI, 2020, p. 281-289).

A possibilidade de calibragem e autocorreção operacional da política pública evidencia o atributo de *revisibilidade* das resoluções produzidas no âmbito das comissões intergestores, reforçando a ideia de que esses atos normativos são instrumentos adequados para impulsionar uma determinada estratégia de ação da política pública (COUTINHO, 2013b, p. 202). Além disso, a natureza *adaptável* das resoluções garante um contínuo ajustamento na forma de implementação da política quanto aos interesses e às capacidades dos entes federados envolvidos na sua execução. Essa adaptabilidade permitiu aos gestores testarem diferentes ferramentas, instrumentos e mecanismos de operação da

---

[457] Pactuado na Resolução CIT nº 13/2013.

política que, ao longo do processo de consolidação do SUAS, foram sendo continuamente aprimorados.

Mas há um problema de hierarquia normativa na medida em que as pactuações da CIT, ainda que organizem aspectos importantes das relações intergovernamentais na operacionalização da política, por serem formalizadas por normas infralegais (resoluções), podem ser facilmente revertidas ou modificadas por legislação hierarquicamente superior (PALOTTI; MACHADO, 2014, p. 412). As resoluções da CIT e das CIBs não têm força jurídica vinculante e são dotadas de baixo grau de coercitividade. O papel dessas resoluções está mais em estimular determinados comportamentos de entes federados (dotados de autonomia constitucional) do que, de fato, puni-los por eventual descumprimento da norma (JACCOUD; MENESES; STUCHI, 2020, p. 290).

As resoluções, apesar de "fracas" do ponto de vista normativo (podendo ser facilmente substituídas por decisões ministeriais unilaterais), materializam as decisões tomadas nas comissões intergestores, que, por serem tomadas a partir de consenso entre os gestores, carregam grande legitimidade. Sendo assim, as resoluções das comissões intergestores demonstram o caráter reflexivo do Direito das políticas públicas, que procura transacionar os interesses dos representantes de estados, municípios e distrito federal. Ao proporcionarem um contínuo ajustamento de interesses entre os entes federados, as resoluções possuem maior funcionalidade e adaptabilidade a condições específicas.

Cumpre destacar, por fim, o papel das comissões intergestores como espaços de consolidação do entendimento das normas do SUAS. Ao longo dos últimos anos, a CIT tem atuado para construir prioridades nacionais, promovendo convergências em torno dos objetivos da política, enquanto as CIBs têm atuado na socialização e disseminação das regras do sistema, reduzindo a assimetria de informações entre as unidades da Federação e produzindo um alinhamento político dos atores locais da implementação. O esforço por minimizar incertezas, seja com relação ao funcionamento de serviços e benefícios, seja com relação ao uso do recurso público, faz com que a CIT e as CIB se constituam como uma comunidade de intérpretes do SUAS (JACCOUD; MENESES; STUCHI, 2020, p. 292).

Sendo assim, as comissões intergestores e os pactos de aprimoramento da gestão fortalecem o compartilhamento de responsabilidades entre os entes, garantem padrões mínimos de ofertas e, consequentemente, corroboram para a institucionalização do SUAS no contexto da proteção social brasileira.

4.6 Instrumentos de política pública: o Cadastro Único e o Censo SUAS

Como sexto elemento de institucionalidade do SUAS destacam-se os instrumentos de política pública que, conforme apontado no primeiro capítulo, são ferramentas utilizadas pelo Estado para organizar a implementação da política. Para a presente pesquisa, além dos instrumentos de financiamento, discutidos na seção 4.4, e dos instrumentos de coordenação interfederativa, discutidos na seção 4.5 deste capítulo, destaca-se o papel do Cadastro Único e do Censo SUAS como importantes ferramentas de operacionalização da política pública de assistência social.

4.6.1 O Cadastro Único para Programas Sociais do governo federal

O Cadastro Único foi criado em 2001[458] como um formulário de uso obrigatório a ser utilizado por todos os órgãos públicos federais como instrumento de cadastramento para os programas focalizados e permanentes do governo federal.[459]

O Cadastramento Único foi implantado no final da gestão de FHC (PSDB), mas foi só na gestão de Lula (PT) que esse instrumento passou a ser aprimorado (BICHIR, 2011, p. 105), especialmente por conta de sua utilização para a identificação dos beneficiários do Programa Bolsa Família, criado em 2004.

Em razão da utilização do cadastro pelo PBF, foi possível identificar fragilidades e inconsistências das informações dos beneficiários constantes na base de dados do Cadastramento. Para solucionar as irregularidades, o MDS promoveu, a partir de 2005, um processo de atualização cadastral, que contou com o apoio financeiro do governo

---

[458] Pelo Decreto nº 3.877/2001.

[459] A obrigatoriedade do uso do Cadastramento Único para a concessão de programas federais previa uma exceção, direcionada aos programas administrados pelo INSS, o que deixava de fora desse cadastro os beneficiários do BPC, conforme apontado na subseção 4.2.3 deste capítulo.

federal aos municípios,[460] entes responsáveis pela realização dessa atividade (BRASIL, 2008, p. 1-2).

Em 2007, um novo regulamento[461] definiu o Cadastro Único para Programas Sociais do Governo Federal (CadÚnico) como um instrumento de identificação e caracterização socioeconômica das famílias brasileiras de baixa renda, a ser obrigatoriamente utilizado para a seleção de beneficiários e integração de programas sociais do governo federal voltados ao atendimento desse público.[462] Com isso, sinalizou-se a integração das bases de dados dos beneficiários dos programas e benefícios da assistência social e reforçou-se o objetivo do Cadastro Único em garantir a unicidade das informações cadastrais, a integração dos programas e políticas públicas que o utilizam e a racionalização do processo de cadastramento pelos diversos órgãos.

O cadastramento das famílias é realizado pelos municípios a partir do preenchimento de um formulário padrão estabelecido pelo órgão gestor federal, com informações relativas à caracterização do domicílio, dados de identificação e documentação civil[463] de cada membro da família, dados de escolaridade, participação no mercado de trabalho e rendimentos. O objetivo do CadÚnico é identificar as famílias de baixa renda (com renda familiar mensal *per capita* de até meio salário mínimo), mas é permitida a inclusão de famílias com renda superior desde que sua inclusão esteja vinculada à seleção ou acompanhamento de programas sociais implementados por quaisquer dos três entes da Federação.[464]

---

[460] Esse processo culminou na criação do IGD-PBF, conforme discutido na seção 4.4 deste capítulo.

[461] Decreto nº 6.135/2007.

[462] O Decreto nº 6.135/2007 manteve a exceção da obrigatoriedade de utilização do CadÚnico pelos programas administrados pelo INSS, mas facultou sua utilização na operacionalização do BPC. Esse regulamento foi posteriormente substituído pelo Decreto nº 11.016/2022, que suprimiu as menções de utilização excepcional do CadÚnico pelos programas administrados pelo INSS e para a operacionalização do BPC.

[463] As informações de documentação civil passaram a ser exigidas a partir da edição do Decreto nº 11.016/2022.

[464] Em 2021, o governo federal utilizou o Cadastro Único para identificar os potenciais beneficiários dos seguintes programas sociais: PBF, PETI, Programa Minha Casa, Minha Vida (MCMV), Tarifa Social de Energia Elétrica, Programa Cisternas, entre outros. O Cadastro também estava sendo utilizado para isenção de taxas de inscrição em concursos públicos e isenções na taxa de inscrição para o Exame Nacional do Ensino Médio (ENEM). Além disso, vários estados e municípios utilizavam o cadastro para identificação do público-alvo dos seus programas.

O cadastramento de cada família é vinculado a um responsável pela unidade familiar, maior de 16 anos, preferencialmente mulher. Para cada indivíduo cadastrado no CadÚnico é atribuído um número de identificação social (NIS), de caráter único, pessoal e intransferível, que viabiliza o acesso aos benefícios e programas sociais do governo federal. As informações constantes do CadÚnico têm validade de dois anos, sendo necessária, após este período, a sua atualização (alteração dos dados) ou revalidação (confirmação das informações já registradas no cadastro).

A coleta de dados deve ser realizada[465] prioritariamente por visita domiciliar às famílias, em postos de coleta fixos (CRAS, CREAS e Centros POP) ou em postos de coleta itinerantes (como as lanchas da assistência social). A coleta dos dados cadastrais pode ser realizada manualmente (por meio do preenchimento dos formulários do CadÚnico) ou eletronicamente (com preenchimento direto no sistema de Cadastro Único) desde que seja efetuada a impressão dos formulários preenchidos – uma vez que se exige a assinatura do entrevistado, do entrevistador e do responsável pelo cadastramento no formulário.

Para a realização da entrevista e da coleta dos dados, o responsável pela unidade familiar deve apresentar um documento pessoal (CPF ou título de eleitor) e os documentos civis dos membros da família,[466] comprovante de endereço e comprovante de matrícula escolar das crianças e adolescentes. É permitido o cadastramento de pessoas sem documentação civil, para fins de identificação dessa condição de vulnerabilidade e de encaminhamento da pessoa aos órgãos competentes para a aquisição dos documentos civis básicos. Nesse caso, até que a pessoa obtenha documento de identificação civil e que tal informação seja registrada em seu cadastro, ela não receberá um número de NIS e não poderá ser considerada para o cálculo da renda familiar.

Cumpre destacar que o BPC, benefício socioassistencial operacionalizado pelo INSS, só passou a ser integrado na base de dados do CadÚnico em 2011, quando ficou determinada a necessidade de inclusão do beneficiário e de sua família no Cadastro como requisito para que esses indivíduos fossem acompanhados no âmbito do SUAS. Com

---

[465] Conforme procedimentos para a gestão do CadÚnico definidos na Portaria MDS nº 177/2011. Essa norma foi posteriormente revogada pela Portaria MC nº 810/2022, mas os procedimentos aqui descritos permaneceram os mesmos.
[466] CPF, RG, certidão de nascimento, certidão de casamento, carteira de trabalho ou título de eleitor.

isso, reforçou-se o uso do CadÚnico como instrumento de integração entre o BPC e os demais serviços da política de assistência social. Em 2016, a inscrição no CadÚnico tornou-se *requisito* para a concessão, a manutenção e a revisão do BPC. Mas tendo em vista a dificuldade de mobilização dos beneficiários idosos e pessoas com deficiência, ficou determinado que a ausência de inscrição ou atualização do CadÚnico não impediria a formalização do requerimento do BPC nem determinaria a suspensão do benefício, de modo a evitar a desproteção desses beneficiários.[467]

Com essas medidas, o Cadastro Único se consolidou como instrumento de integração de programas sociais do governo federal, em especial das ações socioassistenciais no âmbito do SUAS – inclusive o BPC, ainda que sua operacionalização seja feita pelo INSS.

Por fim, cumpre destacar que o Cadastro Único se revelou um instrumento estratégico de gestão, pois permite que os órgãos da Administração Pública façam um diagnóstico socioeconômico das famílias e as encaminhe para diferentes programas sociais, sejam eles da assistência social ou de outras políticas setoriais (BICHIR, 2011, p. 109). Ao identificar características socioeconômicas das famílias, o CadÚnico possibilita ao gestor público a identificação de várias dimensões de pobreza e vulnerabilidade, para além da insegurança de renda, e permite, ainda, identificar as famílias prioritárias para acompanhamento familiar. Assim, o Cadastro Único se institucionalizou como importante instrumento de coordenação das ações socioassistenciais, essencial para a implementação da política pública de assistência social.

Nesse sentido, o Cadastro Único pode ser identificado como uma ferramenta que carrega atributos de *adaptabilidade* na medida em que serve a mais de uma finalidade: é um instrumento de identificação e caracterização socioeconômica das famílias brasileiras de baixa renda que se constitui como banco de dados de renda e composição familiar de uma parcela expressiva da população brasileira e, além disso, é ferramenta utilizada para seleção de beneficiários de programas sociais, possibilitando a identificação de situações prioritárias para a coordenação das ações socioassistenciais.

---

[467] Cf. subseção 4.2.2 neste capítulo. De qualquer forma, o esforço de cadastramento dos beneficiários do BPC tem sido exitoso, uma vez que em fevereiro de 2021, 92,9% dos beneficiários do BPC já estavam inscritos no CadÚnico. Cf. dados na subseção 3.2.8 do segundo capítulo.

4.6.2 O Censo SUAS

O Censo SUAS é um processo de coleta de dados por meio de um formulário eletrônico, preenchido pelas secretarias e conselhos de assistência social dos estados e municípios, que permite o monitoramento dos equipamentos e das ações da política pública de assistência social. Os resultados dessa coleta permitem o acompanhamento do funcionamento da rede socioassistencial e fornecem aos gestores dados e informações para a avaliação e para o planejamento das ações futuras.

O primeiro Censo foi realizado em 2007,[468] em atenção à diretriz da NOB-SUAS/2005 de produzir informações para dar suporte à gestão. O Censo SUAS foi oficialmente instituído em 2010,[469] com a finalidade de coletar informações sobre os serviços, programas e projetos de assistência social realizados no âmbito das unidades públicas de assistência social, das entidades e organizações da sociedade civil, bem como sobre a atuação dos conselhos de assistência social. Desde então, a coleta de dados para o Censo SUAS, realizada anualmente, fornece subsídios para a construção de indicadores de monitoramento e avaliação do SUAS.

O conteúdo dos questionários é previamente discutido na CIT, entre os gestores da assistência social dos três níveis de governo, e no Encontro Nacional de Monitoramento do SUAS, organizado anualmente pelo órgão gestor federal da política. Os questionários são organizados em blocos temáticos, cujos conteúdos buscam conhecer características da gestão e do controle social, da estrutura física, dos serviços ofertados, dos públicos atendidos e dos recursos humanos. Após o período de coleta de dados são elaborados relatórios sintéticos e analíticos. As informações e indicadores produzidos com base nos dados do Censo SUAS têm balizado os processos de negociação e pactuação relacionados à partilha de recursos e têm contribuído para que as secretarias estaduais de assistência social aprimorem suas habilidades e competências para monitoramento e apoio técnico aos municípios (BRASIL, 2012c, p. 2).

---

[468] Em sua primeira edição, a coleta foi denominada Ficha de Monitoramento dos CRAS. No ano seguinte, foi renomeada como Censo CRAS 2008. Em 2009, a coleta foi ampliada para os CREAS e passou a ser denominada Censo SUAS 2009. Em 2010, esse monitoramento alcançou sua maturidade com a incorporação de novos questionários para a coleta de informações sobre órgãos gestores, conselhos municipais e estaduais e entidades privadas de assistência social (BRASIL, 2012c, p. 2).

[469] Pelo Decreto nº 7.334/2010.

Com relação à qualidade das ações socioassistenciais ofertadas nos equipamentos públicos, vale destacar o papel dos indicadores, desenvolvidos a partir dos dados do Censo SUAS, no monitoramento e na avaliação da política pública de assistência social. Em 2011, o MDS passou a divulgar o Índice de Desenvolvimento do Centro de Referência de Assistência Social (IDCRAS),[470] calculado a partir de dados relativos à proteção social básica. Posteriormente, a sistemática do IDCRAS foi ampliada para o cálculo de indicadores da proteção social especial e dos conselhos de assistência social. Para tanto, foram criados o Índice de Desenvolvimento do Centro de Referência Especializado de Assistência Social (IDCREAS) e o Indicador de Desenvolvimento dos Conselhos Municipais de Assistência Social (IDConselho).

O cálculo do IDCRAS e do IDCREAS abarca três dimensões:[471] i) *estrutura física*, que avalia a existência de salas de atendimento, as condições de acessibilidade, a existência de equipamentos (telefone, impressora, computadores com acesso à internet), veículo exclusivo ou compartilhado, entre outros; ii) *recursos humanos*, que avalia se o quantitativo da equipe de referência é adequado ao porte da unidade, tendo como parâmetro a NOB-RH e iii) *serviços e benefícios* (no caso dos CRAS) ou apenas *serviços* (no caso dos CREAS), que avalia as ofertas socioassistenciais nesses equipamentos.[472]

O IDConselho, por sua vez, procura aferir o grau de desenvolvimento das instâncias de participação e controle social do SUAS. O cálculo desse indicador considera três variáveis: i) estrutura administrativa; ii) dinâmica de funcionamento e iii) composição do conselho.[473]

Os índices de desenvolvimento procuram mensurar a quantidade e a qualidade dos recursos materiais e humanos dos equipamentos e conselhos da assistência social, bem como das ofertas disponíveis para

---

[470] O IDCRAS é utilizado para compor o cálculo do IGDSUAS. Cf. seção 4.4 deste capítulo.

[471] Quando foi criado, o IDCRAS era calculado a partir dos dados de: i) infraestrutura física; ii) atividades realizadas no CRAS; iii) disponibilidade de serviços e benefícios e iv) disponibilidade de recursos humanos. Essas quatro dimensões eram qualificadas segundo seu grau de desenvolvimento (insuficiente, regular, suficiente e superior) e posteriormente organizadas em seis estágios de classificação (ficando no 1º estágio o CRAS com duas ou mais dimensões no nível insuficiente e no 6º estágio o CRAS com todas as dimensões ao menos no nível suficiente, sendo mais de 50% no nível superior) (BRASIL, 2012a, p. 12-16).

[472] Essas dimensões são classificadas em cinco níveis de desenvolvimento (sendo 5 o desenvolvimento mais desejável e 1 a situação mais distante do padrão almejado) e o indicador final é o resultado da média aritmética simples dos níveis atingidos nas dimensões.

[473] O valor de cada uma dessas dimensões também varia entre 1 (menor desenvolvimento) e 5 (maior desenvolvimento) e o indicador final é igual à média do resultado das três dimensões.

a população usuária. Nesse sentido, são importantes ferramentas de mensuração da *capacidade técnico-administrativa* dos equipamentos e dos conselhos de assistência social.

***

Este capítulo procurou identificar os elementos de institucionalidade jurídica do Sistema Único de Assistência Social a partir das normas que estruturam o arranjo jurídico-institucional da política pública de assistência social. Muitos dos avanços em termos de estruturação do SUAS foram possíveis pela conjuntura política favorável, determinada pela agenda governamental. No contexto político de 2003 a 2014, a perspectiva sobre o papel do Estado na promoção do desenvolvimento social culminou em escolhas políticas e num esforço deliberado por maior responsabilização pública, materializada nas normas, procedimentos e pactuações supracitadas que permitiram o desenvolvimento e ampliação das capacidades estatais. Também foi possível pela participação de diversos atores estatais e não estatais no processo de discussão e aprovação das normas que estruturaram a política, o que confere grande legitimidade democrática ao desenho estabelecido.

Entretanto, desde a crise política de 2016, teve início uma agenda de reformas, com medidas de ajuste fiscal e investidas de desestruturação da institucionalidade jurídica do SUAS. Resta agora examinar a estabilidade institucional dessa política frente a conjuntura política do quinquênio 2016-2020, de modo a verificar a capacidade de resiliência da política pública de assistência social e as potencialidades de resistência a eventuais retrocessos – tema que será abordado de maneira mais detalhada no quinto capítulo, a seguir.

CAPÍTULO 5

O DESAFIO DA INSTITUCIONALIDADE JURÍDICA DE UMA POLÍTICA PÚBLICA

Este quinto capítulo discute a capacidade de o arranjo jurídico-institucional do SUAS, apresentado nos capítulos antecedentes, conferir estabilidade ao desenho de funcionamento da política pública de assistência social no sentido de evitar retrocessos na provisão de serviços e benefícios. Para verificar a permanência da institucionalidade jurídica do SUAS, foram analisadas as medidas adotadas no quinquênio 2016-2020, período em que as políticas públicas estruturadas para promover uma sociedade mais inclusiva passaram a ser fortemente questionadas, quando não negligenciadas, (ARRETCHE; MARQUES; FARIA, 2019, p. 3) no debate político nacional.

As medidas adotadas a partir de 2016 indicam a intenção de rever direitos e desmontar os arranjos institucionais que foram construídos de forma incremental a partir de 1988 (ARRETCHE; MARQUES; FARIA, 2019, p. 472), apontando uma tendência regressiva na capacidade de resposta do governo federal às demandas da coletividade. Mas quais são os elementos que nos permitem caracterizar o desmonte de uma política pública? Essas medidas desestruturantes configuram um retrocesso? O presente capítulo procura discutir essas questões à luz da hipótese de pesquisa apresentada na introdução, qual seja: de que a institucionalidade, materializada pelo Direito, seja capaz de garantir relativa sustentabilidade para uma política pública em face dos câmbios políticos no governo, freando eventuais retrocessos.

Para tanto, a primeira seção deste capítulo dedica-se a discutir dois aspectos da institucionalidade jurídica do SUAS: em um primeiro momento, analisa a capacidade da política pública de oferecer respostas à crescente demanda por proteção social (gerada pelo agravamento das situações de vulnerabilidade e risco decorrentes da crise multidimensional causada pela pandemia de covid-19). Em um segundo momento, analisa as alterações jurídicas promovidas na política pública de assistência social no período de 2016 a 2020, que desafiaram a lógica de funcionamento dos elementos de institucionalidade do SUAS, descrita no quarto capítulo.

Na segunda seção do capítulo, discute-se o princípio jurídico da vedação do retrocesso e analisa-se a pertinência da utilização desse conceito para tratar das mudanças conjunturais do desenho institucional de uma política pública.

5.1 Reconfiguração política e pandemia: os efeitos do novo contexto na proteção social

A partir do *impeachment* de Dilma Rousseff, houve uma modificação relevante do contexto político no qual foi construída a institucionalidade jurídica do SUAS (2003-2014). No governo Michel Temer (MDB), a aprovação do Novo Regime Fiscal e da reforma trabalhista representaram a instauração de uma nova agenda, identificada pela literatura como uma inflexão drástica (ARRETCHE; MARQUES; FARIA, 2019, p. 472), no sentido do desmonte do sistema de proteção social estruturado a partir das diretrizes da Constituição Federal de 1988 (SÁTYRO, 2021, p. 318). Sendo assim, o ano de 2016 é adotado, neste estudo, como marco temporal do início de uma nova conjuntura,[474] marcada por medidas que serão aqui identificadas como desestruturantes do SUAS.

A primeira medida que merece destaque, por prenunciar a desconstrução institucional e normativa (ARRETCHE; MARQUES; FARIA, 2019, p. 472) que caracteriza o quinquênio 2016-2020, foi a aprovação do Novo Regime Fiscal (NRF),[475] que impôs limites às despesas primárias do Poder Executivo pelo período de 20 anos. Com a adoção do NRF, ficou estabelecido que o orçamento da União passaria a ser elaborado não mais pela estimativa de arrecadação de receitas, mas sim pelo volume de gastos de 2016, corrigido pela inflação – o que, segundo estimativas,

---

[474] Adota-se aqui 2016 como marco temporal a partir do qual serão elencadas as medidas desestruturantes da institucionalidade jurídica do SUAS. Mas é preciso pontuar que algumas análises consideram as manifestações de junho de 2013 como o início da conjuntura crítica brasileira (FERNANDES; TEIXEIRA; PALMEIRA, 2020, p. 8).

[475] Instituído pela Emenda Constitucional nº 95/2016.

implicaria congelamento das despesas até 2036, nos patamares de 2016 (PAIVA *et al.*, 2016, p. 4).

Estudos apontaram, à época da tramitação da proposta no Congresso Nacional, que essa medida ignorava o aumento das necessidades da população frente ao quadro econômico recessivo (no qual o país estava inserido desde 2015) e desconsiderava a demanda social, decorrente da alteração da dinâmica demográfica.[476] Alertava-se para os riscos da redução crescente, ano a ano, dos gastos na política de assistência social, no sentido do encolhimento da cobertura e redução da efetividade da política, com a consequente desproteção de segmentos antes protegidos e restrição de novos acessos (PAIVA *et al.*, 2016, p. 26).[477]

A despeito das projeções de redução no volume de recursos destinados à política, observou-se um aumento do gasto na assistência social entre 2013 e 2019 (VIEIRA, 2021, p. 954).[478] No entanto, o aumento do volume de recursos alocados na assistência social não correspondeu a um aumento da cobertura ou do número de beneficiários. No caso do PBF, o aumento do gasto foi creditado ao pagamento suplementar de uma 13ª parcela em 2019[479] (em cumprimento à promessa da campanha presidencial de 2018), o que ocorreu às custas da redução do número de beneficiários do programa[480] e da formação de fila em busca do benefício.[481] No caso do BPC o incremento do gasto correspondeu ao aumento do valor médio do benefício, diante do pagamento de parcelas

---

[476] Uma vez que as projeções do IBGE indicam que o contingente da população idosa tende a duplicar no período de 2016 a 2036, o que sugere um crescimento na despesa com o BPC e com os serviços socioassistenciais (PAIVA *et al.*, 2016, p. 8).

[477] Estudo do IPEA apontou que despesas obrigatórias (como o BPC), que constituem a maior parte das despesas primárias, tendem a crescer acima da inflação, exercendo forte pressão para a redução dos gastos discricionários (como o PBF). Como o teto de gastos impede o crescimento das despesas primárias acima da inflação, o ajuste recairia, num primeiro momento, sobre as despesas discricionárias – mas tenderia a recair também, num segundo momento, sobre os gastos obrigatórios, o que poderia implicar revisão das regras de acesso e do valor dos benefícios (PAIVA *et al.*, 2016, p. 7).

[478] O aumento de 9,3% dos recursos destinados à assistência social no período refere-se a uma ampliação de 31,2% do gasto com o BPC (despesa obrigatória, garantida constitucionalmente e exigível pela via judicial), enquanto que o gasto com o PBF (despesa discricionária) teve redução de 5,5% (VIEIRA, 2021, p. 954). A composição do gasto corrobora a projeção do IPEA de 2016 (PAIVA *et al.*, 2016, p. 7).

[479] Os recursos destinados ao PBF tiveram trajetória de expansão desde sua criação, em 2003, até 2014. Entre 2014 e 2018, sofreram redução de 11%. Em 2019, houve aumento de 6% (com relação a 2018), em razão do pagamento do abono natalino (PAIVA *et al.*, 2021, p. 6-8).

[480] Em dezembro de 2019, eram 13,2 milhões de famílias beneficiárias do PBF, patamar inferior ao de dezembro de 2011 (PAIVA *et al.*, 2021, p. 7).

[481] A fila do PBF chegou a 1,65 milhão de famílias em março de 2020, mês que antecedeu o pagamento do auxílio emergencial (PAIVA *et al.*, 2021, p. 7).

em atraso,[482] já que o número de beneficiários, em 2019, teve o menor crescimento desde 2004.[483] No caso dos serviços socioassistenciais, apesar do aumento dos gastos, a regularidade do repasse foi comprometida[484] (PAIVA et al., 2021, *passim*).

Além do NRF, a gestão Temer logrou aprovar a reforma trabalhista,[485] a lei da terceirização[486] e a prorrogação da desvinculação de receitas da União.[487] A proposta de reforma da previdência, apresentada em sua gestão, não foi aprovada.[488] Mas todas essas medidas foram interpretadas como investidas de redução do Estado social brasileiro, pela fragilização da sustentação de gastos das políticas de seguridade social (FAGNANI, 2017, p. 17).

Com a eleição de Bolsonaro em 2018, a agenda pública foi tomada pela intenção de rever direitos e desmontar os arranjos institucionais que foram construídos de forma incremental a partir de 1988 (ARRETCHE; MARQUES; FARIA, 2019, p. 472). Foram propostas a reforma da previdência,[489] a reforma administrativa,[490] a reforma

---

[482] Houve um aumento de 4,28% do gasto com o BPC em 2019 (em relação a 2018). No entanto, a quantidade de benefícios pagos aumentou apenas 0,51% enquanto que o valor médio do benefício aumentou 3,67%. O aumento no valor médio do benefício pode ser explicado pelo aumento real do salário mínimo, mas também pela demora na análise dos requerimentos (ocorrida em 2019), que implicou em pagamento das parcelas em atraso (PAIVA *et al.*, 2021, p. 10-12).

[483] A quantidade de benefícios pagos em 2019 cresceu 0,5% em relação ao total de benefícios pagos em 2018. De agosto a dezembro de 2019, pela primeira vez em quinze anos, a quantidade de benefícios pagos apresentou redução em relação ao mesmo mês do ano anterior. Essa redução pode ser explicada pelas alterações na forma de operacionalização do benefício: a obrigatoriedade de inscrição no CadÚnico (o que gerou aumento dos indeferimentos e cessações), novos processos de revisão do benefício (previstos na LOAS) e a implementação do INSS Digital (PAIVA *et al.*, 2021, p. 8-10).

[484] Houve aumento dos gastos com serviços em 2019 (em relação a 2018), mas 47% dos recursos repassados a estados e municípios foram transferidos em dezembro de 2019 (PAIVA *et al.*, 2021, p. 4-5 e 13).

[485] A Lei federal nº 13.467/2017, alterou a CLT para criar, dentre outras coisas, o regime de trabalho intermitente, para dar fim à obrigatoriedade da contribuição sindical e para prever a possibilidade de negociação coletiva do intervalo de jornada.

[486] Lei federal nº 13.429/2017, que possibilitou a terceirização das atividades-fim.

[487] A Emenda Constitucional nº 93/2016, que alterou o ADCT para prorrogar a desvinculação de receitas da União (DRU) até 31 de dezembro de 2023 e estabelecer a desvinculação de receitas dos estados, distrito federal e municípios.

[488] PEC nº 287/2016 que previa, entre outras coisas, a ampliação do critério de idade do BPC para 70 anos e a desvinculação do benefício do salário mínimo, com vistas à redução da cobertura e do valor devido aos beneficiários. A PEC não conseguiu apoio no Congresso e teve sua tramitação suspensa em 2018, conforme mencionado no segundo capítulo.

[489] PEC nº 6/2019, aprovada e transformada na Emenda Constitucional nº 103/2019.

[490] PEC nº 32/2020.

tributária[491] e o Plano Mais Brasil (que incluía a PEC emergencial,[492] a PEC dos fundos[493] e a PEC do pacto federativo),[494] que foi considerado pelo MPF como incompatível com a CF/88, por privilegiar o controle da dívida pública em detrimento dos direitos e garantias fundamentais nela previstos (BRASIL, 2020b, p. 28). Todas essas medidas demonstram a centralidade conferida no último quinquênio a vozes que defendem explicitamente agendas de desmontagem de direitos e de redução da proteção social no debate público nacional (ARRETCHE; MARQUES; FARIA, 2019, p. 473).

Em 2020, a crise sanitária instaurada pela pandemia de covid-19[495] intensificou a crise econômica e social[496] e desafiou de maneira significativa a institucionalidade jurídica das políticas de proteção social no Brasil. A pandemia aprofundou situações de risco social e criou novas situações de vulnerabilidade, ampliando a demanda por ações socioassistenciais.

Esse contexto de instabilidade política e econômica, no qual a demanda por proteção social se ampliou, permite verificar qual a capacidade de o desenho jurídico-institucional do SUAS, estruturado de maneira progressiva no período de 2003-2014, garantir com efetividade o direito à assistência social e, ao mesmo tempo, resistir às investidas de desestruturação, seja pela adoção de medidas de contenção de gastos, seja pela mudança na estrutura institucional que caracterizava, até então, a política pública de assistência social no Brasil.

---

[491] PEC nº 45/2019, que procura alterar o Sistema Tributário Nacional.

[492] PEC nº 186/2019, que visava a reduzir gastos obrigatórios. A PEC foi aprovada, transformada na EC nº 109/2021, que passou a prever instrumentos para conter o aumento das despesas públicas.

[493] PEC nº 187/2019, que pretendia extinguir os fundos públicos – dentre eles, o Fundo Nacional de Assistência Social (RAIMUNDO; ABOUCHEDID, 2020, p. 11).

[494] PEC nº 188/2019, que previa medidas de ajuste fiscal, sugeria o fim da vinculação financeira dos recursos da saúde e da educação e incluía um parágrafo único no art. 6º da CF/88 para prever a observância do "direito ao equilíbrio fiscal intergeracional" na promoção dos direitos sociais.

[495] Em 11 de março de 2020, a OMS reconheceu a existência de uma pandemia de covid-19 em razão da rapidez da propagação da nova doença (*coronavirus disease* ou doença por coronavírus) no âmbito internacional (VENTURA; AITH; RACHED, 2021, p. 104, nota 5).

[496] As medidas de distanciamento social (como fechamento de escolas e estabelecimentos comerciais, o cancelamento de eventos e atividades coletivas e o estímulo ao teletrabalho), apesar de necessárias para atenuar a velocidade de transmissão do vírus e reduzir as oportunidades de contágio, tiveram grande impacto no mercado de trabalho e na renda dos brasileiros.

Para verificar a sustentabilidade[497] do SUAS e demonstrar sua capacidade de atender à demanda por proteção social em contextos de crise, são discutidas, a seguir, algumas respostas importantes da política pública à situação de emergência e calamidade pública decorrentes da pandemia de covid-19: as adaptações das ofertas do SUAS ao contexto pandêmico, a autorização de atendimento remoto excepcional para a coleta de dados no âmbito do Cadastro Único, a implantação do Serviço de Proteção em Situações de Calamidades Públicas e de Emergências, a oportunidade de regulação dos benefícios eventuais e o pagamento do auxílio emergencial, criado como medida excepcional de proteção social.

5.1.1 As adaptações das ofertas do SUAS ao contexto pandêmico

Em 2020, com a declaração de Emergência em Saúde Pública de Importância Nacional (ESPIN)[498] e o reconhecimento do estado de calamidade pública,[499] em razão da gravidade da pandemia de covid-19, o governo federal disciplinou as medidas a serem adotadas, na situação excepcional, para a proteção da coletividade.[500] A assistência social foi incluída no rol de serviços públicos e atividades essenciais,[501] sendo reconhecida como indispensável ao atendimento das necessidades inadiáveis da comunidade, para evitar riscos à sobrevivência, à saúde ou à segurança da população.[502]

Os primeiros dias que sucederam o anúncio das medidas de isolamento social foram marcados pela ausência de orientações e normas do órgão gestor federal quanto às adaptações das ofertas do SUAS ao

---

[497] A sustentabilidade de uma política pública, conforme apresentado no primeiro capítulo, diz respeito à capacidade de a política permanecer ao longo do tempo gerando impacto e resultado em um prazo mais amplo do que o mandato eleitoral do governante que promoveu a sua implementação (LOTTA, 2020).
[498] Pela Portaria MS nº 188/2020.
[499] Pelo Decreto Legislativo nº 6/2020.
[500] Por meio da Lei Federal nº 13.979/2020.
[501] Pelo Decreto nº 10.282/2020, que regulamentou a Lei nº 13.979/2020.
[502] Importante destacar a assimetria entre os decretos que disciplinaram os serviços essenciais em âmbito federal e estadual: em 26 estados (exceto no Rio Grande do Sul), não se referenciou expressamente o SUAS entre os serviços essenciais, uma vez que esses entes usaram a lei de greve (Lei nº 7.783/1989) como base para a determinação da natureza de essencialidade ou não dos serviços públicos (MORAES, 2020, p. 62-63).

contexto pandêmico,[503] por decisões municipais e estaduais desarticuladas, o que ocasionou o fechamento de serviços e equipamentos, a dispensa de trabalhadores e a adoção do trabalho remoto (SPOSATI, 2020, p. 5).

As primeiras orientações do Ministério da Cidadania trataram do adiamento do cronograma de inscrição dos beneficiários do BPC no Cadastro Único[504] (para evitar aglomerações de pessoas e a exposição dos beneficiários à contaminação pelo vírus) e da gestão do Programa Bolsa Família[505] (suspendendo os procedimentos operacionais de averiguação e revisão cadastral, bem como a aplicação dos efeitos decorrentes do descumprimento das condicionalidades).[506]

Dias depois, foram recomendadas medidas de prevenção da disseminação do vírus no âmbito do SUAS,[507] como a adoção de turnos de revezamento, o afastamento ou adoção de regime de teletrabalho para os grupos de risco e a disponibilização de Equipamentos de Proteção Individual (EPI) para os trabalhadores. Para a garantia da oferta regular de serviços e programas socioassistenciais, orientou-se a priorização dos atendimentos individualizados (para casos graves ou urgentes), o acompanhamento remoto dos usuários e a suspensão temporária de atividades coletivas. Foi orientada a suspensão de atividades de qualificação e supervisão coletiva – o que foi interpretado como uma limitação da possibilidade de ação convergente dos trabalhadores do SUAS nas diferentes esferas da Federação, já que a pandemia se configurou em um momento com forte necessidade de orientação aos operadores da política (LIMA, 2020, p. 73).

Foi divulgada uma nota técnica com recomendações adicionais para a garantia da continuidade da oferta de serviços,[508] em condições de segurança para usuários e trabalhadores, como a realização de visitas domiciliares somente nos casos extremamente relevantes e urgentes, a substituição da modalidade *self-service* pela distribuição de refeições

---

[503] Para suprir essa demanda, alguns coletivos (como a Frente Nacional em Defesa do SUAS, o CFESS e os CRESS) assumiram o protagonismo, produzindo informes com orientações para a atuação dos trabalhadores e gestores do SUAS (LIMA, 2020, p. 71).
[504] Pela Portaria nº 330/2020, prorrogado pela Portaria MC nº 427/2020, pela Portaria MC nº 469/2020 e pela Portaria MC nº 508/2020.
[505] Pela Portaria MC nº 335/2020, alterada pela Portaria MC nº 387/2020.
[506] A suspensão dos procedimentos operacionais de gestão do PBF foi sucessivamente prorrogada pela Portaria MC nº 443/2020 e pela Portaria MC nº 591/2021.
[507] Pela Portaria MC nº 337/2020.
[508] Nota Técnica nº 7/2020 aprovada pela Portaria MC nº 54/2020.

individuais nos serviços e a restrição das visitas de familiares nos serviços de acolhimento institucional.

Foram editadas sucessivas normas com orientações para a reorganização dos serviços de acolhimento institucional a fim de assegurar a continuidade da oferta da PSEA. Como o atendimento coletivo de várias pessoas num mesmo local era, em si, um fator de risco de transmissibilidade do novo coronavírus, foram editadas recomendações sobre a organização dos espaços, da força de trabalho e das atividades desenvolvidas nos serviços, prevendo cuidados específicos para os diferentes públicos atendidos: crianças e adolescentes,[509] pessoas idosas ou com deficiência[510] (com recomendações específicas para as ILPIs),[511] pessoas em situação de rua (inclusive imigrantes)[512] e mulheres em situação de violência doméstica e familiar.[513]

Num segundo momento, foram divulgadas recomendações para o funcionamento da rede socioassistencial de proteção social básica e especial de média complexidade[514] com medidas e procedimentos para assegurar maior aderência às recomendações sanitárias. No caso da PSEM, foram editadas recomendações específicas para o acompanhamento de adolescentes em cumprimento de medidas socioeducativas.[515]

Foi autorizada[516] a realização de reuniões de colegiados da Administração Pública federal por meio de videoconferência, o que garantiu a manutenção das reuniões da Comissão Intergestores Tripartite e do Conselho Nacional de Assistência Social. No que diz respeito ao financiamento, foram editadas Notas Técnicas para orientar os entes subnacionais quanto à utilização de recursos federais existentes nas contas dos fundos de assistência social para as ações de combate à pandemia[517] (com a indicação de itens que poderiam ser adquiridos com recursos do IGDSUAS e dos blocos de financiamento da PSB e da

---

[509] Recomendação Conjunta CNJ/CNMP/MC/MMFDH nº 1/2020 e Nota Técnica nº 11/2020, aprovada pela Portaria MC nº 59/2020.
[510] Nota Técnica nº 12/2020 aprovada pela Portaria MC nº 65/2020.
[511] Nota Técnica nº 23/2020-SAPS/GAB/SAPS/MS sobre a articulação do SUAS e SUS nas ILPIs.
[512] Nota Técnica nº 13/2020 aprovada pela Portaria MC nº 69/2020.
[513] Nota Técnica nº 25/2020 aprovada pela Portaria MC nº 86/2020.
[514] Nota Técnica nº 36/2020 aprovada pela Portaria MC nº 100/2020.
[515] Recomendação Conjunta CNJ/CNMP/MC/MMFDH nº 1/2020.
[516] Pelo Decreto nº 10.416/2020.
[517] Nota Técnica Conjunta SNAS/SGFT nº 1/2020, aprovada pela Portaria Conjunta SNAS/SGFT nº 1/2020.

PSE).[518] Também foram estabelecidas regras para o repasse financeiro emergencial de recursos federais.[519] Esses recursos emergenciais tinham como objetivo promover a estruturação da rede socioassistencial,[520] visando ao enfrentamento da situação de emergência. Foi previsto repasse emergencial de recursos federais especificamente direcionado à oferta de ações socioassistenciais nos estados e nos municípios que receberam migrantes e refugiados oriundos de fluxo migratório provocado por crise humanitária agravada pela pandemia.[521]

No que se refere às organizações da sociedade civil, foi ampliado, em caráter excepcional, o prazo para a apresentação da documentação para fins de inscrição junto aos conselhos de assistência social em 2020.[522] Foi dispensada, para esse período, a comprovação do CNEAS para a obtenção de CEBAS.[523] Foram suspensos os prazos relativos a concessão, renovação e indeferimento de CEBAS, para preservar as entidades de assistência social.[524] Foram feitas, ainda, recomendações à gestão da rede socioassistencial do SUAS[525] para o acompanhamento e apoio às organizações da sociedade civil (quanto às visitas técnicas para conclusão do cadastro no CNEAS e ao repasse de recursos do cofinanciamento federal para a execução das ações socioassistenciais por meio de parcerias) e aos conselhos municipais (quanto aos procedimentos de renovação e de novas inscrições de OSC e fiscalização da utilização dos recursos extraordinários).

Todas essas medidas procuraram adequar a operacionalização do SUAS à situação de emergência e calamidade pública decorrente da pandemia de covid-19. Mas chama a atenção a forma como essas orientações foram divulgadas, majoritariamente por portarias do Ministério da Cidadania, em especial Notas Técnicas que não passaram por discussão e aprovação no âmbito do CNAS. A SNAS, sob a gestão Bolsonaro, descartou o modelo histórico de Norma Operacional Básica

---

[518] Como EPIs, material de limpeza, contratação de serviços de teleatendimento e aquisição de itens de alimentação.
[519] Oriundos da Medida Provisória nº 953/2020, que abriu crédito extraordinário em favor do Ministério da Cidadania, no valor de R$ 2.550.000.000,00.
[520] Conforme previsão da Portaria MC nº 369/2020 e da Portaria MC nº 378/2020.
[521] Portaria MC nº 468/2020.
[522] Pela Resolução CNAS nº 4/2020.
[523] Pela Portaria MC nº 355/2020.
[524] Pela Portaria MC nº 419/2020, prorrogada pela Portaria MC nº 469/2020 e adiada pela Portaria MC nº 508/2020.
[525] Nota Técnica nº 26/2020 aprovada pela Portaria nº 148/2020.

(NOB), que foi utilizado como referência para a regulação da ação dos entes federativos desde a implantação do SUAS. As orientações ficaram centralizadas na SNAS, abandonando-se o princípio democrático da pactuação entre as instâncias deliberativas (LIMA, 2020, p. 70).

Chama a atenção, ainda, a falta de referência, nas portarias do MC, às seguranças sociais afiançadas pela PNAS/2004, à nomenclatura dos serviços socioassistenciais padronizados pela Tipificação Nacional e à articulação entre benefícios e serviços, havendo somente alusão à singularidade das atenções a determinados públicos atendidos pela política (LIMA, 2020, p. 80), indicando um desconhecimento dos gestores da Pasta quanto à institucionalidade jurídica do SUAS.

5.1.2 O atendimento remoto excepcional para a coleta de dados do Cadastro Único

Os procedimentos ordinários de operacionalização do Cadastro Único[526] previam que a coleta de dados fosse realizada prioritariamente por meio de visita domiciliar, em postos de coleta fixos ou itinerantes, mediante apresentação de documentos dos membros da família e assinatura dos formulários de entrevista.[527] Essa dinâmica pressupunha que as informações declaradas pelo responsável familiar (RF) fossem registradas presencialmente no ato do cadastramento – mas a situação de excepcionalidade imposta pela crise sanitária em 2020 demandou uma adaptação desses procedimentos.

O fechamento ou restrição de acesso aos equipamentos públicos nos primeiros dias após a decretação da situação de emergência reduziu, quando não inviabilizou, o atendimento presencial nos CRAS, CREAS e Centros POP. No entanto, as situações de vulnerabilidade e risco social foram se agravando à medida que os dias foram passando, e a demanda por inclusão e atualização cadastral no Cadastro Único cresceu aceleradamente. Isso porque a composição de renda das famílias foi diretamente afetada pelas medidas de distanciamento social. O fechamento do comércio, bem como a recomendação de que as pessoas ficassem em casa e evitassem circular pelas cidades, gerou uma onda de demissões, impossibilitou a realização das atividades cotidianas

---

[526] Estipulados pela Portaria nº 177/2011.
[527] Conforme previamente descrito na subseção 4.6.1 do quarto capítulo.

dos trabalhadores informais e implicou uma redução significativa da renda *per capita* das famílias.

As famílias já cadastradas no Cadastro Único passaram a demandar atualização de seus cadastros, para registrar a redução da composição de renda familiar e pleitear benefícios sociais. Do mesmo modo, famílias que não estavam no CadÚnico mas que tiveram uma redução nos seus rendimentos mensais em razão das medidas de distanciamento social passaram a demandar sua inscrição, também com vistas a se tornarem elegíveis para os benefícios. Essa demanda se tornou cada dia mais significativa conforme avançava na agenda pública a discussão sobre a criação de um benefício emergencial para atender trabalhadores informais e desempregados durante o período da pandemia.[528] Uma vez que os benefícios socioassistenciais, até então, dependiam da inclusão da família no Cadastro Único como um dos requisitos de elegibilidade, tornava-se inadiável a adoção de procedimentos alternativos de inclusão e atualização cadastral desse imenso contingente de brasileiros afetados pela crise econômica decorrente da crise sanitária.

Nesse sentido, foi autorizado o atendimento remoto para inclusão e atualização cadastral do Cadastro Único, enquanto durasse a situação de emergência ou o estado de calamidade pública.[529] A medida possibilitou que a coleta de dados fosse realizada por telefone ou por meio eletrônico,[530] mas resguardou a possibilidade de atendimento presencial excepcional para demandas emergenciais, determinando o desenvolvimento de estratégias de busca ativa para a população mais vulnerável, em isolamento, em insegurança alimentar, em risco ou com saúde debilitada.

Esse episódio evidencia a importância de a política pública conter, em seu corpo jurídico, mecanismos de ajuste e adaptação (COUTINHO, 2013b, p. 202). O atributo de *revisibilidade* do Direito é nítido na adoção do atendimento remoto pelo Cadastro Único, na medida em que a adaptação dos procedimentos ordinários de cadastramento consistiu na dispensa da apresentação de documentação civil dos componentes da família (podendo os dados serem declarados pelo responsável familiar para o entrevistador por telefone ou por meio eletrônico) e da

---

[528] O auxílio emergencial será tratado na subseção 5.1.5 deste capítulo.
[529] A coleta de dados remota foi autorizada pela Portaria MC nº 368/2020.
[530] As rotinas operacionais para o atendimento remoto foram regulamentadas pela Instrução Operacional SAGI/DECAU nº 4/2020.

assinatura do RF no formulário (ficando autorizada a sua substituição pelas assinaturas do entrevistador e do gestor local do Cadastro Único). Essa adaptação do procedimento garantiu a continuidade da utilização do Cadastro Único como instrumento de implementação do SUAS.

É importante destacar que, entre o reconhecimento do estado de calamidade pública pelo Congresso Nacional, em 20 de março de 2020 (que levou ao fechamento dos equipamentos públicos da assistência social e à suspensão das rotinas de inclusão e atualização cadastral), e a regulamentação das rotinas operacionais para atendimento remoto do Cadastro Único, em 30 de abril de 2020, houve grande alteração na composição de renda das famílias pobres brasileiras, que, em muitos casos, dependiam de trabalhos informais que foram inviabilizados com a redução da circulação de pessoas nas cidades.

A demora do Ministério da Cidadania em editar uma portaria para regulamentar o procedimento remoto para coleta de dados do Cadastro Único inviabilizou a atualização tempestiva da composição de renda familiar na base de dados. E essa defasagem no conteúdo da base, num contexto de profunda crise econômica e social, implicou, por um lado, um descompasso entre a renda registrada na base de dados do cadastro e a renda real dos indivíduos cadastrados e, por outro, uma obsolescência do Cadastro Único enquanto instrumento de identificação e caracterização das famílias de baixa renda nesse período. O número de famílias em situação de pobreza e extrema pobreza, vivenciando situações de vulnerabilidade e risco social associados à insegurança de renda, cresceu de maneira acelerada, mas o fenômeno não foi acompanhado pelo cadastramento simultâneo dessas famílias no CadÚnico. E isso se deve, em grande medida, à lentidão do Ministério da Cidadania em regulamentar o atendimento remoto do Cadastro Único.

Com a desatualização dos dados de renda das famílias cadastradas e na impossibilidade de inclusão desse novo contingente de famílias de baixa renda de maneira célere no Cadastro Único, o governo federal acabou optando por desconsiderar o CadÚnico na operacionalização do auxílio emergencial, benefício de transferência de renda criado para enfrentar a situação de crise econômica decorrente da crise sanitária. E, nesse sentido, desprezou a *adaptabilidade* do arcabouço jurídico (COUTINHO 2018, p. 202) que rege o funcionamento do Cadastro Único, que permitiria a utilização desse instrumento também para a seleção de beneficiários do auxílio emergencial. Isso permitiria, principalmente, a integração desses beneficiários a outros programas sociais – o que ficou inviabilizado pela opção de cadastramento por um aplicativo da CEF, como será explicitado na subseção 5.1.5 deste capítulo.

A impossibilidade de integração dos beneficiários do auxílio emergencial a outros programas sociais do governo federal é apenas uma das desvantagens da desconsideração do Cadastro Único na operacionalização do novo benefício. A principal delas, do ponto de vista do planejamento das políticas públicas, é a manutenção da invisibilidade dessas famílias de baixa renda para o SUAS, impactando negativamente na capacidade dessa política pública em ofertar as provisões necessárias para a efetiva proteção social dos cidadãos que dela precisam.

5.1.3 A implantação do Serviço de Proteção em Situações de Calamidades Públicas e de Emergências

A Tipificação Nacional dos Serviços Socioassistenciais, conforme apontado nos capítulos anteriores, organizou os serviços de assistência social por níveis de complexidade do SUAS e previu, entre as ofertas da PSEA, um serviço específico para a proteção à população atingida por situações de emergência e calamidade pública (como incêndios, desabamentos, deslizamentos, alagamentos, dentre outras). Esse serviço foi concebido com o objetivo de assegurar alojamento provisório para acolhimento imediato de famílias em situação de vulnerabilidade e risco decorrente dessas contingências, em condições dignas e de segurança.

Para garantir a execução desse serviço, foram pactuados na CIT e aprovados no CNAS os parâmetros e os critérios de transferências de recursos do cofinanciamento federal para a oferta desse serviço no âmbito do SUAS.[531] Os procedimentos para o cofinanciamento federal do referido serviço foram posteriormente definidos por portaria do órgão gestor federal.[532]

---

[531] Esses parâmetros e critérios foram pactuados pela Resolução CIT nº 7/2013 e aprovados pela Resolução CNAS nº 12/2013. O cofinanciamento federal depende do reconhecimento da situação de emergência ou estado de calamidade pública pela União e do requerimento formal de cofinanciamento federal pelo ente subnacional. O cofinanciamento deve ser feito por meio do Piso de Alta Complexidade, com base na quantidade de indivíduos/famílias desalojados ou desabrigados (para o qual o ministério definirá um valor de referência), e as transferências da União devem ser efetivadas por meio de repasse do FNAS aos fundos estaduais, municipais e distrital.

[532] A Portaria MDS nº 90/2013 determinou que o recurso federal para o cofinanciamento compõe o Piso Variável de Alta Complexidade (PVAC) e estipulou o valor de referência para o serviço. Determinou que a transferência de recursos federais ocorrerá de forma regular e automática, na modalidade fundo a fundo, enquanto perdurar o período de reconhecimento federal da situação de calamidade pública ou de emergência. E estipulou

A definição antecipada de parâmetros para a oferta de um serviço específico a fim de garantir a proteção social de indivíduos e famílias atingidos por situações excepcionais, bem como a fixação prévia de procedimentos e critérios de transferência de recursos federais para o financiamento do referido serviço, garante certa previsibilidade da ação estatal para lidar com situações imprevisíveis, que causam riscos e danos à comunidade.

Esse arcabouço normativo confere ao poder público a capacidade de dar respostas ágeis a essas eventualidades, garantindo atenções e provisões materiais à população atingida, de modo a assegurar o apoio e a proteção social efetiva. O planejamento prévio das ações de resposta, com a definição das competências e responsabilidades de todos os envolvidos, dos procedimentos que serão adotados, das ações emergenciais que serão desencadeadas e das decisões que devem ser tomadas na ocorrência de emergência ou calamidade, garante um melhor gerenciamento dessas casualidades.

A existência dessas normas permitiu a implementação de medidas de assistência emergencial para pessoas em situação de vulnerabilidade em diferentes casos de emergências advindas de desastre e causas naturais, como na ocasião do rompimento da barragem do Fundão, no município de Mariana-MG, em 2015, e da barragem do Córrego do Feijão, em Brumadinho-MG, em 2019 (BRASIL, 2020a, p. 12). A partir da experiência com essas catástrofes, foram elaborados documentos de orientações[533] que contêm diretrizes para guiar a atuação dos gestores da política de assistência social em situações de calamidade e emergência.

Em 2020, o reconhecimento do estado de calamidade pública pelo Congresso Nacional, em razão da gravidade da pandemia de covid-19, impulsionou o repasse de recursos federais extraordinários[534] para o incremento temporário na execução de ações socioassistenciais nos estados, distrito federal e municípios – o que abriu uma oportunidade para a implantação e o financiamento do Serviço de Proteção em Situações de Calamidades Públicas e de Emergências nos entes subnacionais, com a finalidade de aumentar a capacidade de resposta

---

prazos e procedimentos para a solicitação e recebimento do cofinanciamento federal pelos entes subnacionais, bem como procedimentos para a prorrogação do cofinanciamento.

[533] Cf. MINAS GERAIS, 2020 e BRASIL, 2020a.
[534] Conforme previsão da Portaria MC nº 378/2020.

do SUAS no atendimento às famílias e aos indivíduos em situação de vulnerabilidade e risco social.

Nesse contexto, a *expertise* acumulada em eventos anteriores para lidar com situações de emergência e calamidade pública foi essencial. Em especial a existência de regras, procedimentos e critérios tanto para a atuação socioassistencial quanto para o financiamento de um serviço específico para esses contextos – o que garantiu certa previsibilidade na ação pública de enfrentamento dos riscos e danos causados pela pandemia.

5.1.4 Oportunidade para regulação dos benefícios eventuais

Os benefícios eventuais são previstos na LOAS como provisões suplementares e provisórias prestadas aos cidadãos e às famílias em virtude de nascimento, morte, situações de vulnerabilidade temporária e de calamidade pública. Considerando que muitos entes federativos ainda não instituíram os benefícios eventuais em sua esfera de atuação, a crise sanitária configurou-se uma importante janela de oportunidade para essa regulação, uma vez que o contexto da pandemia aumentou significativamente a incidência de situações de vulnerabilidade – pela ausência de acolhida, pela inexistência ou fragilidade de convívio e pela ausência ou insuficiência de renda, abarcando situações de *vulnerabilidade temporária* e de *calamidade pública,* que se configuram inseguranças sociais objeto da atenção dos benefícios eventuais.

No início da pandemia, o Ministério da Cidadania reforçou a importância de o SUAS assegurar a prestação de benefícios eventuais, especialmente a modalidade para situações de emergência e calamidade, de acordo com as demandas apresentadas localmente.[535] Houve um incentivo para a regulamentação dos benefícios eventuais, com a determinação[536] de que o valor do repasse do financiamento federal para a oferta do Serviço de Proteção em Situações de Calamidades Públicas e de Emergências (mencionado na subseção anterior) poderia ser majorado se comprovada a existência de regulamentação de benefícios eventuais no ente demandante. Para além da possibilidade de elevação dos valores do repasse, a norma procurou efetivar a proteção

---

[535] Por meio da Portaria MC nº 54/2020, que aprovou a Nota Técnica nº 7/2020.
[536] Pela Portaria MDS nº 90/2013.

integral dos indivíduos e famílias atingidos por situações de emergência e de calamidade pública, por meio da inserção na rede socioassistencial concomitante ao acesso aos benefícios.

Na Nota Técnica nº 20/2020,[537] o Ministério da Cidadania forneceu orientações específicas aos entes subnacionais quanto à regulamentação, gestão e oferta de benefícios eventuais no contexto de enfrentamento aos impactos da pandemia, reforçando que os benefícios eventuais são provisões de oferta obrigatória nos municípios e distrito federal no âmbito do SUAS. A norma orientou a gestão local a planejar-se para garantir a disponibilização desses benefícios a quem necessitasse, diferenciando duas situações: i) para os municípios que já possuíam benefícios eventuais normatizados, mas a norma não respondia à situação de calamidade e emergência, a NT orientou que os poderes locais se articulassem de forma urgente para alterar a norma, para dar respostas eficazes às especificidades da pandemia em seu território; e ii) para os municípios que não possuíam regulamentação, orientou que os entes regulamentassem os benefícios eventuais de forma rápida, de modo a prever a oferta na situação de calamidade.

Quanto ao financiamento dos benefícios eventuais, a NT esclareceu que os recursos federais do IGDSUAS não poderiam ser utilizados em despesas relativas a ofertas diretas aos beneficiários[538] e reforçou a previsão da LOAS de destinação de recursos estaduais aos municípios para participação no custeio da oferta dos benefícios eventuais.[539]

No que se refere aos recursos municipais, a NT destacou que os municípios poderiam reconhecer calamidade pública municipal, de modo a obterem autorização para ampliação do gasto para custeio dos benefícios.[540] Além disso, esclareceu que o reconhecimento do estado

---

[537] Aprovada pela Portaria MC nº 58/2020.
[538] Reforçando o disposto na Portaria Conjunta SNAS/SGFT nº 1/2020.
[539] A NT ressaltou que, apesar de o Pacto de Aprimoramento do SUAS de estados e distrito federal para o quadriênio de 2016 a 2019 determinar a priorização de municípios com lei municipal do SUAS instituída para o cofinanciamento estadual dos benefícios eventuais, o contexto de calamidade decorrente da pandemia autorizaria a simples regulamentação como condição suficiente para a destinação dos recursos estaduais.
[540] O STF afastou (na medida cautelar da ADI nº 6.357/DF) a exigência de demonstração de adequação e compensação orçamentárias em relação à criação e expansão de programas públicos destinados ao enfrentamento do contexto de calamidade, autorizando os entes a gastarem mais do que o previsto na LOA para custear ações de combate à pandemia. Com a promulgação da Emenda Constitucional nº 106/2020, a ADI perdeu seu objeto. A EC nº 106/2020 instituiu o "regime extraordinário fiscal, financeiro e de contratações para enfrentamento de calamidade pública nacional decorrente de pandemia" e previu uma autorização genérica a todos os entes federativos para a flexibilização das limitações legais

de calamidade pública excepcionou a vedação[541] quanto à distribuição gratuita de bens, valores ou benefícios por parte da Administração Pública em ano eleitoral,[542] reforçando a oportunidade de regulamentação e de concessão de benefícios eventuais no contexto pandêmico.

Os benefícios eventuais estão inscritos no campo do direito, compondo as garantias do SUAS, e integram o conjunto de ofertas essenciais para o enfrentamento da pandemia e para a mitigação dos seus efeitos deletérios para a população. A insegurança alimentar grave, a falta de documentação, a falta de moradia e a própria calamidade pública, para além de situações de nascimento e morte, estão todas previstas nos regulamentos da política de assistência social como situações de vulnerabilidade cobertas pelos benefícios eventuais (NATALINO; PINHEIRO, 2020, p. 15) – o que reforça a importância desses benefícios para a promoção da proteção social em situações de emergência. No entanto, cumpre reforçar que a mera previsão legal desses benefícios (bem como a reiteração, por meio de Nota Técnica do governo federal, da obrigação dos entes municipais em regulamentarem a oferta) não é suficiente para garantir a implantação desse benefício. A ausência de incentivos federais, notadamente financeiros, demonstra a fragilidade da coordenação do órgão gestor federal em encorajar comportamento de conformidade dos entes subnacionais (especialmente em um contexto de crise e de restrição orçamentária).

***

Feita essa apresentação das principais medidas adotadas no âmbito do SUAS para o enfrentamento da situação de emergência e calamidade pública decorrentes da pandemia de covid-19, foi possível identificar: i) a capacidade de adaptação do desenho jurídico-institucional do SUAS às circunstâncias de contenção da disseminação do vírus no contexto pandêmico; ii) a capacidade da política pública de gerar impacto e resultado a despeito do cenário político e econômico desfavorável e iii) a dificuldade do órgão gestor federal em oferecer

---

relativas às ações governamentais que, não implicando despesas permanentes, acarretassem aumento de despesa. A possibilidade de ampliação do gasto previsto na LOA para financiar ações de combate à pandemia dependeria, além da decretação de estado de calamidade pública, de que os recursos para financiamento de benefícios eventuais já estivessem previstos na LOA e alocados no respectivo fundo de assistência social, com base em critérios e prazos definidos pelos conselhos.

[541] Da Lei Federal nº 9.504/1997 (lei das eleições).
[542] Já que 2020 foi ano de eleições municipais para prefeitos e vereadores.

respostas tempestivas à crise e coordenar a atuação dos entes subnacionais.

5.1.5 Uma medida excepcional de proteção social: o auxílio emergencial

Para minimizar os efeitos econômicos da crise sanitária e garantir a circulação de dinheiro no mercado para movimentar a economia, o Congresso Nacional aprovou a Lei Federal nº 13.982/2020, que instituiu o auxílio emergencial. Concebido como uma medida excepcional de proteção social, o auxílio foi concedido aos trabalhadores maiores de 18 anos de idade,[543] que não tivessem emprego formal ativo,[544] com renda familiar mensal *per capita de* até meio salário mínimo ou até 3 salários mínimos no total. O recebimento do auxílio foi limitado a dois membros da mesma família, sendo possível o pagamento em dobro à mulher provedora de família monoparental.[545]

A lei estabeleceu que a renda familiar mensal seria verificada por meio do CadÚnico, para os trabalhadores inscritos, ou por meio de autodeclaração no aplicativo da Caixa Econômica Federal (CEF), para os não inscritos.[546] Nas situações em que fosse mais vantajoso, a lei estabeleceu que o auxílio emergencial substituiria, temporariamente e de ofício, o benefício do PBF.

Para os beneficiários do PBF, o auxílio emergencial foi pago por meio do cartão Bolsa Família ou Cartão Cidadão. Para os trabalhadores que possuíam uma conta bancária em seu nome, previu-se o pagamento por depósito bancário. Para aqueles que não possuíam conta bancária em seu nome, previu-se a abertura automática de uma conta poupança social digital pela CEF (o que se configurou na maior ação de bancarização da história brasileira).[547]

---

[543] Salvo no caso de mães adolescentes (conforme alteração feita pela Lei Federal nº 13.998/2020).

[544] Trabalhadores informais, microempreendedores individuais (MEI) ou contribuintes individuais do Regime Geral de Previdência Social (RGPS).

[545] Nesse caso, admitiu-se o pagamento de três cotas do auxílio à mesma família, desde que ela fosse composta por uma mulher provedora e mais um trabalhador que atendesse aos critérios de elegibilidade do benefício.

[546] Chamados informalmente de *extracad* (PAIVA et al., 2021, p. 81).

[547] Pela abertura de 60 milhões de contas do tipo poupança social digital, conforme informação disponível em: https://caixanoticias.caixa.gov.br/noticia/23720/caixa-chega-a-100-milhoes-de-poupancas-sociais-digitais. Acesso em: 21 dez. 2020.

A concessão do auxílio, prevista inicialmente em três parcelas, a partir de abril de 2020, foi prorrogada[548] pelo período complementar de dois meses, o que totalizou cinco parcelas no valor de R$ 600,00. Em setembro de 2020, com o prolongamento da pandemia, foi instituído o auxílio emergencial residual,[549] com o valor reduzido para R$ 300,00, a ser pago de maneira subsequente à quinta parcela do auxílio emergencial, até 31 de dezembro de 2020, no limite de quatro parcelas.[550] Após três meses de interrupção do pagamento, o governo instituiu o auxílio emergencial 2021,[551] com valor ainda mais reduzido, de R$ 250,00 mensais, a ser pago em quatro parcelas, limitado a um beneficiário por família.[552]

O Ministério da Cidadania ficou responsável pela gestão do auxílio emergencial e pela ordenação de despesas,[553] a Empresa de Tecnologia e Informações da Previdência Social (Dataprev), agente operador,[554] ficou responsável pela verificação dos critérios de elegibilidade dos beneficiários por meio do cruzamento entre as bases de dados, e a Caixa Econômica Federal, agente pagador (CARDOSO, 2020, p. 1054), ficou responsável pelas plataformas digitais (site e aplicativos) de requerimento (Caixa-Auxílio Emergencial) e pagamento (Caixa-Tem).

Nos primeiros dias de implementação do benefício, houve dificuldade de conclusão da solicitação por problemas internos ao sistema[555] e observou-se grande dificuldade dos trabalhadores em solicitar o auxílio no site ou aplicativo da CEF, seja pela falta de acesso ou acesso precário à internet, seja por não possuírem um *smartphone*, necessário para

---

[548] Pelo Decreto nº 10.412/2020.

[549] Pela Medida Provisória nº 1.000/2020, regulamentada pelo Decreto nº 10.488/2020.

[550] Como o auxílio residual só poderia ser pago até dezembro de 2020, apenas quem começou a receber o auxílio emergencial em abril de 2020 pôde, na prática, receber cinco parcelas de R$ 600,00 (relativas a abril, maio, junho, julho e agosto) e quatro parcelas de R$ 300,00 (setembro, outubro, novembro e dezembro). Atrasos no processamento dos requerimentos levaram alguns beneficiários a receber a primeira parcela do auxílio emergencial somente em agosto de 2020 (com pagamento da quinta parcela em dezembro de 2020), o que inviabilizou o recebimento de parcelas do auxílio residual (PAIVA *et al.*, 2021, p. 81, nota 49).

[551] Pela MPV nº 1.039/2021, regulamentada pelo Decreto nº 10.661/2021. A MPV restringiu os critérios de elegibilidade para a concessão do auxílio.

[552] Sendo previsto o valor de R$ 375,00 para a mulher provedora de família monoparental e de R$ 150,00 para família unipessoal.

[553] Conforme previsão do Decreto nº 10.316/2020, que regulamentou a Lei nº 13.982/2020.

[554] Conforme previsão da Portaria MC nº 351/2020.

[555] Em 23 de abril de 2020, o MC informou que as solicitações para o recebimento do auxílio emergencial realizadas entre 7 e 10 de abril, ainda sob análise, deveriam ser refeitas pelos milhões de demandantes, por necessidade de aprimoramento no aplicativo (BARTHOLO *et al.*, 2020, p. 11).

a instalação dos aplicativos de solicitação e pagamento do benefício. Para os trabalhadores sem conta bancária, para os quais foi criada uma poupança social digital, o acesso ao benefício dependia da instalação do aplicativo Caixa-Tem em seu celular, o que demandava não só a posse de um *smartphone*, mas também o acesso à internet, circunstâncias que impuseram grande dificuldade de acesso ao benefício.

Outro problema foram os casos de Cadastro de Pessoa Física (CPF) suspenso, pendente de regularização ou cancelado,[556] ou ainda a ausência de CPF de algum membro da família (em especial crianças e adolescentes). Nessas duas situações, era necessário realizar o cadastramento ou a regularização junto à Receita Federal. Mas muitos trabalhadores não possuíam conhecimento quanto aos procedimentos para essa regularização (NATALINO; PINHEIRO, 2020, p. 8), o que postergou o acesso dessas pessoas mais vulneráveis, mais pobres e menos escolarizadas ao auxílio emergencial. Essa questão foi posteriormente mitigada por meio de um mutirão de regularização do documento efetuado pela Receita Federal, que processou cerca de 13,6 milhões de casos (BARTHOLO *et al.*, 2020, p. 11).

As dificuldades com o CPF e a falta de acesso à internet e *smartphone* dificultaram o acesso especialmente dos trabalhadores mais vulneráveis e menos escolarizados ao auxílio emergencial. Isso porque muitas dessas pessoas possuem grande dificuldade na operacionalização de ferramentas tecnológicas, na compreensão de formulários cadastrais, na compreensão das regras bancárias e do funcionamento dos aplicativos de celular (NATALINO; PINHEIRO, 2020, p. 9), o que fez com que muitos recorressem tanto à rede socioassistencial (principalmente os CRAS) quanto às agências bancárias da CEF para conseguir as orientações e o suporte necessários.

Para além das dificuldades operacionais identificadas no uso do aplicativo da CEF, observou-se um grande problema na utilização da base de dados do Cadastro Único, que ficou congelada com os dados de composição familiar e de renda das famílias em 2 de abril de 2020,[557]

---

[556] Muitos trabalhadores tinham dificuldade de compreender os motivos que levaram à suspensão ou cancelamento dessa documentação – que, na maioria das vezes, decorre da ausência de justificativa ou pagamento de multa por não comparecimento eleitoral ou da ausência de entrega de declaração anual de renda.

[557] Conforme previsão do Decreto nº 10.316/2020, com a alteração dada pelo Decreto nº 10.398/2020, que determinou que seriam "desconsideradas eventuais atualizações cadastrais realizadas após esta data".

inviabilizando o acesso ao benefício pelos cidadãos inscritos no Cadastro que tiveram alterações na condição de renda nos dias subsequentes, em virtude do isolamento social.[558]

Isso foi particularmente problemático, pois a Dataprev cruzava os dados do Cadastro Único com os dados informados no aplicativo. Assim, as famílias inseridas no CadÚnico que tiveram alteração da composição de renda após 2 de abril de 2020 não conseguiam se cadastrar pelo aplicativo da CEF (que informava que elas já possuíam Cadastro Único) e ficaram impossibilitadas de realizar a atualização cadastral (já que muitos equipamentos da assistência social reduziram o atendimento presencial e houve mora na regulamentação do atendimento remoto).[559]

Nesse sentido, é importante destacar que, apesar de ter sido inserido no texto de um projeto de lei que tratava da alteração da LOAS,[560] o auxílio emergencial não foi incluído como ação da política de assistência social no texto da LOAS. O auxílio foi instituído como *medida excepcional de proteção social*, mas consistiu em uma ação de transferência de renda, no âmbito da proteção social não contributiva. Por prever a transferência de valores realizada para atender a determinada situação de vulnerabilidade, em substituição ou complementariedade à renda familiar (SPOSATI, 2009, p. 29), o auxílio tinha como o objetivo garantir a segurança de renda – que é uma das seguranças afiançadas pelo SUAS.

A LOAS já prevê, entre as ações do SUAS, provisões suplementares e provisórias prestadas aos cidadãos e às famílias em virtude de vulnerabilidade temporária e de calamidade pública: os benefícios eventuais. Esses benefícios foram concebidos para situações imprevisíveis e de eventualidade – ou seja, foram criados para serem utilizados exatamente em momentos como este (NATALINO; PINHEIRO, 2020, p. 11). Por tratar-se de um benefício pecuniário temporário, o auxílio emergencial poderia perfeitamente ter sido qualificado como um benefício eventual, ter sido incluído na LOAS e integrado as garantias do

---

[558] Os dados relativos à renda familiar total e *per capita*, conforme mencionado na subseção 5.1.2 deste capítulo, foram informados pelas famílias ao Cadastro Único em data anterior ao início da pandemia e, com isso, observou-se grande descompasso entre os valores de composição de renda familiar constantes na base de dados congelada em 2 de abril de 2020 e a condição real de renda das famílias, que se deteriorou ao longo dos dias subsequentes.

[559] Conforme discutido na subseção 5.1.2 deste capítulo.

[560] O PL nº 9.236/2017 visava à alteração da LOAS para dispor sobre parâmetros adicionais para caracterização da situação de vulnerabilidade social, para fins de elegibilidade ao BPC. O substitutivo foi apresentado pelo relator da Comissão de Seguridade Social e Família.

SUAS.⁵⁶¹ No entanto, ao ser caracterizado como medida excepcional de proteção social, em texto de lei que atualizou dispositivos da LOAS (com relação às regras aplicáveis ao BPC), o auxílio emergencial foi, deliberadamente, excluído da estrutura institucionalizada do SUAS.⁵⁶²

O auxílio foi mantido apartado da estrutura do SUAS, tanto na sua concepção substantiva quanto na sua operacionalização, com a opção pelo uso de uma plataforma digital de autodeclaração de renda, com a subutilização do Cadastro Único, instrumento de uso consolidado para a seleção de beneficiários de programas sociais. A utilização de aplicativo para cadastro e pagamento do auxílio emergencial evidencia a opção política do governo federal em manter o benefício apartado dos instrumentos de operacionalização das ações de transferência de renda no âmbito da política pública de assistência social.

A subutilização do Cadastro Único evidencia-se tanto pela opção de utilização do aplicativo da CEF (para o cadastro e seleção de novos beneficiários) quanto pela opção de realizar o congelamento da base de dados do CadÚnico (em 2 de abril de 2020), o que gerou uma série de erros de exclusão. Os trabalhadores que estavam inseridos no Cadastro e tiveram redução de renda no período não conseguiram se cadastrar pelo aplicativo da CEF e enfrentaram dificuldades para a rápida atualização cadastral junto ao CadÚnico. Com isso, muitos cidadãos elegíveis ao benefício vivenciaram uma situação de vulnerabilidade em razão da insegurança de virtualmente não atenderem aos requisitos de elegibilidade do benefício.

A opção pelo aplicativo da CEF para a realização do cadastramento daqueles não incluídos no Cadastro Único desconsiderou, por um lado, a dificuldade da população pobre, com idade avançada e de baixa escolaridade na utilização da tecnologia e, por outro, a capilaridade

---

⁵⁶¹ Houve, inclusive, proposição legislativa nesse sentido. O Projeto de Lei nº 1.777/2020, de autoria da deputada federal Erika Kokay (PT-DF), apresentado em 9 de abril de 2020, propunha alterar a LOAS para caracterizar como benefício eventual o auxílio emergencial.

⁵⁶² Uma hipótese para essa exclusão deliberada (para além daquela que aponta para o desconhecimento dos atores políticos no órgão gestor federal e no Congresso Nacional quanto ao funcionamento do SUAS) pode ser encontrada nas regras previstas na LOAS para a concessão de benefícios eventuais. A LOAS prevê que o valor e a concessão dos benefícios eventuais devem observar os critérios e prazos definidos pelos conselhos de assistência social. Isso implicaria envolver, no âmbito federal, o CNAS no processo de discussão do auxílio emergencial – e a edição do Decreto nº 9.759/2019 (que extinguiu os colegiados da Administração Pública federal) pareceu indicar o menosprezo da gestão Bolsonaro ao processo deliberativo participativo.

da rede socioassistencial do SUAS para realizar o cadastramento e as orientações necessárias para esse procedimento.

Houve subutilização dos equipamentos públicos da assistência social na implementação do benefício, uma vez que os CRAS, CREAS e Centros POP ficaram fechados (ou com atendimento remoto e reduzido) nos primeiros dias após a decretação de estado de calamidade pública, por ausência de orientações tempestivas do governo federal quanto à atuação das equipes. Além disso, as equipes foram acionadas apenas para a atualização dos dados do Cadastro Único, ficando subutilizadas para a orientação dos cidadãos quanto aos procedimentos de cadastro no aplicativo da CEF e aos procedimentos de regularização do CPF junto à Receita Federal.

A rede socioassistencial conta com equipamentos públicos que dispõem de profissionais capacitados para a realização de atividades de atendimento à população vulnerável, coleta de dados pessoais e cadastramento em bancos de dados – o que certamente constitui uma *expertise* das equipes do SUAS tanto na operação do Cadastro Único quanto no atendimento adequado às demandas dos indivíduos extremamente vulneráveis, que representam parte significativa dos beneficiários do auxílio emergencial.

Outro problema que merece destaque diz respeito às dificuldades operacionais que foram criadas por essa nova base de dados, relativas aos beneficiários que foram identificados por meio do aplicativo. Em primeiro lugar, porque o beneficiário cadastrado pelo aplicativo da CEF não recebeu Número de Identificação Social.[563] Em segundo lugar, porque, como os dados coletados não correspondem àqueles incluídos no Cadastro Único, eles não são passíveis de migração entre as bases. Assim, os cidadãos que receberam o auxílio emergencial permaneceram invisíveis para as demais políticas setoriais, uma vez que o instrumento de integração entre os programas do governo federal (CadÚnico) não foi priorizado na operacionalização do benefício.

Nesse sentido, cumpre ressaltar o alerta feito pela literatura quanto à importância dos instrumentos de política pública enquanto recursos de implementação, que podem ser fatores centrais para a obtenção de resultados qualitativos na ação governamental. O caso da opção pela

---

[563] O NIS é a identificação do cidadão brasileiro beneficiário de programas sociais junto à CEF que permite a integração entre os diversos benefícios e serviços nas diferentes esferas de governo.

utilização do aplicativo da CEF, ao invés da adequação de mecanismos de operação do Cadastro Único, é um exemplo de que o uso de instrumentos inadequados, conforme discutido no primeiro capítulo, pode atrapalhar o alcance dos objetivos da política (SPÍNOLA; OLLAIK, 2019, p. 331-335) – considerando-se que o objetivo da transferência de renda, nesse caso, seja de, efetivamente, garantir proteção social.

Ao analisar o processo de implementação do auxílio emergencial, de forma apartada do SUAS, com subutilização do Cadastro Único e a opção pelo uso de um novo aplicativo para o cadastro e seleção de beneficiários, nota-se a inabilidade da gestão federal em operar os atributos de adaptabilidade do Direito (COUTINHO, 2013b, p. 202) que permitiriam a adaptação da regulação do CadÚnico e dos benefícios eventuais para a operação do auxílio emergencial, perdendo-se a oportunidade de utilizar o arcabouço jurídico que já estrutura a política pública para servir a mais de uma finalidade.

Além disso, há um risco de sobreposição de ações dos diferentes entes federativos na definição dos beneficiários das ações emergenciais, tendo em vista que a concessão de benefícios em estados e municípios também tende a levar em conta o critério de renda e os dados do Cadastro Único. O uso do aplicativo, nesse caso, pode gerar duplicidade na identificação dos beneficiários de programas de diferentes esferas da Federação. Essas práticas fragmentárias são contrárias ao imperativo da coordenação das ações socioassistenciais, previsto nas diretrizes constitucionais da assistência social.

Outra questão relevante é o efeito político do pagamento do auxílio emergencial, que tende a gerar um bônus político exclusivamente voltado ao governo federal, que não é compartilhado com os gestores locais que são, em grande medida, os responsáveis por levar informação e esclarecimento à população sobre os critérios de concessão desse e de outros benefícios. Fica evidenciado um interesse da gestão federal em refazer as coisas a partir do zero, desconsiderando o legado e os processos de aprendizagem das políticas públicas precedentes, em nome de uma suposta modernização (a utilização de um aplicativo). Entretanto, isso indica que a gestão federal parece ignorar as limitações (e a própria existência) do público-alvo do auxílio, pessoas em situação de extrema vulnerabilidade, com baixa escolaridade e pouco ou nenhum acesso à internet e *smartphones* – e, com isso, foram criadas dificuldades administrativas e represamento dos pagamentos que depõem contra a capacidade gerencial da gestão.

Considerando que o pagamento do auxílio demandou a mobilização de estruturas da assistência social, como o Cadastro Único, os equipamentos públicos e os trabalhadores do SUAS, que possuem capilaridade e que permitem atingir as populações mais vulneráveis, é nítido que a operacionalização desse benefício só foi possível em virtude da estrutura da política pública já institucionalizada, que foi, no entanto, seja por falta de conhecimento, seja por intencionalidade quanto aos ganhos eleitorais, deliberadamente desconsiderada.

Assim, toda a institucionalidade do SUAS, construída ao longo das últimas três décadas para garantir aos cidadãos em situação de vulnerabilidade o acesso universal ao direito à assistência social, foi menosprezada na sua capacidade de prover a integração entre as políticas intersetoriais e, consequentemente, a proteção social no momento em que os brasileiros mais precisam.

O exemplo da implementação desastrosa do auxílio emergencial, pelo menos do ponto de vista operacional, demonstra, por um lado, que o governo federal perdeu uma oportunidade importante para a consolidação e ampliação das estruturas de proteção social já existentes, uma vez que poderia ter sido feito um investimento político e financeiro na ampliação da base do Cadastro Único, para abarcar os trabalhadores informais "invisíveis", que estavam fora da base de dados, consolidando uma base única, com informações padronizadas, permitindo melhor conhecimento sobre a composição das famílias de baixa renda e permitindo a coleta de informações importantes para o planejamento e implementação desse e de outros eventuais programas futuros voltados para esse público, tendo em vista a universalidade das ações e proporcionando maior equidade e justiça social.

Por outro lado, demonstra a importância tanto das estruturas já institucionalizadas do SUAS – sem as quais seria inviável operacionalizar a identificação de grande parte dos beneficiários (em especial aqueles cadastrados no CadÚnico) – quanto da *expertise* no desenho da concessão de benefícios pecuniários às populações vulneráveis – seja na coleta de dados e informações, seja no cruzamento de dados de diferentes bases de dados federais, feito pelo Dataprev, seja no pagamento dos benefícios, feito pela CEF.

É importante destacar, por fim, os efeitos do pagamento do auxílio emergencial no período de crise econômica agravada pela crise sanitária (ver Quadro 8). Um estudo da Fundação Getúlio Vargas demonstrou que a taxa de pobreza foi reduzida em 23,6% durante a pandemia e que cerca de 15 milhões de pessoas cruzaram essa linha de renda nesse período (NERI, 2020, p. 4). No entanto, é preciso ponderar que isso se deve ao fato de o valor médio do benefício ser superior à renda domiciliar dos mais pobres, o que representa uma elevação da renda *per capita* média – um indicador limitado para mensurar a pobreza. Uma medida emergencial de transferência de renda, de curto prazo, apesar de ser capaz de evitar situações de vulnerabilidade extrema, que teriam ocorrido no caso de sua inexistência, não é capaz de alterar, de maneira duradoura, formas multidimensionais de privação que incidem sobre os mais pobres (PRATES; BARBOSA, 2020, p. 2).

Quadro 8 – Auxílio emergencial 2020

Valor total pago: R$ 295,05 bilhões				
Pessoas elegíveis	Bolsa Família	Cadastro Único	App CEF	Decisão judicial
68,2 milhões	19,5 milhões	10,5 milhões	38,2 milhões	54,5 mil
Auxílio emergencial (abril/2020 a agosto/2020)			Extensão do auxílio emergencial (setembro/2020 a dezembro/2020)	
Parcela	Pessoas elegíveis	Valor total R$	Parcela	Pessoas elegíveis	Valor total R$
P1	68.013.147	47.318.733.300,00	SET.	43.583.962	13.520.672.896,01
P2	67.661.116	47.114.040.637,34	OUT.	50.448.035	15.686.980.811,01
P3	66.435.308	46.307.874.747,23	NOV.	54.866.601	17.117.800.792,46
P4	65.680.699	45.808.032.384,64	DEZ.	55.154.371	17.230.887.912,01
P5	64.328.721	44.941.917.751,04			

Fonte: SAGI. Relatório de Programas e Ações do Ministério da Cidadania. v. 4. Disponível em: https://aplicacoes.mds.gov.br/sagi/ri/relatorios/cidadania/#cadastrounico. Acesso em: 13 abr. 2021.

A despeito dos efeitos limitados na redução da pobreza no longo prazo, o auxílio emergencial alçou a pauta da renda básica ao topo da agenda política. E evidenciou que os valores pagos pelo Programa Bolsa Família não eram suficientes para assegurar segurança de renda aos beneficiários. A experiência de implementação do auxílio emergencial configurou-se uma janela de oportunidade para uma discussão mais ampla e mais qualificada, no debate público, acerca da ampliação do PBF, tanto no que diz respeito ao limite de renda dos beneficiários, elevando-se o patamar de pobreza (que correspondia, no início de 2020, a uma renda mensal de até R$ 178,00 por pessoa),[564] quanto no que se refere ao valor dos benefícios. No longo prazo, abre-se espaço para a possibilidade de adoção de um programa de transferência de renda sem condicionalidades, nos moldes do que foi concebido como Renda Básica de Cidadania, instituída pela Lei nº 10.835/2004 – que não havia sido, até o momento de edição desta obra, regulamentada.[565]

5.1.6 As medidas desestruturantes do SUAS

Para verificar a resiliência do desenho jurídico-institucional do SUAS em face de câmbios políticos, são discutidas, a seguir, algumas das medidas adotadas no período de 2016 a 2020 que desafiaram a lógica de funcionamento dos elementos de institucionalidade jurídica do SUAS. O objetivo é mapear as medidas desestruturantes da política pública editadas nesse quinquênio, verificando os efeitos de desagregação ou, em sentido contrário, a capacidade de resistência política e jurídica do arranjo institucional construído no período de 2003 a 2014.

Em primeiro lugar, destacam-se as alterações na estrutura do *órgão gestor* da política de assistência social promovidas nas gestões Temer e Bolsonaro. O MDS, órgão da Administração Pública responsável, até 2015, pela gestão do SUAS no âmbito federal, foi fundido a outros ministérios entre 2016 e 2020, transformado em Ministério do Desenvolvimento Social e Agrário (MDSA)[566] no governo Temer e em Ministério da Cidadania (MC)[567] no governo Bolsonaro.[568] Com isso, houve uma sinalização do governo federal, em termos simbólicos, de despriorização da política, inicialmente com a agregação de áreas de política muito diversas em um mesmo órgão gestor e, posteriormente, com rebaixamento da estrutura de gestão do SUAS[569] na hierarquia dos ministérios. No caso do governo Bolsonaro, ao ser rebaixada na

---

[564] Valor correspondente ao período de redação deste estudo, conforme previsão do Decreto nº 9.396/2018.

[565] Vale destacar que a Lei nº 14.284/2021, que instituiu o Programa Auxílio Brasil no governo Bolsonaro, previu que esse auxílio constituiria uma etapa do processo de implementação da renda básica de cidadania. No governo Lula 3, a Lei nº 14.601/2023, que reinstituiu o Programa Bolsa Família, manteve dispositivo com a mesma redação, para prever que o PBF constituiria etapa do processo gradual e progressivo de implementação da universalização da renda básica de cidadania.

[566] O MDSA foi resultado da fusão do MDS com o Ministério do Desenvolvimento Agrário.

[567] O MC foi resultado da fusão do MDS com os Ministérios da Cultura e do Esporte.

[568] Cf. Quadro 6 na seção 4.1 do quarto capítulo.

[569] No MC, a estrutura do antigo MDS foi rebaixada de ministério para secretaria especial.

estrutura institucional do MC, a SNAS perdeu, por exemplo, a gestão direta do FNAS[570] (LIMA, 2020, p. 70).

No entanto, cumpre destacar que, mesmo com a alteração da nomenclatura do ministério e com a ampliação do seu escopo de competência, o órgão gestor do SUAS manteve, em grande medida, a mesma estrutura interna consolidada durante a existência do MDS: a SNAS manteve-se responsável pela política nacional de assistência social, a SENARC pelas políticas de transferência de renda e a SAGI pela gestão da informação, pelo monitoramento e avaliação das ações.

A manutenção da organização interna das secretarias do ministério é demonstrativa da resiliência do desenho institucional do órgão gestor dessa política, da funcionalidade dessa estrutura, em especial da pertinência da conservação da articulação entre as ações de assistência social com as ações de transferência de renda. Nesse sentido, as capacidades técnico-administrativas, constituídas no período de 2003 a 2014, relativas à existência de um órgão com autonomia para a implementação da política, com disponibilidade de recursos humanos e financeiros, constituindo uma burocracia hábil para elaborar e coordenar o SUAS, mantidas no seu aspecto técnico e burocrático, indicam resiliência do desenho de gestão, o que é uma condição importante de sustentabilidade de uma política pública (LOTTA, 2020).

Em segundo lugar, destacam-se medidas referentes ao *conteúdo das ações socioassistenciais*: o auxílio emergencial, criado como uma medida excepcional de proteção social, mencionado na subseção precedente, e o Programa Criança Feliz,[571] instituído na gestão Temer. O PCF foi anunciado em evento que contou com a participação de Marcela Temer como embaixadora do programa,[572] o que gerou diversas críticas quanto ao papel da primeira-dama na política pública,[573] por restaurar o discurso da boa vontade, da ajuda aos pobres e do voluntarismo, que já se acreditava superado, uma vez que a assistência social adquiriu o *status* de direito social (MESQUITA *et al.*, 2018, p. 30). Além disso, a atuação

---

[570] Desde 2005, a gestão do FNAS era competência da SNAS. No MC, a gestão do FNAS passou a ser competência da Secretaria de Gestão de Fundos e Transferências (SGFT), conforme previsão do Decreto nº 9.674/2019.

[571] O Programa Criança Feliz foi instituído pelo Decreto nº 8.869/2016.

[572] No evento de lançamento do PCF, Marcela discursou, afirmando que seu trabalho seria voluntário e que ela estava "feliz em colaborar em causas sociais do país".

[573] O Conselho Federal de Serviço Social (CFSS) manifestou-se em nota, afirmando que "o primeiro-damismo resgata a negação do direito social, a desprofissionalização das políticas sociais e a condição subalterna da mulher" (SPOSATI, 2017, p. 537).

voluntária da esposa do presidente remete ao legado de benemerência, que tem sido combatido por uma série de medidas de capacitação dos profissionais que atuam no SUAS, como forma de profissionalização das ações da política.[574]

O programa também foi muito criticado por ter sido instituído de maneira unilateral pelo governo federal, antes de ser discutido e pactuado nos espaços de deliberação da política de assistência (CIT e CNAS) (MESQUITA *et al.*, 2018, p. 30). Mas, mesmo após o desconforto inicial entre os gestores estaduais e municipais, houve um esforço de pactuação na CIT quanto às ações do programa e aos critérios de partilha para o seu financiamento federal,[575] assim como no CNAS, que buscou acomodar as ações do programa na política, com a instituição do Programa Primeira Infância no SUAS.[576]

O Programa Criança Feliz foi interpretado pelos gestores e por estudiosos da política como um risco ao SUAS por diversos aspectos. Segundo a literatura, o programa não apresentava nenhuma inovação, já que a principal ação do programa consistia na realização de visitas domiciliares periódicas às famílias[577] – e os serviços socioassistenciais, atividades continuadas do SUAS, já preveem a realização de visitas no trabalho social com as famílias.[578] As visitas domiciliares do PCF diferiam, em objetivos e sistemática, das visitas realizadas pelas equipes do SUAS,[579] não havendo clareza sobre as formas de integrá-las (MESQUITA *et al.*, 2018, p. 33) Além disso, o programa focava a gestante como cuidadora privilegiada da criança, ignorando o conceito de família extensa (SPOSATI, 2017, p. 533-534) e, nesse sentido, demonstrava uma forte tendência de reprodução de conteúdo e práticas conservadores, com efeitos moralizantes da questão social. Ademais, o programa prescindia de alinhamento com os demais entes federados, apresentava um arranjo

---

[574] Conforme discutido na subseção 4.1 do quarto capítulo.
[575] Pelas Resoluções CIT nºs 4 e 5 de 2016, respectivamente.
[576] Correspondente à participação da política de assistência social no Programa Criança Feliz, conforme previsão da Resolução CNAS nº 19/2016.
[577] As visitas visavam a promover o acompanhamento do desenvolvimento infantil de crianças até os seis anos de idade, apoiar a gestante na preparação para o nascimento e colaborar no exercício da parentalidade na primeira infância, com prioridade para o atendimento de famílias beneficiárias do PBF e do BPC.
[578] Como, por exemplo, o PAIF e o SCFV no âmbito da PSB e o PAEFI na PSE.
[579] Para as famílias atendidas pelos CRAS e CREAS, a visita domiciliar é um instrumento de identificação de vulnerabilidades e violações de direitos, enquanto que no PCF as visitas domiciliares são voltadas a apoiar o desenvolvimento integral da criança a partir do diálogo com a família no seu domicílio.

institucional frágil, que poderia trazer dificuldades quanto à fiscalização de órgãos de controle e à qualidade na sua execução (SILVEIRA, 2017, p. 501-502).

O maior risco do PCF ao SUAS dizia respeito ao financiamento, na medida em que o programa era custeado com despesas discricionárias e que a sua priorização na agenda governamental implicava redução dos recursos destinados aos serviços socioassistenciais.[580] Em 2017, por exemplo, o governo contingenciou recursos para o financiamento dos serviços socioassistenciais, mas o contingenciamento não afetou o financiamento do PCF.[581] Em 2018, os valores destinados ao Programa Criança Feliz foram majorados em 36%, enquanto que os recursos do IGDSUAS foram reduzidos em 57% (PAIVA *et al.*, 2020, p. 76). O teto de gastos não impediu o crescimento do PCF: se em 2016, antes de sua criação, os repasses aos serviços socioassistenciais representaram cerca de 85% das despesas discricionárias, em 2017, com a criação do programa, o PCF abocanhou 5% dos recursos (restando 81% para os serviços) e, em 2018 e 2019, 10% (restando 75% para os serviços) (PAIVA *et al.*, 2021, p. 70). Isso demonstra o interesse de acomodação do programa no orçamento, em detrimento de serviços continuados, apesar do discurso de compromisso com a austeridade fiscal (MESQUITA; PAIVA; JACCOUD, 2020, p. 196).

Em terceiro lugar, destacam-se duas medidas de limitação à *participação popular*: o entendimento jurídico quanto à natureza das diretrizes aprovadas na XI Conferência Nacional, realizada em 2017, e o cancelamento da convocação da 12ª Conferência Nacional de Assistência Social, em 2019.

A XI Conferência Nacional de Assistência Social foi realizada durante a gestão Temer, em dezembro de 2017, em um contexto caracterizado pela contrariedade de parte dos representantes governamentais e da sociedade civil quanto às medidas que foram consideradas ameaças ao SUAS: o Programa Criança Feliz, as mudanças na gestão do Benefício de Prestação Continuada e a alocação insuficiente de recursos

---

[580] Em 2017, houve redução de 19% dos recursos destinados aos serviços de proteção social do SUAS, enquanto que os recursos do PCF aumentaram (MESQUITA *et al.*, 2018, p. 32).

[581] Até novembro de 2017, 71% dos recursos do PCF haviam sido pagos, enquanto que 55% dos recursos para os serviços só foram repassados no mês de dezembro de 2017 (MESQUITA *et al.*, 2019, p. 65). Apesar de terem sido descontingenciados e repassados no último mês do ano, os valores repassados extemporaneamente geraram dificuldades financeiras aos entes subnacionais, pelo comprometimento da regularidade do financiamento das ações continuadas da política.

no Projeto de Lei Orçamentária (PLOA) para 2018 (MESQUITA *et al.*, 2018, p. 49). As deliberações dos delegados da Conferência Nacional foram reativas a essas insatisfações, demandando a revogação do Decreto nº 8.805/2016 (que introduziu maior rigor na concessão e manutenção do BPC), a desvinculação do PCF da política de assistência social[582] (com devolução integral dos recursos ao FNAS) e a revogação do corte orçamentário do SUAS previsto para 2018 e da EC nº 95/2016 (que instituiu o Novo Regime Fiscal). A existência de deliberações manifestamente contrárias a medidas, tomadas no período, quanto ao funcionamento da política, distinguiu a IX Conferência Nacional das anteriores, na medida em que materializou uma reação de diversos atores em relação às medidas percebidas como ameaças à consolidação do SUAS (MESQUITA *et al.*, 2019, p. 51).

Após a publicação das deliberações da Conferência Nacional pelo CNAS,[583] o MDS solicitou manifestação de sua consultoria jurídica quanto à natureza jurídica do teor dos encaminhamentos votados pelos delegados no processo conferencial. Em seu parecer,[584] a CONJUR/MDS considerou que as deliberações das conferências possuíam natureza jurídica de *proposição* ao CNAS – que, como instância deliberativa do SUAS, teria competência para deliberar (apreciando o que foi proposto na conferência). Com isso, o parecer firmou o entendimento de que as conferências propõem diretrizes que não necessariamente vinculam a condução da política.

A consulta do MDS, arguindo a incorreção técnica da denominação das deliberações logo após a realização da conferência, sinaliza resistência na efetivação das diretrizes aprovadas pelos delegados. No entanto, em que pese o cenário desfavorável à implementação das "proposições", é importante ressaltar que os atores políticos encontraram, na instância de participação social, espaço para se organizarem e vocalizarem seu descontentamento, propondo diretrizes para o

---

[582] A despeito da priorização do programa na agenda governamental, a implementação do PCF foi rejeitada pelos participantes da XI Conferência Nacional sob o argumento de que o programa teria maior afinidade com as ações das equipes de saúde da família (vinculadas ao SUS), de que o programa disputava recursos com os serviços socioassistenciais e de que o PCF configurava relações de trabalho precárias para seus visitadores, enfraquecendo a institucionalidade da política (MESQUITA *et al.*, 2019, p. 52).

[583] As deliberações da XI Conferência Nacional foram publicadas pela Resolução CNAS nº 21/2017.

[584] Parecer nº 077/2018/CONJUR-MDS/CGU/AGU.

aperfeiçoamento da política, conforme previsão da LOAS (MESQUITA et al., 2019, p. 52).

No caso da 12ª Conferência Nacional de Assistência Social, realizada no primeiro ano de gestão do governo Bolsonaro (2019), destaca-se que houve uma disputa interna no CNAS quanto à convocação do processo conferencial, com posição contrária dos representantes do governo federal.[585] A convocação acabou cancelada, com base no entendimento de um parecer jurídico[586] quanto à necessidade de quórum qualificado para votação de convocação do processo conferencial extraordinário. Mas a despeito da revogação da convocação do CNAS, foi realizada a Conferência Nacional Democrática de Assistência Social (CNDAS), demonstrando a mobilização dos agentes públicos e privados, em diversos entes da Federação, para a manutenção da realização do evento e, em última análise, a consolidação institucional dessa instância de participação e controle social do SUAS.[587]

Interessante notar que, nos dois casos, a gestão federal recorreu ao subterfúgio da interpretação jurídica para restringir a participação. Na gestão Temer, em que os participantes do processo conferencial manifestaram discordância com os rumos da gestão do SUAS, foi questionada a natureza jurídica das deliberações da conferência no sentido de contestar a validade desses atos na vinculação da condução da política. Na gestão Bolsonaro, a restrição foi incrementada, uma vez que o questionamento quanto ao aspecto procedimental da votação no âmbito da instância de participação (CNAS) culminou no cancelamento da convocação oficial do processo conferencial.

Em quarto lugar, destacam-se medidas de restrição ao *financiamento* da política: além do Novo Regime Fiscal (NRF), mencionado anteriormente, houve a edição de normas que indicam a ruptura com a regularidade dos repasses fundo a fundo, como a Portaria MC nº 2.362/2019. A referida portaria foi publicada pelo Ministério da Cidadania com o objetivo de "promover a equalização do cofinanciamento federal do SUAS à LDO e à LOA". A norma previu que os repasses federais

---

[585] O próprio Ministro da Cidadania chegou a expressar sua contrariedade com a realização da conferência, sob a justificativa de que o processo conferencial de 2017 teria sido muito politizado – postura encarada como autoritária e avessa às divergências democráticas pela Frente Nacional em Defesa do SUAS e da Seguridade Social, em nota publicada em 8 de maio de 2019. Disponível em: https://conferenciadeassistenciasocialhome.files.wordpress.com/2019/05/nota_frentenacional_conferecc82ncias.pdf. Acesso em: 6 abr. 2021.

[586] O Parecer nº 201/2019 da Consultoria Jurídica do Ministério da Cidadania.

[587] Cf. seção 4.3 do quarto capítulo.

seriam limitados ao ano vigente, conforme disponibilidade financeira, estabelecendo que, caso alguma restrição financeira impedisse o repasse do governo federal a um ente federado em algum mês do ano, o recurso só poderia ser repassado naquele ano (alterando a lógica de inscrição em restos a pagar).[588] Manteve-se a priorização de repasse aos entes com menor índice de pagamento nas contas dos respectivos fundos, mas as parcelas mensais (que antes eram fixas) passaram a ser variáveis a depender dos recursos disponíveis, que seriam rateados entre os entes (PAIVA et al., 2021, p.78).

O CONGEMAS divulgou uma manifestação em 14 de fevereiro de 2020[589] posicionando sua contrariedade com relação à portaria, que avaliou ser uma medida de desfinanciamento da política, com graves implicações para a sustentabilidade do SUAS. O colegiado avaliou que o repasse condicionado à célere execução dos recursos por parte dos estados e municípios desconsiderava: i) os ritmos e processos inerentes ao ciclo da política nas esferas subnacionais; ii) o cenário de instabilidade orçamentária e de ruptura com a regularidade dos repasses, o que dificultava o planejamento das ações; iii) os efeitos de não pagamento de despesas de exercícios anteriores e iv) a redução progressiva dos recursos para políticas sociais diante do teto de gastos imposto pelo NRF. Em sua manifestação, o CONGEMAS reforçou que o repasse de recursos fundo a fundo deveria ser pactuado na CIT e deliberado no CNAS, expressando descontentamento com a forma adotada para a divulgação da medida, a saber, uma portaria unilateral do órgão gestor federal. O mesmo descontentamento foi expresso pelo FONSEAS em manifestação de 18 de fevereiro de 2020[590] reforçando a necessidade de construção conjunta dos dispositivos regulatórios do SUAS e de novas medidas que garantissem o financiamento público, especialmente em um cenário de restrição fiscal.

---

[588] Importante destacar que uma suspensão temporária do repasse de recursos do cofinanciamento federal do SUAS para estados, distrito federal e municípios já havia sido prevista pelas Portarias MDS nº 36/2014 e MDS nº 88/2015, para os entes que tivessem saldo em conta com valor maior ou igual a doze meses de repasse, priorizando-se o repasse aos entes com menor saldo em conta nos respectivos fundos, observando-se os saldos individualizados em cada piso. A revogação dessas portarias foi objeto de deliberação na XI Conferência Nacional, de 2017.
[589] Disponível em: http://www.congemas.org.br/posicionamento-do-congemas---portaria-n%C2%BA-2362-noticias. Acesso em 15 ago. 2020.
[590] Disponível em: http://fonseas.org.br/fonseas-manifesta-posicionamento-sobre-a-portaria-n-2-36219-e-a-grave-situacao-do-orcamento-da-assistencia-social/. Acesso em 15 ago. 2020.

A edição da Portaria MC nº 2.362/2019, no contexto do Novo Regime Fiscal, reforçou as incertezas dos gestores subnacionais quanto ao cofinanciamento federal dos serviços socioassistenciais. Mas, a despeito da redução dos aportes federais, a rede socioassistencial tem demonstrado alguma resiliência às intempéries de um período de restrição fiscal. Uma hipótese levantada para esses resultados observados na rede assistencial seria o aumento do cofinanciamento estadual e municipal aos serviços socioassistenciais (PAIVA *et al.*, 2021, p. 16). Essa hipótese aposta no compromisso dos entes subnacionais com a implementação do SUAS, em atenção à diretriz constitucional de descentralização e à diretriz da LOAS de corresponsabilização dos entes federados pelo financiamento da política. Mas é preciso ponderar que essa aposta na capacidade de financiamento dos entes subnacionais pode gerar desigualdades na estruturação do SUAS no território brasileiro, em razão da menor capacidade fiscal e arrecadatória dos municípios de menor porte.

Em quinto lugar, destacam-se medidas de restrição aos fluxos de *articulação interfederativa*, que garantem a operacionalização da gestão descentralizada do SUAS, como as medidas unilaterais adotadas pelo governo federal,[591] interpretadas como tentativas de enfraquecimento das instâncias deliberativas da política (MESQUITA *et al.*, 2019, p. 9), e a extinção da CIT pelo entendimento de um parecer jurídico quanto aos efeitos do Decreto nº 9.759/2019 no âmbito da política de assistência social.[592] A interpretação do parecer não chegou a desmobilizar a CIT, na medida em que a comissão continuou a se reunir e acabou sendo novamente instituída pelo Decreto nº 10.009/2019,[593] após pressão dos gestores subnacionais.[594] Mas é forçoso ressaltar que a recriação da

---

[591] Como as alterações nos procedimentos para a inclusão dos beneficiários do BPC no Cadastro Único e a criação do Programa Criança Feliz, já mencionados nesta seção, e a apresentação de um conjunto de prioridades a serem incluídas no pacto de aprimoramento da gestão de estados e distrito federal para o período 2016-2019, sem acordo prévio com representantes de estados e municípios, conforme mencionado na seção 4.5 do quarto capítulo.

[592] O Parecer nº 390/2019 da CONJUR-MC entendeu que a CIT, instituída pela NOB-SUAS/2012, foi extinta pelo decreto, por ter sido criada por uma resolução do CNAS, conforme discutido na seção 4.5 do quarto capítulo.

[593] O referido parecer entendeu ser necessária a edição de *lei* para instituir a CIT, de modo a obrigar os representantes de estados e municípios a serem seus membros, em observância ao pacto federativo – a não ser que tais entes tivessem seus representantes como convidados, caso em que caberia a instituição da comissão por decreto.

[594] Cumpre destacar que a redação original do Decreto nº 10.009/2019 previa que os representantes dos estados e do distrito federal na CIT seriam indicados por um "Fórum Nacional de Gestores Estaduais de Assistência Social" e que os representantes municipais seriam indicados por uma "Confederação Nacional dos Gestores Municipais de Assistência Social". Posteriormente,

comissão por decreto, ainda que tenha elevado o *status* normativo dessa instância, não afasta o risco de extinção por ato unilateral do governo federal no futuro.

Em sexto lugar, destaca-se a utilização de uma plataforma digital (aplicativo) para acesso ao auxílio emergencial, em detrimento do uso do Cadastro Único, *instrumento* consolidado no SUAS para a seleção de beneficiários dos programas sociais do governo federal. O aplicativo, além de desconsiderar a dificuldade da população pobre na utilização da tecnologia e o acesso limitado a *smartphones* e internet, criou uma base de dados com informações sobre os beneficiários paralela à base do Cadastro Único, dificultando a integração desses usuários a outros programas sociais, sejam da assistência social ou de outras políticas setoriais.

As medidas destacadas nesta seção, identificadas como desestruturantes do SUAS, correspondem aos elementos de institucionalidade jurídica da política pública discutidos no quarto capítulo. Essas medidas desafiaram a lógica de funcionamento do arranjo jurídico-institucional do SUAS construído no período de 2003 a 2014, mas não lograram desagregar o desenho institucional da política como um todo. Houve interrupção da regularidade do financiamento federal e tentativas de fragilização das instâncias de participação popular e articulação interfederativa. Mas houve também resistência política e jurídica no sentido de impedir o desmantelamento desse arranjo, garantindo-se a manutenção das ofertas socioassistenciais à população brasileira em situação de vulnerabilidade e risco.

5.2 O que é retrocesso para uma política pública?

A hipótese deste trabalho é a de que dificilmente a arquitetura de uma política pública, construída a partir de uma sólida base normativa, será desmantelada sem que haja a revogação deliberada das normas em vigor. Nesse sentido, projeta-se a perspectiva de que a redução de investimentos desidrate a oferta de serviços e benefícios socioassistenciais, mas que o desenho institucional de funcionamento da política,

---

foi editado o Decreto nº 10.123/2019, que alterou a redação do Decreto nº 10.009/2019 para fazer constar no regulamento a correta denominação da associação representativa dos gestores estaduais (FONSEAS) e municipais (CONGEMAS).

construído a partir de um conjunto de regras, procedimentos e pactuações, tenda a permanecer mais ou menos estável.

Isso porque a plena realização dos direitos que têm baixa densidade normativa na Constituição está condicionada à existência de políticas públicas. No caso da assistência social, que foi incluída no rol de direitos sociais do artigo 6º da CF/88, há previsão constitucional quanto à sua natureza não contributiva, quanto aos objetivos das ações socioassistenciais, previsão de que essas ações sejam realizadas com recursos do orçamento da seguridade social e diretrizes no sentido da organização descentralizada e participativa da ação governamental. Mas coube à legislação infraconstitucional, em especial à LOAS, densificar os comandos constitucionais. As demais normas, já mencionadas nos capítulos anteriores, lograram organizar a ação administrativa, no sentido de concretizar as ofertas da política pública, garantindo o acesso ao direito social previsto na Constituição.

Ainda que a política pública tenha se estruturado por meio de normas e pactuações e se organizado como um sistema descentralizado e participativo, o Sistema Único de Assistência Social, a efetiva realização do direito social à assistência depende, por um lado, do aperfeiçoamento contínuo do desenho jurídico-institucional e, por outro, de recursos financeiros para manter o funcionamento das unidades públicas, dos serviços, benefícios, programas e projetos. Esses recursos são mais necessários quanto maior a oferta e quanto maior a cobertura da rede socioassistencial, sempre no sentido de garantir o acesso à população em situação de vulnerabilidade, público-alvo dessa política.

Em contextos de crise econômica, a tendência é que haja um aumento nas situações de insegurança, vulnerabilidade e risco social que atingem a população. E isso acaba aumentando a demanda por serviços e benefícios da assistência social. No entanto, a crise fiscal reduz os recursos disponíveis nos fundos públicos, e isso acende um debate sobre austeridade fiscal e redução do gasto público, que tende a encolher as prestações do Estado. A expressão jurídica dessa resposta ortodoxa à crise financeira é, em geral, a desconstitucionalização e deslegificação dos direitos sociais (MENDONÇA, 2003, p. 234).

Num Estado de Direito, isso seria defeso, pelo princípio da vedação do retrocesso. Como princípio constitucional implícito (SARLET, 2009, p. 148; SARLET, 2013, p. 794), a vedação do retrocesso estaria em não se poder retirar da norma constitucional a plena eficácia conquistada, por meio da norma infraconstitucional, sem que se coloque algo em seu lugar.

Ao tratar do conteúdo e da aplicação do princípio pela jurisprudência brasileira, José Vicente dos Santos Mendonça (2003) identificou uma dimensão *genérica* da vedação ao retrocesso, aplicável às normas constitucionais em geral, cujo fundamento seria a força normativa da Constituição e o princípio da efetividade. Seu efeito seria impossibilitar que a legislação infraconstitucional, que densifica as normas da Constituição, fosse simplesmente revogada. A vedação se aplicaria ao legislador, que ficaria impedido de revogar a norma sem substituí-la por alguma outra.

Mendonça identificou também uma dimensão *específica* da vedação do retrocesso, cujo fundamento estaria no princípio do Estado de Direito, na modalidade proteção da confiança. Seu efeito seria impedir a redução, por via legislativa, dos direitos sociais, mas esse impedimento não seria absoluto. Sua relatividade deveria ser guiada pela ponderação e pelos princípios da razoabilidade. Nesse sentido, toda proposta de redução do patamar de algum direito social, através de modificação na legislação infraconstitucional, deveria verificar se essa modificação é razoável, observando-se o mínimo existencial como limite à redução. O princípio vedaria a redução da situação anterior de realização dos direitos sociais, pela modificação legislativa, até à insustentabilidade, devendo-se garantir um esforço, ainda que pequeno, de manutenção (MENDONÇA, 2003, p. 234-235).

Anos depois, Mendonça reviu suas proposições precedentes, sugerindo o uso controlado do princípio da vedação do retrocesso, de modo a evitar seu uso político, que é por ele rejeitado. O uso político estaria em designar posições políticas contrárias como retrocessivas e, então, buscar vedá-las por via judicial.

O autor propôs o abandono das denominações anteriores (vedação genérica e vedação específica) e passou a utilizar as novas designações vedação do retrocesso *da eficácia jurídica* e vedação do retrocesso da *eficácia social* das normas constitucionais (ou, apenas, vedação do retrocesso da *efetividade constitucional*), respectivamente.

Assim, a vedação do retrocesso *da eficácia jurídica* determinaria que uma lei que torna aplicável norma constitucional (até então não autoaplicável) não pode ser revogada por inteiro, mas pode ser alterada por outra lei ou revogada em parte. O legislador e o regulamentador, quando tornam aplicável, pela lei ou pelo regulamento, dispositivo constitucional carente de norma, não podem voltar inteiramente atrás. Podem regular de modo diferente, podem até reduzir direitos, mas não podem revogar seus atos sem colocar nada no lugar (MENDONÇA, 2016, p. 18).

Já a vedação do retrocesso da *efetividade constitucional* determinaria a impossibilidade de redução na qualidade dos direitos fundamentais sociais já efetivados. Mas nesse caso há um problema para determinar os requisitos para a redução da proteção trazida pela legislação social. Em 2003, o autor identificou dois requisitos (para a então denominada vedação específica): que a alteração/supressão respeitasse o mínimo existencial e que, junto com a alteração/supressão, fosse fornecida uma alternativa proporcional. Mas em 2016, reconheceu ser difícil determinar o que seria "fornecer uma alternativa", já que, para ele, vedação do retrocesso não é vedação da regressividade dos resultados de políticas públicas, uma vez que as políticas públicas são necessariamente mutáveis, e seus resultados, relativamente indeterminados (MENDONÇA, 2016, p. 18).

Assim, o autor propõe que o retrocesso de *efetividade* seja examinado a partir de: i) uma *circunscrição material*, segundo a qual o princípio da vedação do retrocesso só se aplicaria a situações extremas, a respeito do que há "consenso básico profundo", como decisões políticas fundamentais (e não direções ideológicas conjunturais); ii) uma *abrangência formal*, segundo a qual a vedação do retrocesso não se aplicaria a emendas à Constituição, a leis orçamentárias e à estrutura da organização de serviços públicos (para o autor, não há que se falar em retrocesso, por exemplo, quando há fechamento de um determinado serviço público, pois nesse caso a solução seria político-institucional, no sentido da escolha dos representantes políticos, e não jurídico-constitucional); e iii) uma *abrangência material*, no sentido de que a vedação do retrocesso só incidiria em relação a leis e regulamentos.

Mendonça elenca, por fim, três requisitos para uma incidência constitucionalmente adequada da vedação do retrocesso de efetividade: i) deve ser apresentada justificativa plausível para a alteração (como não é possível "compensar" decisões, leis, atos administrativos e políticas públicas umas com as outras, pode-se exigir, no máximo, uma fundamentação plausível da alternativa que se oferece em relação ao Direito que se altera); ii) deve ser preservado o núcleo do Direito alterado (a efetividade de um direito constitucional deve ser preservada, ainda que sob outra forma) e iii) deve ser observada a razão pública (pela utilização da vedação do retrocesso de efetividade constitucional como argumento jurídico, e não como argumento ideológico, sob o risco de mascaramento da política sob as vestes jurídicas do retrocesso, gerando descrédito institucional do Poder Judiciário, que tem dever de imparcialidade política) (MENDONÇA, 2016, p. 20-21).

O princípio da proteção da confiança, que fundamenta a vedação do retrocesso da *efetividade constitucional*, é um desdobramento do princípio da segurança jurídica. A *segurança jurídica* diz respeito à estabilidade da ordem jurídica e à previsibilidade da ação estatal, que deve estar sujeita a regras fixas. A segurança jurídica é a própria motivação do Direito, na medida em que o Direito é elaborado para proporcionar segurança e certeza na vida social (MEDAUAR, 2008, p. 228). O princípio da segurança jurídica designa o aspecto *objetivo* da ordem jurídica (estabilidade das relações jurídicas, segurança de orientação e realização do Direito), enquanto que o princípio da proteção à confiança alude ao aspecto *subjetivo* (ou seja, a previsibilidade e calculabilidade dos indivíduos em relação aos efeitos jurídicos dos atos da Administração) (SILVA, 2004, p. 274).

O princípio da *proteção da confiança* diz respeito à continuidade das leis, à confiança dos indivíduos na subsistência das normas. Refere-se à realização de promessas ou compromissos da Administração que geram, no cidadão, esperanças fundadas (MEDAUAR, 2008, p. 230). No caso do Estado brasileiro, que garante direitos sociais aos cidadãos por norma constitucional, infere-se que a proteção da confiança se dirija à expectativa de efetivação contínua e progressiva desses direitos, por meio das políticas públicas.

No caso específico da assistência social, por tratar-se de política de seguridade social, que procura garantir proteção e amparo a indivíduos e famílias em situação de vulnerabilidade, o próprio conteúdo da ação prestacional do Estado visa à produção de segurança e à redução das incertezas com relação aos riscos sociais. A falta de confiança dos cidadãos quanto às possibilidades de acesso aos benefícios e serviços da assistência social gera insegurança. E, nesse sentido, a regressividade não está apenas no alcance da política pública, mas também no conteúdo do direito social.

No entanto, as medidas regressivas no resultado, na cobertura e no conteúdo das políticas públicas, ainda que possam ser adjetivadas como retrocessivas, não podem ser judicialmente contestadas, no sentido da declaração de sua inconstitucionalidade. Como exposto anteriormente, a incidência adequada do princípio da vedação do retrocesso de efetividade constitucional não abarca as situações de mera restrição de direitos.

Por esse motivo, ainda que se identifiquem algumas medidas adotadas no quinquênio 2016-2020 como retrocesso – e essa parece ser uma qualificação consolidada (AVRITZER; KERCHE; MARONA, 2021), na medida em que reduzem a capacidade do Estado em atender à crescente demanda pelas ações socioassistenciais –, não é possível recorrer ao princípio para acionar o Poder Judiciário no sentido de arguir a constitucionalidade dessas medidas.

Isso porque há um entendimento na doutrina de que retrocesso designa um retorno a um *status quo ante* no qual não havia normatização alguma (e, portanto, nenhuma capacidade estatal instituída). A desconstrução, nessa concepção, deve ser completa, sem o que não se caracteriza o retrocesso. Mas o que se observa, nas políticas públicas estruturadas por uma miríade de normas, é que a revogação de uma única norma ou conjunto de normas não acarreta, necessariamente, a desconstrução absoluta. A desconstrução parcial, ainda que produza efeitos negativos, não implica a ausência total de regulação, motivo pelo qual a utilização da terminologia torna-se controversa e, portanto, deve ser reconsiderada.

Nesse sentido fica evidenciado que, para as políticas públicas que efetivam direitos sociais, a vedação do retrocesso é um princípio jurídico de aplicação restrita, exclusivo para situações de supressão integral de lei ou regulamento que retire da norma constitucional a plena eficácia conquistada. Fica demonstrado que a mera adjetivação das medidas como retrocessivas, no sentido político, não implica a efetiva viabilidade jurídica de utilização do princípio de vedação do retrocesso para reivindicar judicialmente a sua reversão.

No entanto, a despeito da ressalva feita por Mendonça (2016, p. 18) quanto ao uso político da linguagem jurídica como estratégia de produção de um estado de empatia na sociedade, entende-se necessária a acomodação, no campo do Direito, da caracterização das medidas que reduzem a capacidade estatal (aqui entendida como habilidade de formular e executar políticas) de modo a permitir uma qualificação jurídica desse fenômeno concreto. O objetivo dessa qualificação é, por um lado, permitir uma leitura jurídica de situações fáticas relativas ao universo das políticas públicas e, por outro, viabilizar um diálogo qualificado entre o campo político e o campo jurídico.

Sugere-se que sejam designadas como retrocessivas *em sentido material* aquelas medidas que promovam justamente a desestruturação *parcial*, que não se qualifica como retrocesso vedado pelo princípio jurídico já referido, mas que produza efeitos práticos de restrição ao acesso e ao gozo de determinado direito social. Defende-se que, para ser caracterizada como medida retrocessiva *em sentido material*, a decisão, em âmbito Executivo, Legislativo ou Judiciário, em suporte normativo constitucional, legal ou infralegal, de caráter imperativo ou a título de recomendação, deve induzir a redução de conteúdo, abrangência, resultado ou impacto de uma política pública.

Cumpre reforçar que essa qualificação, que indique regressividade no alcance da política pública e, consequentemente, na fruição do direito social, não tem o propósito de fundamentar subsunção ao princípio da vedação ao retrocesso, para fins de acionamento do Poder Judiciário (no sentido de arguir a constitucionalidade dessas medidas com o fito de desconstituí-las ou vedá-las por via judicial) – uma vez que, como sustentado por Mendonça, tal incidência revela-se inadequada.

No entanto, defende-se o enquadramento jurídico de decisões e medidas desestruturantes das políticas públicas como um *retrocesso material*, com o objetivo de qualificar juridicamente, de maneira apropriada, um fenômeno da realidade de um Estado social, como o Estado brasileiro. Essa qualificação, acredita-se, confere ao jurista a possibilidade de confrontação do caso concreto com uma definição jurídica própria, capaz de designar uma inversão de sentido no percurso histórico de construção da efetivação dos objetivos e promessas do pacto constitucional (traduzido em ações por meio de políticas públicas). Dessa forma, afasta-se a aplicação do princípio da vedação do retrocesso (no sentido de limitar a liberdade do legislador ou do regulador), mas traduz-se, em linguagem jurídica, o fenômeno concreto da desorganização, desmantelamento, desmonte, derretimento ou destruição do arranjo jurídico-institucional que determina o funcionamento de uma política pública.

No caso da assistência social, o retrocesso material corresponderia, por exemplo, a medidas que promovessem redução na cobertura dos benefícios, restrição das condições de acesso aos serviços socioassistenciais ou diminuição do impacto dos programas de transferência de renda, que implicassem redução da quantidade de equipamentos públicos ou a restrição da disponibilidade de recursos humanos; que gerassem diminuição do financiamento das ações socioassistenciais;

que causassem limitação da participação popular; que restringissem a articulação interfederativa; ou que promovessem a restrição da eficácia de instrumentos consolidados de implementação da política – como aquelas mencionadas na subseção 5.1.6 deste capítulo.

Para que seja possível fazer uma leitura acadêmica das transformações no Direito da política pública de assistência social, é necessário mapear as medidas retrocessivas e, a partir dos achados, identificar o significado dessas mudanças no contexto do Estado social. A redução da oferta de serviços e benefícios, a redução da capacidade estatal, a revogação e substituição de atos normativos estruturantes da política, todas essas medidas podem descaracterizar ou desconfigurar esse Estado de bem-estar, o sistema de proteção social que foi definido pela Constituição Federal de 1988.

Havia um sistema de proteção social construído, um pacto constitucional, um modelo de Estado histórico que vinha se configurando e há uma ruptura nessa evolução. Essa ruptura na construção das capacidades pode ser definida como desconstrução (AVRITZER; KERCHE; MARONA, 2021, p. 317) ou como derretimento, pelo seu caráter silencioso e de baixa visibilidade (SPOSATI, 2020, p. 18). Pode ainda, em termos jurídicos, ser caracterizada como retrocesso material, como defendido antes.

Em que pese a relevância de uma caracterização jurídica dessas medidas, a fim de cobrir uma lacuna na teoria e na doutrina, optamos por adotar, no capítulo subsequente, a terminologia *desmonte* para identificar as medidas de retrocesso material no SUAS – ou seja, a situação em que elementos que foram sendo paulatinamente agregados para a montagem da política, no momento subsequente, passaram a ter suas peças desagregadas, desunidas, desarticuladas. A escolha desse termo, de uso mais corriqueiro e menos disputado, enseja permitir a abertura de canais de diálogo com outras áreas do conhecimento, o que é essencial para uma pesquisa que se propõe multidisciplinar.

CAPÍTULO 6

UM QUADRO ANALÍTICO PARA O ESTUDO JURÍDICO DO DESMONTE DE UMA POLÍTICA PÚBLICA

Este sexto capítulo propõe um quadro analítico para o estudo do desmonte de uma política pública a partir do caso do Sistema Único de Assistência Social. O objetivo desse quadro analítico é aproveitar os achados da presente pesquisa para a construção de um método de estudo jurídico do fenômeno da desestruturação do arranjo institucional de uma política pública razoavelmente institucionalizada – ou, em outras palavras, do retrocesso material de uma política pública, conforme discutido nos capítulos anteriores.

A partir do levantamento, realizado no segundo capítulo, dos principais instrumentos normativos de organização da política pública de assistência social nas três décadas subsequentes à promulgação da Constituição Federal de 1988, foi possível reconstituir o processo de estruturação normativa do Sistema Único de Assistência Social.

A utilização do quadro de referência de uma política pública (BUCCI, 2016), no terceiro capítulo, permitiu uma leitura sistemática das normas que organizam o SUAS, bem como a identificação dos elementos que estruturam o arranjo jurídico-institucional da política pública de assistência social no Brasil.

Com base nesse mapeamento, foi possível identificar, no quarto capítulo, os elementos de institucionalidade jurídica do SUAS a partir de seis dimensões constitutivas: a estrutura organizacional de gestão da política pública (relativa ao órgão gestor da política pública), o conteúdo das provisões da política (relativo às ações socioassistenciais e aos equipamentos públicos), as instâncias de participação e controle social (conselhos e conferências de assistência social), as regras de financiamento da política (os fundos e a dinâmica de transferências federais), as instâncias de articulação interfederativa (CIT, CIBs e suas resoluções) e os instrumentos de coordenação (dentre os quais destacam-se o Cadastro Único e o Censo SUAS).

Essa institucionalidade foi construída a partir de normas, procedimentos e decisões adotadas majoritariamente no período compreendido entre 2003 e 2014, correspondente à gestão dos presidentes Lula e Dilma, que priorizaram, em seus programas de governo, a transferência de renda, ações de combate e erradicação da fome e da miséria e medidas voltadas para a redução das desigualdades. Essas medidas não só construíram capacidades estatais para a provisão da política de assistência social, como envolveram gestores subnacionais (por meio de suas entidades representativas, nas comissões intergestores tri e bipartite) e também organizações da sociedade civil, movimentos sociais e usuários (por meio dos conselhos e conferências de assistência social) na elaboração e pactuação das normas, reforçando as diretrizes constitucionais de descentralização e participação na gestão da política pública e incentivando a reflexividade do arcabouço normativo do SUAS. Com isso, o SUAS consolidou-se como um sistema nacional de política pública, bem estruturado e institucionalizado.

Após o *impeachment* de Dilma, o contexto político foi profundamente modificado e a política de assistência social foi desprezada na agenda pública. No período compreendido entre 2016 e 2020, foram observadas algumas iniciativas de desestruturação do desenho jurídico-institucional do SUAS, elencadas no quinto capítulo, que procuraram, em maior ou menor medida, modificar o funcionamento do arranjo institucional construído no período anterior. O levantamento dessas normas, pactuações e medidas retrocessivas buscou verificar a hipótese desta pesquisa, de que a institucionalidade, materializada pelo Direito, seria responsável por garantir relativa sustentabilidade a uma política pública, em face de mudanças de prioridade na agenda política, entre os diferentes governos.

O quadro a seguir organiza, de forma sucinta, as medidas desestruturantes do SUAS, identificadas no quinto capítulo.

Quadro 9 – Categorização das medidas desestruturantes do SUAS

Normas desestruturantes	Efeito da norma sobre as capacidades do SUAS	Dimensão do desmonte
Lei nº 13.844/2019 (conversão da MPV nº 870/2019) (organiza os Ministérios da gestão Bolsonaro)	Unificou no Ministério da Cidadania a gestão das políticas de assistência social, esporte e cultura, rebaixando o Ministério do Desenvolvimento Social para o *status* de Secretaria Especial	Organizacional
Lei nº 13.982/2020 (criou o auxílio emergencial)	Criou auxílio emergencial como medida excepcional de proteção social, a despeito dos benefícios eventuais previstos na LOAS	Substantiva
Decreto nº 8.869/2016 (instituiu o Programa Criança Feliz)	Instituiu programa que prevê a realização de visitas domiciliares em sobreposição às atividades do PAIF, do SCFV e do PAEFI	
Resolução CNAS nº 15/2019	Cancelou a convocação da 12ª Conferência Nacional Extraordinária de Assistência Social (com base no Parecer nº 201/2019/CONJUR-MC/CGU/AGU)	Participativa
Portaria MC nº 2.362/2019	Alterou os critérios de repasse de recursos federais do FNAS aos fundos subnacionais, indicando ruptura com a regularidade dos repasses	Financeira
EC nº 95/2016 (Novo Regime Fiscal)	Limitou as despesas primárias até 2036 (havia previsão de que essa medida reduziria os recursos do SUAS)	
Decreto nº 9.759/2019 (extinguiu colegiados da Administração Pública federal)	Interpretação do decreto pelo Parecer CJ/MC nº 390/2019/CONJUR-MC/CGU/AGU aplicou a regra de extinção à CIT	De articulação
Decreto nº 10.316/2020 (Regulamenta a Lei nº 13.982/2020) e Portaria MC nº 351/2020 (Regulamenta os procedimentos do Decreto nº 10.316/2020)	Determinou o uso de uma plataforma digital (aplicativo) para acesso ao auxílio emergencial, em detrimento do uso do Cadastro Único	Instrumental

Fonte: Elaboração própria.

A partir da organização desses achados da pesquisa, esse sexto capítulo avança na proposição de um quadro analítico para o estudo jurídico do desmonte das políticas públicas.

O quadro analítico foi desenvolvido a partir da categorização das normas de acordo com a sua função no processo de construção institucional da política pública. Ele procura identificar se a norma desestruturante em análise diz respeito à estrutura organizacional de gestão das ações da política, ao conteúdo das provisões da política, à participação social, ao financiamento, à articulação intergovernamental e interfederativa ou aos instrumentos de implementação.

A partir dessas categorias, infere-se que seja possível examinar as alterações normativas na estruturação das políticas públicas a partir de seis dimensões,[595] que são apresentadas nas seções que se seguem.

6.1 Dimensão organizacional

A dimensão organizacional diz respeito ao órgão executivo de gestão da política, ou seja, às estruturas, no âmbito da Administração Pública, responsáveis por planejar as ações, por executar diretamente essas ações ou por coordenar a ação de outros agentes envolvidos na política. A coordenação executada pelo órgão gestor pode envolver outros entes federados (União, estados, municípios e distrito federal), outros agentes governamentais (de diferentes poderes, da administração direta ou indireta ou de outras políticas setoriais) ou agentes não governamentais (que estejam envolvidos na execução das ações da política em parceria com o poder público). O órgão gestor é em geral responsável por normatizar aspectos da política, determinar os procedimentos de execução das ações, organizar a distribuição de recursos e reunir os recursos humanos e materiais necessários para a execução das atividades da política.

No caso da política pública de assistência social, a construção institucional na dimensão organizacional foi observada com a criação

---

[595] As dimensões desse quadro analítico foram concebidas a partir do caso da assistência social. Mas a reflexão beneficiou-se do exemplo de outras políticas setoriais, como a política ambiental, em especial a partir da Ação Civil Pública de Improbidade Administrativa nº 1037665-52.2020.4.01.3400 ajuizada em julho de 2020 pelo Ministério Público Federal contra o Ministro do Meio Ambiente do governo Bolsonaro, Ricardo Salles. Na ação o MPF trata da desestruturação normativa, desestruturação dos órgãos de transparência e fiscalização, desestruturação orçamentária e desestruturação fiscalizatória.

de um órgão gestor no âmbito federal (Ministério), com a competência para a gestão exclusiva dessa política (apartada da estrutura de execução da política previdenciária), o que significou um ganho substantivo na profissionalização das ações socioassistenciais. O órgão gestor próprio permitiu a composição de um corpo de profissionais especializado nas ações socioassistenciais e garantiu maior consistência na gestão das ações e na coordenação dos órgãos executivos infranacionais. Nos entes subnacionais, a existência de órgãos gestores exclusivos para a área da assistência social (e a existência de recursos humanos, recursos infraestruturais, logísticos e técnicos nesses órgãos) indica a complexidade administrativa para a gestão local da política pública e de suas ofertas e pode ser considerada um aspecto de capacidade institucional e técnica, revelando o grau de institucionalidade da política pública no nível local. O reconhecimento da importância da criação de órgãos de gestão específicos para a política de assistência social fica demonstrado na pactuação, entre gestores de diferentes entes federativos, de metas relativas à estruturação de secretarias de assistência social e à adequação do quadro de pessoal entre as prioridades dos pactos de aprimoramento da gestão.[596]

No que se refere ao processo de desmonte da política pública de assistência social na dimensão organizacional no período de 2016-2020, destaca-se que a fusão da estrutura administrativa do órgão de gestão das políticas de esporte, cultura e assistência social sob um mesmo ministério (da Cidadania, na gestão Bolsonaro) indicou um rebaixamento da importância dessas políticas na agenda pública (ver Quadro 9 supra). Ainda que, no âmbito federal, a estrutura das secretarias internas ao ministério tenha se mantido relativamente inalterada, tal iniciativa foi preocupante na medida em que incentivou entes federados com alinhamento político ao gestor federal a replicarem esse movimento em suas esferas de atuação – o que, no âmbito local, poderia implicar redução da capacidade administrativa do órgão gestor em coordenar toda a complexidade de ações envolvidas na execução da política pública de assistência social. Destaca-se, ainda, como exemplo do desmonte na dimensão organizacional, a reforma administrativa proposta pelo governo Bolsonaro na PEC nº 32/2020. Caso fosse aprovada, a reforma poderia ser qualificada como uma norma desestruturante, na medida em que modificaria as regras de estabilidade de servidores públicos. Além

---

[596] Conforme discutido no quarto capítulo.

disso, a PEC previa a inclusão da subsidiariedade dentre os princípios da Administração Pública, o que implicaria, segundo alguns analistas, a preponderância da atuação do setor privado sobre a atuação do Estado, contrariando a diretriz de responsabilização estatal pela política, que estava sendo perseguida nos anos de estruturação da política pública.

Sendo assim, para o quadro analítico aqui proposto, a construção institucional na dimensão organizacional diz respeito ao exame do conjunto normativo que atribui a determinado órgão a competência para o exercício da função administrativa, relacionada à gestão dos meios disponíveis para a realização dos objetivos da política pública. Nesse sentido, procura-se verificar as atribuições e responsabilidades conferidas ao órgão de gestão para a materialização das provisões da política que, em última instância, concretizam a fruição de determinado direito social pelo cidadão. Além das competências, atribuições e responsabilidades do órgão gestor, verifica-se a legislação de recursos humanos e as normas relativas à compra e utilização de recursos materiais (que estarão disponíveis nesse órgão para a execução da política). Isso é feito na perspectiva de que é necessário um corpo técnico burocrático destinado à execução das ações de gestão e de que esses burocratas dependem de meios materiais para executar suas atribuições (como espaço físico próprio, equipado com mobília e insumos para o desenvolvimento do trabalho, sistemas de informação, acesso à internet, equipamentos eletrônicos, entre outros).

Ao aplicar a análise da dimensão organizacional para o estudo do desmonte de uma política pública, presume-se que alterações na estrutura administrativa já consolidada de gestão tenham implicações no planejamento, execução e coordenação interfederativa das ações dessa política. Essas alterações dizem respeito à transferência, à fusão ou à divisão de competências, atribuições e responsabilidades de um órgão gestor já institucionalizado entre diferentes órgãos de uma mesma esfera de governo. Presume-se que esse tipo de alteração (transferência de competências para outro órgão, fusão com outro órgão ou divisão de competências no interior do mesmo órgão) implique dispersão da burocracia – o que pode significar, especialmente nos entes federados de menor porte, alocação de parte do corpo técnico em tarefas que não sejam exclusivas de uma determinada política. Supõe-se que a ausência de um corpo técnico com conhecimento especializado para a gestão das ações características de uma determinada política setorial possa implicar menor capacidade técnico-administrativa e institucional para a realização dos objetivos da política. Nesse sentido, admite-se também que demissões e exonerações de trabalhadores e servidores públicos podem implicar a redução da capacidade técnico-administrativa da política pública.

6.2 Dimensão substantiva

A dimensão substantiva se refere ao conteúdo da política, ou seja, às ofertas à população beneficiária, às ações que realizam os objetivos definidos para a política pública e que, em última instância, conferem efetividade ao exercício de um direito. Trata-se do fornecimento de bens e serviços que permitam ao cidadão fruir, de maneira concreta, um direito garantido de maneira abstrata no ordenamento jurídico.

No caso da política pública de assistência social, a construção institucional na dimensão substantiva foi observada na regulação do conjunto de provisões que integram as garantias do SUAS, no sentido de delimitar a especificidade dessa área de proteção social e balizar a atuação dos atores públicos e privados envolvidos na execução da política. Nessa perspectiva, destaca-se a orientação universalista da proteção social, no sentido da execução de atividades que oferecem uma proteção efetiva contra os riscos sociais e uma cobertura das necessidades relativas às vulnerabilidades – que são agravadas, mas não reduzidas a situação de pobreza. Destaca-se, ainda, a organização da provisão a partir da lógica das seguranças afiançadas pela assistência social, a disposição das ações em dois níveis de complexidade (proteção social básica e especial), a ordenação das ações socioassistenciais em serviços, programas, projetos e benefícios, a padronização da oferta dessas ações (em especial dos serviços socioassistenciais, historicamente providos de maneira fragmentada) e a previsão de unidades públicas para o acolhimento de usuários e coordenação das ofertas (CRAS, CREAS, Centros POP), com a previsão de execução direta, pelo poder público, e de execução indireta, por meio de parcerias com organizações da sociedade civil, mediante coordenação e fiscalização da gestão e dos conselhos de assistência social.

No que se refere ao processo de desmonte da política pública de assistência social na dimensão substantiva no período de 2016-2020, destaca-se a criação do Programa Criança Feliz como ação de atenção à primeira infância no âmbito do SUAS, em sobreposição às demais ações já previstas pela política (ver Quadro 9 supra). O Programa foi interpretado (SILVEIRA, 2017, p. 501-502; SPOSATI, 2017, 533-534; MESQUITA *et al.*, 2018, p. 33) como dissipador de recursos (humanos e financeiros), na medida em que a principal atividade do PCF, a realização de visitas domiciliares, já está prevista no trabalho social com as famílias em serviços que compõem o rol de ações socioassistenciais da política pública de assistência social. O PCF também foi muito criticado por não ter sido previamente discutido e pactuado com os gestores no âmbito da Comissão Intergestores Tripartite. Outro exemplo diz respeito à criação do auxílio emergencial como medida excepcional de proteção social, ainda que a LOAS já preveja, entre as ações do SUAS, os benefícios eventuais como provisões suplementares e provisórias prestadas aos cidadãos e às famílias em virtude de vulnerabilidade temporária e de calamidade pública.

Sendo assim, para o quadro analítico aqui proposto, a construção institucional na dimensão substantiva diz respeito ao exame do conjunto normativo que determina os tipos de provisões da política pública, o conteúdo dessas ações e atividades, bem como descrevem a forma como essas ofertas serão distribuídas para a população usuária.

Ao aplicar a análise da dimensão substantiva para o estudo do desmonte de uma política pública, presume-se que a revogação de uma norma de conteúdo substantivo, sem a substituição por outra que determine uma alternativa para a materialização da provisão da política, acarrete redução, precarização ou supressão do fornecimento de bens e serviços ou da execução das atividades e ações ofertadas para a população usuária. Nesse mesmo sentido, admite-se que a criação de ações sobrepostas, que desconsideram o conteúdo substantivo das ações preexistentes e já institucionalizadas na política, indique ausência ou precariedade de planejamento, ocasionando desperdício de recursos públicos.

6.3 Dimensão participativa

A dimensão participativa refere-se à participação popular e ao controle social da política pública. Apesar da extensa literatura que diferencia os aspectos de participação social com relação ao controle social,[597] optou-se, neste estudo, pela fusão desses dois elementos em

---

[597] Cf., por exemplo, BITENCOURT; RECK, 2019 e BRITTO, 1992.

uma mesma categoria, para tratar dos canais institucionais e das formas como a sociedade civil organizada e a população usuária da política podem engajar-se no processo de tomada de decisão das escolhas públicas, integrando-se no planejamento, na execução, na avaliação e no controle das ações de uma política pública.

No caso da política pública de assistência social, a construção institucional na dimensão participativa foi observada no incentivo para a instituição de conselhos de assistência social em todos os entes federados e na garantia de realização de conferências, que são convocadas periodicamente pelos conselhos em sua esfera de atuação. Os conselhos são espaços de controle social, instâncias participativas de composição paritária entre governo e sociedade civil, organizadas por nível federativo, cuja criação e funcionamento efetivo são condição para a realização de repasses pelo governo federal.

No que se refere ao processo de desmonte da política pública de assistência social na dimensão participativa no período de 2016-2020, destaca-se o cancelamento da convocação oficial da 12ª Conferência Nacional Extraordinária de Assistência Social, em 2019, com base em um parecer jurídico – que interpretou que a resolução do CNAS que convocou a conferência foi aprovada por quórum inadequado (ver Quadro 9 supra). A revogação da convocação da conferência, pressionada pelos representantes governamentais no CNAS, evidencia a desconsideração da importância da realização do encontro, em âmbito federal, para a discussão da política com o conjunto da sociedade.

Sendo assim, para o quadro analítico aqui proposto, a construção institucional na dimensão participativa diz respeito ao exame do conjunto normativo que cria e que determina o funcionamento de instâncias participativas, que indica a forma de composição dessas instâncias e que estabelece suas competências. Refere-se às normas que estipulam os modos pelos quais as estruturas participativas institucionalizadas viabilizam a efetiva participação da comunidade, da sociedade civil organizada, dos movimentos sociais, dos trabalhadores e dos usuários na formulação, no monitoramento, na avaliação e no controle da política pública.

Ao aplicar a análise da dimensão participativa para o estudo do desmonte de uma política pública, presume-se que a extinção de canais institucionais de participação democrática, a modificação de instâncias participativas, a alteração na periodicidade de reuniões, a substituição do caráter deliberativo para meramente consultivo e a mudança na composição proporcional de membros nessas instâncias (no sentido da redução da pluralidade e da representatividade democrática) repercutam na legitimidade das decisões tomadas, potencialmente reduzindo os espaços e oportunidades de participação ou tornando essa participação meramente protocolar e pouco efetiva.

6.4 Dimensão financeira

A dimensão financeira corresponde às formas de financiamento da política e de custeio das suas provisões, o que inclui o financiamento direto, através do orçamento e dos fundos públicos, e também o financiamento indireto, por meio de exonerações tributárias (imunidades e isenções).

No caso da política pública de assistência social, a construção institucional na dimensão financeira foi observada na instituição do Fundo Nacional de Assistência Social (FNAS) e no incentivo à instituição e funcionamento de fundos de assistência social nos entes federados como condição para a realização de repasses pelo governo federal. Foi verificada também na criação da modalidade de repasse fundo a fundo, que garantiu a regularidade dos repasses de recursos federais aos demais entes da Federação, dando maior previsibilidade ao financiamento das ações da política e garantindo acesso mais igualitário ao fundo público por estados e municípios. Houve avanço na definição dos pisos de proteção social, que determinaram critérios para os repasses e garantiram maior equidade na distribuição dos recursos, e na criação dos blocos de financiamento, que permitiram maior autonomia decisória dos entes subnacionais quanto à aplicação dos recursos na execução e na gestão das ações no âmbito da mesma proteção social. Além disso, os índices de gestão descentralizada (IGD-PBF e IGDSUAS) definiram critérios de transferência de recursos, garantindo maior transparência nos repasses e, ao garantirem apoio financeiro aos entes federados, se configuraram em importantes instrumentos de aprimoramento da gestão nos entes subnacionais. No que se refere ao financiamento indireto, por meio de exonerações tributárias, historicamente adotado para financiar as ações executadas por organizações da sociedade civil no âmbito da assistência social, destaca-se que, apesar dos avanços alcançados pela regulamentação do CEBAS nos procedimentos para a operacionalização da isenção, o dimensionamento do volume de recursos do financiamento indireto ainda é muito precário, o que dificulta o monitoramento do impacto dessas desonerações nas ações da política.

No que se refere ao processo de desmonte da política pública de assistência social na dimensão financeira no período de 2016-2020, destaca-se que a alteração nos critérios de repasse de recursos do FNAS aos fundos subnacionais, determinada pela Portaria MC nº 2.362/2019, gerou um cenário de instabilidade orçamentária, indicando uma ruptura com a regularidade dos repasses, acarretando dificuldades no planejamento e insegurança dos gestores municipais (ver Quadro 9 supra). Além disso, a EC nº 95/2016, que instituiu o Novo Regime Fiscal e limitou as despesas primárias até 2036, ameaçou reduzir drasticamente os recursos do SUAS, conforme projeção do IPEA (PAIVA et al., 2016). Esse desfinanciamento projetava uma descontinuidade da oferta socioprotetiva e um constrangimento das proteções afiançadas pela política assistencial. Outro exemplo refere-se ao volume de recursos federais destinados ao Programa Criança Feliz, que, em 2017, não sofreu tanto com o contingenciamento quanto os serviços socioassistenciais. Naquele ano, em razão da restrição fiscal, parte dos recursos do SUAS foi contingenciada, sendo transferida somente no último mês do ano, comprometendo a regularidade do financiamento (o que não ocorreu com as ações do PCF). Em 2018, enquanto os recursos do IGDSUAS foram reduzidos, os recursos destinados ao PCF apresentaram um aumento, demonstrando a priorização dessa ação em detrimento de serviços continuados.

Sendo assim, para o quadro analítico aqui proposto, a construção institucional na dimensão financeira diz respeito ao exame do conjunto normativo que estabelece vinculação de recursos para a execução da política, que organiza as formas e a estrutura de repasse de recursos entre os entes federados, que determina o funcionamento dos instrumentos de financiamento e que estipula critérios de transferência de recursos para o custeio das ações da política.

Ao aplicar a análise da dimensão financeira para o estudo do desmonte de uma política pública, presume-se que a redução de recursos para o financiamento das ações, sem a proporcional redução do escopo ou da demanda, implique a inviabilidade da execução e da sustentabilidade da ação governamental. Além disso, desvinculações e alterações nos critérios de transferência podem implicar imprevisibilidade do financiamento e, nesse sentido, inviabilizar determinadas ofertas ou sobrecarregar financeiramente os entes federados com menor capacidade arrecadatória, como estados e municípios.

6.5 Dimensão de articulação

A dimensão de articulação diz respeito às formas de coordenação e cooperação entre diferentes entes federativos (no plano vertical) ou entre diferentes agências de governo (no plano horizontal) para o planejamento, execução, monitoramento e financiamento das ações de uma determinada política pública.

No caso da política pública de assistência social, a construção institucional na dimensão de articulação foi observada na instituição de instâncias de articulação interfederativa, como a Comissão Intergestores Tripartite (CIT) e as Comissões Integestores Bipartite (CIBs). As pactuações realizadas nessas instâncias são documentadas em resoluções – e, dentre essas resoluções, destacam-se os pactos de aprimoramento da gestão como instrumentos de coordenação interfederativa.

No que se refere ao processo de desmonte da política pública de assistência social na dimensão de articulação no período de 2016-2020, destaca-se o entendimento do Parecer da Consultoria Jurídica do Ministério da Cidadania quanto à aplicação da regra de extinção dos colegiados da Administração Pública federal, determinada pelo Decreto nº 9.759/2019, à Comissão Intergestores Tripartite (ver Quadro 9 supra). Em resposta à ameaça de extinção, os atores interessados pressionaram o governo federal, que rapidamente reconstituiu a CIT pela edição do Decreto nº 10.009/2019.

Sendo assim, para o quadro analítico aqui proposto, a construção institucional na dimensão de articulação diz respeito ao exame do conjunto normativo que define o arranjo institucional para orquestrar e coordenar as relações interfederativas e as relações intersetoriais no âmbito da Administração Pública.

Ao aplicar a análise da dimensão de articulação para o estudo do desmonte de uma política pública, presume-se que a desconstituição dos espaços institucionalizados de articulação enfraquece a capacidade de articulação interfederativa e intersetorial, assim como a modificação das regras que determinam o modo de funcionamento desses espaços pode comprometer a coordenação das ações, gerando sobreposições ou desconexão entre as atividades da política.

6.6 Dimensão instrumental

A dimensão instrumental refere-se aos instrumentos de política pública, ou seja, às ferramentas que servem como veículo para a implementação dos objetivos da política, aos recursos utilizados para organizar, agregar informações e alterar comportamentos, aos dispositivos técnicos que dão estrutura aos arranjos institucionais e que organizam as relações entre governo e governados no cotidiano da implementação da política.

No caso da política pública de assistência social, a construção institucional na dimensão instrumental foi observada na criação do Cadastro Único, instrumento que identifica famílias e indivíduos de baixa renda e permite a gestão integrada de benefícios e serviços, e no Censo SUAS, instrumento de coleta de informações (sobre as ações, equipamentos e conselhos de assistência social) que alimentam os indicadores de monitoramento e avaliação do SUAS.

No que se refere ao processo de desmonte da política pública de assistência social na dimensão instrumental no período de 2016-2020, destaca-se a utilização do aplicativo da CEF para operacionalização do auxílio emergencial, que implicou subutilização do Cadastro Único (ver Quadro 9 supra), instrumento de uso já consolidado no âmbito do SUAS para a identificação de famílias de baixa renda, seleção de beneficiários dos programas de transferência de renda e integração das ações socioassistenciais da política. O uso do aplicativo inviabilizou a integração da base de dados dos beneficiários desse auxílio com as demais bases de dados comumente utilizadas pela política, dificultando a gestão integrada desse benefício com os demais serviços da assistência social. Além disso, essa opção gerou problemas de implementação que poderiam ter sido evitados pelo uso da *expertise* acumulada nos programas anteriores de transferência de renda.

Sendo assim, para o quadro analítico aqui proposto, a construção institucional na dimensão instrumental diz respeito ao exame do conjunto normativo que estabelece os instrumentos de política pública, ou seja, os dispositivos técnicos que servem à implementação dos fins da política e que dão certa previsibilidade para a interação dos atores envolvidos na execução da política. Busca-se identificar as normas que criam e determinam o funcionamento desses instrumentos.

Ao aplicar a análise da dimensão instrumental para o estudo do desmonte de uma política pública, presume-se que a subutilização ou a extinção de determinado instrumento reduza a capacidade de funcionamento da política, uma vez que a adoção de determinado instrumento pressupõe, justamente, a previsibilidade e a redução das incertezas quanto ao funcionamento de determinada política pública.

6.7 Construção, desconstrução e reconstrução de institucionalidade jurídica

O quadro analítico apresentado neste capítulo foi concebido para categorizar as normas desestruturantes de uma política pública em contextos de crise. Mas observa-se que as dimensões de análise normativa desse quadro podem ser consideradas, de maneira inversa, para a investigação de processos de (re)construção institucional.

A crise política brasileira, iniciada em 2013, aprofundada com o *impeachment* de Dilma e agravada pela pandemia de covid-19, em algum momento dará lugar a uma mudança de contexto político, social e econômico, que permitirá uma rediscussão e repactuação quanto ao lugar da proteção social no Estado brasileiro.

Nesse sentido, as dimensões elencadas nas seções anteriores, que procuraram categorizar os diferentes aspectos a partir dos quais uma política pública pode ser desmontada, podem servir não só para detectar aquilo que foi desconstruído, mas também e, principalmente, ajudar a identificar os aspectos que devem ser reconstruídos, aqueles que ainda estão pendentes de serem edificados, estruturados, mais bem desenhados e detalhados (ver Quadro 10).

Quadro 10 – Quadro analítico para o estudo jurídico do desmonte de uma política pública

(continua)

Dimensão	Efeito da norma que estrutura a política pública	Efeito da norma que desmonta a política pública
Organizacional	- Cria órgão executivo de gestão da política - Atribui competência para o exercício da função administrativa - Aloca recursos humanos na execução das ações da política - Destina recursos materiais para as ações da política	- Transfere, funde, extingue órgão executivo de gestão da política - Reduz, extingue competência para o exercício da função administrativa - Demite, exonera, precariza vínculo dos recursos humanos alocados - Restringe recursos materiais para as ações da política

(conclusão)

Dimensão	Efeito da norma que estrutura a política pública	Efeito da norma que desmonta a política pública
Substantiva	- Regula provisões - Define ofertas - Delimita parâmetros para a execução das ações da política - Determina o conteúdo das atividades, bens e serviços	- Cria ações sobrepostas - Reduz, precariza, suprime fornecimento de bens e serviços
Participativa	- Cria instância participativa - Determina competência da instância de participação - Estipula composição do colegiado - Estabelece periodicidade das reuniões e encontros	- Extingue instância participativa - Restringe competência da instância de participação - Altera, reduz composição do colegiado - Reduz, limita periodicidade das reuniões e encontros - Substitui caráter deliberativo para meramente consultivo
Financeira	- Determina fonte de financiamento das ações - Vincula recursos do orçamento - Estipula critérios de repasses - Define sistemática de transferências - Estabelece parâmetros de custeio das ações - Indica padrões para a aplicações dos recursos - Determina processo de prestação de contas	- Restringe, suprime financiamento das ações - Desvincula recursos do orçamento - Altera, extingue critérios de repasses - Modifica, elimina sistemática de transferências
De articulação	- Institui instância de articulação - Determina competência da instância de articulação - Estipula composição do colegiado - Estabelece periodicidade das reuniões e encontros	- Extingue instância de articulação - Restringe competência da instância de articulação - Altera, reduz composição do colegiado - Reduz, limita periodicidade das reuniões e encontros
Instrumental	- Cria instrumento - Incentiva utilização do instrumento - Determina modo de operacionalização do instrumento	- Extingue instrumento - Desobriga utilização do instrumento - Cria instrumento concorrente - Incentiva utilização de instrumento concorrente

Fonte: Elaboração própria.

A literatura aponta que, onde há desinstitucionalização, há institucionalização (ALMEIDA; DOWBOR, no prelo *apud* SZWAKO;

LAVALLE, 2021, p. 463). As dinâmicas de desinstitucionalização refletem as interações mantidas por organizações da sociedade civil (legadas do período anterior à CF/88) e por parte dos representantes eleitos (que hoje compõem o governo, mas que até então estavam fora da disputa política nesse campo). As agendas que se institucionalizam no período 2016-2020, enquanto desmontavam institucionalidades e políticas, decorreram de redes e coalizões de atores que estavam e agiam em outros momentos no subdomínio da política.

O campo de ação estratégica da assistência social se organizou a partir do veto de Collor ao primeiro projeto de lei orgânica da assistência social em 1990. A posição hegemônica do campo foi ocupada, até meados de 2014, pela comunidade das assistentes sociais que defendem o paradigma da assistência como um direito. Mas há outros dois grupos minoritários no campo: um de viés liberal, que advoga pela redução das atribuições estatais no setor, e outro, defensor do paradigma filantrópico, composto pelas entidades beneficentes tradicionais que eram favorecidas pela estruturação antiga da assistência social no Brasil, superada pela Constituição Federal de 1988 (MARGARITES, 2019, p. 256). O fato de o grupo defensor do paradigma dos direitos ter sido hegemônico no campo no período entre 2003 e 2014 não significa que a implementação das políticas de assistência social seguirá necessariamente esse ideário. O campo da política de assistência depende do contexto macropolítico, e o caráter filantrópico ainda é encontrado na implementação, bem como em alguns processos de formulação, a depender do momento político que o país esteja vivendo.

O período compreendido entre 2016 e 2020 representou um desafio de grandes proporções, tendo em vista o objetivo de forças políticas relevantes em reconfigurar os pilares da Nova República sob a ótica liberal, priorizando a equalização das contas públicas e sacrificando a oferta de direitos sociais para atingir esse objetivo, afetando diretamente a capacidade estatal no provimento de serviços e benefícios de assistência (MARGARITES, 2019, p. 264).

Do ponto de vista jurídico, o quadro analítico aqui proposto ajuda a identificar que tipos de medidas (normas, procedimentos e pactuações) estão mais suscetíveis de serem revogadas ou modificadas em uma conjuntura crítica, quais tipos podem ser mais facilmente repactuados e quais delas merecem ser levadas para discussão em instâncias participativas e representativas.

CONCLUSÃO

A Constituição Federal de 1988 instituiu um Estado social no Brasil, em sentido substantivo, na medida em que ampliou o rol de direitos sociais, fundamentou sua atuação na cidadania e direcionou esforços para a resolução de problemas históricos relacionados à questão social, estipulando objetivos voltados à redução das desigualdades sociais e à erradicação da pobreza.

A assistência social, incluída pela CF/88 no conjunto das ações da seguridade social, compõe as provisões de bem-estar do Estado social brasileiro como uma política de proteção social não contributiva. Mas a mera enunciação da assistência social como um direito, pelo texto constitucional, não garante sua materialização, sendo necessária a estruturação de programas de ação governamental para sua efetivação.

A estruturação da assistência social como política pública teve início após a promulgação da Constituição, com a aprovação da Lei Orgânica de Assistência Social e com a edição das Normas Operacionais Básicas, que procuraram operacionalizar a diretriz constitucional de descentralização político-administrativa das ações da política. Mas foi somente com a aprovação da Política Nacional de Assistência Social, em 2004, que se constituíram as bases para a efetiva organização de um sistema de política pública, descentralizado e participativo, o Sistema Único de Assistência Social.

A estruturação normativa do SUAS, após a PNAS/2004, se deu de maneira progressiva e incremental. Nesse processo, observou-se que as ações socioassistenciais relativas às garantias de renda, como o Benefício de Prestação Continuada e o Programa Bolsa Família, foram normatizadas, em grande medida, por leis, decretos e atos normativos do Poder Executivo federal. Já os serviços, programas e projetos, o funcionamento dos equipamentos públicos e das proteções sociais foram regulamentados, majoritariamente, por normas infralegais, notadamente por resoluções emanadas do Conselho Nacional de Assistência Social e da Comissão Intergestores Tripartite.

Esse conjunto de normas e o que põe as normas (SANTI ROMANO, 2008, p. 72), que estruturam o SUAS, com seus diferentes graus de imperatividade, organizaram as provisões da política e distribuíram responsabilidades entre os entes federativos. Mas a diferença na forma de estruturação normativa das garantias de renda, comparativamente às demais garantias da política, indica uma distinção importante, que merece ser sublinhada.

No caso do Benefício de Prestação Continuada, por tratar-se de garantia constitucional de caráter pecuniário e, portanto, de despesa obrigatória, nota-se grande preocupação do governo em regulamentar a operacionalização de seu pagamento, a partir de sua regulação na LOAS, de modo a viabilizar os procedimentos orçamentários e administrativos relacionados à sua concessão. Essa regulamentação, por decretos e portarias de órgãos do Poder Executivo federal, demonstra a centralização do processo decisório e a imposição, de cima para baixo, dos procedimentos previamente definidos para a operação da concessão do benefício.

No caso do Programa Bolsa Família, observou-se um movimento semelhante: por se tratar de um programa de transferência de renda, vinculado à agenda de prioridades do governo, a estrutura do programa foi apresentada por meio de medida provisória, ato normativo de iniciativa do Presidente, com prazo de tramitação no Congresso mais acelerado do que um projeto de lei ordinária. Além disso, o programa foi regulamentado por decreto e por portarias do MDS, reproduzindo a centralização do processo decisório observada no BPC. Igualmente, os procedimentos de operacionalização do PBF foram definidos no âmbito federal, mantendo-se a concessão a cargo do ministério e descentralizando-se somente o processo de cadastramento dos beneficiários.

No caso dos programas, projetos, proteções sociais, seguranças afiançadas e cofinanciamento, chama atenção a importância das resoluções do CNAS e da CIT, na medida em que a estruturação de aspectos-chave do funcionamento da política pública se deu por meio dessas normas infralegais. Ao longo do processo de consolidação desse sistema descentralizado e participativo, foram as normas emanadas das arenas de participação social e de articulação interfederativa que organizaram, em grande medida, a provisão de serviços, o conteúdo das ofertas, a estruturação dos equipamentos públicos, os parâmetros para a contratação de recursos humanos e para a partilha de recursos financeiros, os instrumentos de coordenação interfederativa e os mecanismos de coleta de dados para o monitoramento e a avaliação da política.

Muitas das normas discutidas e aprovadas nessas arenas refletiram negociações e pactuações entre os diferentes agentes públicos e privados envolvidos na implementação das ações, o que conferiu reflexividade ao Direito produzido nessas instâncias. O processo de transação contínua entre esses atores na construção das normas evidencia os atributos do Direito das políticas públicas identificados pela literatura, como os atributos de revisibilidade (capacidade de adaptação da norma) e adaptabilidade (possibilidade de a norma servir a mais de um propósito) (COUTINHO, 2013b, p. 202).

Essa regulamentação por meio de normas infralegais, discutidas e negociadas na CIT e no CNAS, atende às diretrizes constitucionais de descentralização político-administrativa e participação para a organização das ações governamentais na área da assistência social e conferiu, possivelmente, maior funcionalidade e adaptabilidade dessas regras às condições específicas de estados e municípios (MACHADO; PALOTTI, 2015, p. 62) e de organizações da sociedade civil no processo de implementação da política.

Essa forma de estruturação incremental do SUAS indica que muitas das inovações experimentadas na gestão da política foram instituídas inicialmente por normas infralegais, pactuadas em arenas participativas e interfederativas, corroborando os fenômenos de inversão normativa e hierárquica identificados pela literatura, em que normas de grande importância são concebidas por instâncias inferiores, na confrontação com problemas concretos, e o planejamento é feito com base em uma rede relacional (MORAND, 1999, p. 145).

Ao longo dos anos, a prática de pactuação das decisões na instância de articulação interfederativa (CIT) e posterior deliberação na instância de participação social (CNAS) instituiu-se de maneira informal no âmbito federal. As pactuações consubstanciadas em resoluções da CIT e do CNAS, apesar da "fragilidade" normativa (uma vez que os atos infralegais são dotados de baixa coercitividade), foram progressivamente adensando a complexidade do arranjo institucional do SUAS. E esse arranjo institucional, materializado por um Direito reflexivo, discutido e aprovado em instâncias participativas e interfederativas, ao considerar a opinião dos destinatários das normas, criou uma institucionalidade politicamente resistente.

Parte do conteúdo dessas resoluções foi, posteriormente, inserido em norma de maior hierarquia, como a Lei nº 12.435/2011, que atualizou a LOAS para incluir toda a estrutura do SUAS, testada e validada por normas infralegais, no texto da lei que organiza a política – conferindo legitimidade e imperatividade ao desenho jurídico-institucional esboçado nas normas precedentes.

Nesse sentido, retoma-se a pergunta de pesquisa, que orientou a elaboração deste trabalho: de que forma a institucionalidade, materializada pelo Direito, pode garantir estabilidade para uma política pública em face dos câmbios políticos, freando eventuais retrocessos?

Verificou-se, ao longo da pesquisa, que há uma institucionalidade que independe do Direito, no sentido relativo ao pacto entre os atores envolvidos e interessados na política. Mas observou-se, principalmente a partir dos efeitos da atualização da LOAS pela Lei nº 12.435/2011, que o Direito confere estabilidade ao acordo dos atores, garante que a decisão seja vinculante e não facultativa – o que é especialmente importante no contexto federativo, em que os entes federados são dotados de autonomia e, ainda, em contextos políticos instáveis, que sinalizam possibilidades de mudança nas prioridades da agenda política.

Verificou-se que a institucionalidade, ainda que acordada entre diversos atores públicos e privados, quando materializada por normas jurídicas, reveste-se de imperatividade. E essa imperatividade é maior ou menor a depender do tipo de norma que concretiza o acordo entre os atores: algumas com maior força cogente, outras mais flexíveis, abrindo maior ou menor espaço para os agentes políticos realizarem modificações e adaptações do desenho da política a novos contextos.

Desse modo, evidencia-se o elemento jurídico como componente fundamental para a compreensão da estrutura e do funcionamento da política pública, de sua estabilidade e resiliência, uma vez que é a conformação normativa que nos permite vislumbrar os detalhes de operacionalização dos incentivos, dos instrumentos e dos arranjos institucionais que possibilitam o planejamento e a implementação da política pública. Mas mais do que isso, é o elemento jurídico que permite compreender o grau de institucionalização de uma política pública, na medida em que a escolha política por determinado arranjo normativo também é reveladora da intencionalidade de permanência de determinado desenho jurídico-institucional.

Nesse sentido, observa-se que algumas políticas que nascem de governo se convertem em políticas de Estado à medida que consolidam seus mecanismos de institucionalização. A institucionalização está relacionada aos dispositivos jurídicos que dão corpo à política, conferindo permanência a determinada estrutura de funcionamento da ação governamental. Mas a institucionalidade também está relacionada ao reconhecimento da legitimidade dessa ação pelos atores interessados, que vão dar sustentação política à estrutura desenhada juridicamente. O que transforma uma política de governo em uma política de Estado é o reconhecimento, pela generalidade de agentes políticos, de determinada forma de funcionamento da política pública como objeto de interesse coletivo, merecedor de sustentação pela opinião pública (BUCCI, 2013, p. 242-243). Mas é também a conformação jurídica, mais ou menos estruturada, mais ou menos rígida, mais ou menos reflexiva, que garante a permanência do funcionamento e dos resultados da ação governamental, a despeito de mudanças contingentes nas prioridades da agenda política.

Uma política bem estruturada, em contextos políticos e econômicos conturbados, pode ser ameaçada de ser desidratada, isto é, esvaziada de sua capacidade de ação, pelo estancamento dos recursos financeiros e do fluxo dos processos indispensáveis à sua atuação (BUCCI, 2016). Mas o abandono de uma determinada política pública, para além do seu esvaziamento político, pode revelar também o seu baixo grau de institucionalidade jurídica – que inviabiliza os instrumentos para a manutenção de seu funcionamento, ainda que haja um conjunto de agentes públicos e privados interessados na sua conservação.

No caso da assistência social, cumpre destacar dois momentos importantes que alteraram o contexto político e transformaram os rumos dessa política pública: o movimento de construção do SUAS, acordado entre atores políticos do campo na IV Conferência Nacional de Assistência Social, em 2003 (que coincide com o início de uma gestão presidencial que acolhe essa demanda, num contexto de crescimento econômico), e o ciclo de constrangimento orçamentário e financeiro das políticas sociais, inaugurado pelo Novo Regime Fiscal, em 2016 (em um ambiente político marcado pela emergência de vozes em defesa de reformas na proteção social, num contexto de retração da economia). Esses momentos podem ser considerados críticos para o SUAS, na medida em que marcam uma ruptura com o estado de coisas anterior e que deixam um legado no alcance e no conteúdo das provisões da política.

O primeiro momento marca o início de um ciclo virtuoso de *construção* do SUAS, especialmente após a aprovação da PNAS/2004, caracterizado pela regulamentação e ampliação da oferta de benefícios e serviços nos equipamentos públicos e na rede socioassistencial, pela construção de capacidades estatais e socioestatais, pelo fortalecimento da participação popular nos conselhos e conferências e pelo fortalecimento da cooperação entre União, estados, distrito federal e municípios por meio da articulação interfederativa. O segundo momento, de 2016 a 2020, é caracterizado por um processo de *desconstrução*, que se identifica a partir de uma série de iniciativas desestruturantes do desenho originalmente organizado de funcionamento do SUAS.

A conjuntura iniciada em 2016, de reformas e restrição fiscal, foi agravada com a crise multidimensional causada pela pandemia de covid-19. Nesse novo contexto, houve a tentativa de redução do BPC pela sua inclusão na proposta de reforma da previdência (PEC nº 287/2016), foi criado o Programa Criança Feliz, que restaurou a prática de primeiro-damismo, que se acreditava superada, foi aprovado o Novo Regime Fiscal (EC nº 95/2016), que impôs um teto de gastos para as despesas públicas, projetando uma redução do gasto público e da cobertura das provisões da política de assistência social até 2036, e criou-se o auxílio emergencial, como uma medida excepcional de proteção social, operacionalizado fora do SUAS.

Desse processo, é possível identificar que os elementos de institucionalidade que estavam estruturados por normas infralegais sofreram tentativas de desorganização, enquanto que os elementos que contavam com estruturação normativa mais robusta lograram manter-se relativamente estáveis. Nesse sentido, destaca-se, por exemplo, que o IGD, inserido na LOAS pela atualização legislativa da Lei nº 12.435/2011, sofreu contingenciamento de recursos (uma vez que o financiamento da política, por não possuir vinculação constitucional, como a saúde e a educação, é discricionário), mas as regras de seu funcionamento não foram desconstituídas. Por outro lado, a Comissão Intergestores Tripartite foi considerada extinta, por uma interpretação jurídica da aplicabilidade de um decreto do Poder Executivo, desconsiderando a institucionalização dessa instância como espaço de articulação interfederativa do SUAS.

Esses exemplos, assim como outros discutidos ao longo do trabalho, revelam a importância de um desenho funcional, organizado por normas infralegais, ser incorporado à legislação, após ser testado e validado no cotidiano de operação da política pelos atores interessados, para garantia de maior estabilidade de seu funcionamento, em razão de seu *status* normativo. No caso do SUAS, é preciso pontuar que a estruturação jurídica da política foi fundamental para conferir relativa estabilidade na provisão de benefícios e serviços socioassistenciais frente a um contexto de crise política, econômica e social e a uma agenda governamental de austeridade encabeçada pelo governo federal a partir de 2016.

Cumpre destacar que os avanços observados no período de 2003 a 2014, em termos de cobertura das ações e equipamentos socioassistenciais, de ampliação do financiamento, de fortalecimento das instâncias participativas e interfederativas e da construção de capacidades estatais para o SUAS, não correspondem a uma suficiência das ofertas, quanto à qualidade e ao atendimento da demanda, para garantir o acesso universal, preconizado pela CF/88. Há muito o que avançar, com relação ao aprimoramento da cooperação e coordenação intergovernamental, ao reforço de capacidades operacionais e técnicas, no sentido da incorporação de indivíduos e famílias às atenções do SUAS, da integração das políticas sociais nos territórios, do fortalecimento da seguridade social e garantia de direitos para o enfrentamento da desigualdade. Mas a estruturação jurídica do arranjo, construído e consolidado pelas normas e pelas arenas que põem as normas, demonstra capacidade de resiliência da estrutura de funcionamento do SUAS frente a um contexto político e econômico desfavorável à ampliação das ofertas, mas que não atingiu o núcleo de sentido da política (BUCCI, 2013, p. 205).

A presente pesquisa beneficiou-se do uso do quadro de referência de uma política pública (BUCCI, 2016), ferramenta metodológica que permitiu organizar o arcabouço normativo da política e viabilizou uma visão sistêmica da estrutura do arranjo institucional do Sistema Único de Assistência Social. Ao aplicar o quadro para identificar os elementos do desenho jurídico-institucional do SUAS, este estudo procurou contribuir para a demonstração de validade do método para a análise da estrutura normativa da política pública de assistência social e, em especial, de um sistema de política pública, o SUAS.

A aplicação do método permitiu elucidar os aspectos jurídicos de conformação do arranjo institucional do SUAS, contribuindo para o acúmulo de conhecimento no campo multidisciplinar que se dedica ao estudo do direito à assistência social, da política setorial de assistência social e do Sistema Único de Assistência Social.

O estudo também complementa os achados de pesquisas do Campo de Públicas acerca da importância dos instrumentos de política pública adotados pelo SUAS, como o Cadastro Único, o IGD-PBF e IGDSUAS, a partir de uma perspectiva jurídica – reforçando a importância da incorporação de juristas no campo de estudos de políticas públicas.

A utilização do quadro permitiu identificar, dentre os elementos do desenho jurídico-institucional do SUAS, aqueles que são demonstrativos da institucionalidade dessa política pública (a saber, o órgão gestor, os equipamentos públicos e as ações socioassistenciais, os conselhos e as conferências, os repasses fundo a fundo, as comissões intergestores e os instrumentos de implementação) – o que se relaciona mais diretamente ao esforço no sentido de responder a uma das perguntas formuladas no início da pesquisa: que elementos desse desenho são demonstrativos da sustentabilidade de uma política pública?

A sustentação política e jurídica do arranjo institucional do SUAS foi analisada a partir da identificação das medidas desestruturantes adotadas no período de 2016 a 2020 e, ainda, por meio da verificação dos efeitos dessas medidas na capacidade de implementação e operação da política pública – bem como dos efeitos na qualidade e no alcance das provisões, que afetam a fruição do direito social. A abordagem Direito e Políticas Públicas permitiu interpretar a resiliência do arranjo jurídico-institucional do SUAS às investidas de desestruturação à luz do contexto político.

As medidas desestruturantes do SUAS foram, por fim, organizadas em seis dimensões (dimensão organizacional, substantiva, participativa, financeira, de articulação e instrumental), a serem consideradas no estudo jurídico do desmonte de uma política pública. A partir disso, o presente estudo propôs um quadro analítico que pode ser utilizado para o estudo da desestruturação de capacidades estatais de uma política pública – com a potencialidade de utilização, em sentido reverso, para o estudo da (re)estruturação de programas de ação governamental.

Ao propor um quadro analítico para o estudo jurídico da desconstrução e (re)construção de políticas públicas, o presente trabalho procura dar uma contribuição original, extrapolando a singularidade dos achados no campo da assistência social e iluminando aspectos relevantes a serem considerados por juristas na análise das políticas públicas, com a pretensão de colaborar com o desenvolvimento da abordagem DPP e com pesquisas futuras no campo do Direito.

REFERÊNCIAS

ADVOCACIA-GERAL DA UNIÃO. *LOAS*: Comentários à Lei Orgânica da Assistência Social – Lei nº 8.742, de 7 de dezembro de 1993. Publicações da Escola da Advocacia-Geral da União, Brasília, EAGU, ano VII, n. 36, jan./fev. 2015. Disponível em: https://www.mds.gov.br/webarquivos/publicacao/assistencia_social/Normativas/loas_comentada_agu.pdf. Acesso em: 8 ago. 2021.

ARRETCHE, Marta. Democracia e redução da desigualdade econômica no Brasil: a inclusão dos outsiders. *Revista Brasileira de Ciências Sociais*, São Paulo, v. 33, n. 96, 2018. Disponível em: http://www.scielo.br/scielo.php?script=sci_arttext&pid=S0102-69092018000100508&lng=en&nrm=iso. Acesso em: 9 abr. 2020.

ARRETCHE, Marta. Emergência e desenvolvimento do *welfare state*: teorias explicativas. *Revista Brasileira de Informação Bibliográfica em Ciências Sociais*, Rio de Janeiro, n. 39, 1995. Disponível em: https://www.anpocs.com/index.php/bib-pt/bib-39. Acesso em: 27 abr. 2020.

ARRETCHE, Marta. Políticas sociais no Brasil: descentralização em um Estado federativo. *Revista Brasileira de Ciências Sociais*, São Paulo, v. 14, n. 40, p. 111-141, jun. 1999. Disponível em: https://doi.org/10.1590/S0102-69091999000200009. Acesso em: 24 abr. 2021.

ARRETCHE, Marta; MARQUES, Eduardo; FARIA, Carlos Aurélio Pimenta de. Considerações finais – produzindo mudanças por estratégias incrementais: a inclusão social no Brasil pós-1988. *In*: ARRETCHE, Marta; MARQUES, Eduardo; FARIA, Carlos Aurélio Pimenta de (org.). *As políticas da política*: desigualdades e inclusão nos governos do PSDB e do PT. São Paulo: Editora Unesp, 2019.

AVRITZER, Leonardo; KERCHE, Fábio; MARONA; Marjorie (org.). *Governo Bolsonaro*: retrocesso democrático e degradação política. Belo Horizonte: Autêntica, 2021.

BASSI, Camillo de Moraes. *Fundos especiais e políticas públicas*: uma discussão sobre a fragilização do mecanismo de financiamento. Rio de Janeiro: IPEA, mar. 2019. Texto para discussão n. 2458. Disponível em: https://www.ipea.gov.br/portal/index.php?option=com_content&view=article&id=34645. Acesso em: 6 jun. 2020.

BICHIR, Renata Mirandola. *Mecanismos federais de coordenação de políticas sociais e capacidades institucionais locais*: o caso do Programa Bolsa Família. 2011. Tese (Doutorado em Sociologia e Ciência Política) – Instituto de Estudos Sociais e Políticos, Universidade do Estado do Rio de Janeiro, Rio de Janeiro, 2011. Disponível em: http://bdtd.ibict.br/vufind/Record/UERJ_8a23f3e193b2684ad5e9796a16c5e82c. Acesso em: 21 abr. 2020.

BICHIR, Renata Mirandola. Novas agendas, novos desafios: reflexões sobre as relações entre transferência de renda e assistência social no brasil. *Novos Estudos CEBRAP*, São Paulo, v. 35, n. 1, p. 111-136, mar. 2016. Disponível em: http://www.scielo.br/scielo.php?script=sci_arttext&pid=S0101-33002016000100006&lng=en&nrm=iso. Acesso em: 9 abr. 2020.

BICHIR, Renata Mirandola; BRETTAS, Gabriela Horesh; CANATO, Pamella. Multilevel governance in federal contexts: the social assistance policy in the city of São Paulo. *Brazilian Political Science Review*, São Paulo, v. 11, n. 2, 2017. Disponível em: http://dx.doi.org/10.1590/1981-3821201700020003. Acesso em: 22 ago. 2019.

BICHIR, Renata Mirandola; GUTIERRES, Kellen. Sistema Único de Assistência Social: ideias, capacidades e institucionalidades. *In*: ARRETCHE, Marta; MARQUES, Eduardo; FARIA, Carlos Aurélio Pimenta de (org.). *As políticas da política*: desigualdades e inclusão nos governos do PSDB e do PT. São Paulo: Editora Unesp, 2019.

BICHIR, Renata Mirandola; PEREIRA, Guilherme Nunes; GOMES, Maria Laura. Interações socioestatais e construção de capacidades nas políticas públicas: o caso da assistência social na cidade de São Paulo. *Novos estudos CEBRAP*. v. 40, n. 1, 2021, pp. 57-79. Disponível em: https://doi.org/10.25091/s01013300202100010010. Acesso em: 8 ago. 2021.

BITENCOURT, Caroline Müller; RECK, Janriê Rodrigues. O controle social na construção da legitimidade democrática: os ventos da mudança e a retórica do poder do 'povo'. *Revista Interesse Público*, Belo Horizonte, ano 21, n. 118, p. 109-134, nov./dez. 2019.

BRASIL. Conselho Nacional de Assistência Social. *Orientações conjuntas sobre os Índices de Gestão Descentralizada do Programa Bolsa Família (IGD-PBF) e do SUAS (IGDSUAS)*. Brasília, maio 2013a.

BRASIL. Ministério da Cidadania. Secretaria Especial de Desenvolvimento Social. Departamento de Benefícios Assistenciais e Previdenciários. Coordenação Geral de Regulação e Análise Normativa. *Orientações técnicas sobre Benefícios Eventuais no SUAS*. 2018. Disponível em: https://www.mds.gov.br/webarquivos/publicacao/assistencia_social/Cadernos/SNAS_Cartilha_Par%C3%A2metros_Atua%C3%A7%C3%A3o_SUAS.pdf. Acesso em: 4 abr. 2021.

BRASIL. Ministério da Cidadania. Secretaria Especial do Desenvolvimento Social. Secretaria Nacional de Assistência Social. *Diretrizes para a atuação da Política de Assistência Social em contextos de emergência socioassistencial*. Versão preliminar. Brasília, outubro de 2020a. Disponível em: http://blog.mds.gov.br/redesuas/wp-content/uploads/2020/10/Diretrizes-Emergencia-Socioassitencial.-vpreliminar-consulta-pu%CC%81blica-out2020.pdf. Acesso em: 4 abr. 2021.

BRASIL. Ministério da Saúde. *Gestão financeira do Sistema Único de Saúde*: manual básico. Brasília, DF: MS, Fundo Nacional de Saúde. 3. ed. rev. e ampl. 2003. Disponível em: http://www.fns2.saude.gov.br/documentos/Publicacoes/Manual_Gestao_Fin_SUS.pdf. Acesso em: 2 jul. 2019.

BRASIL. Ministério do Desenvolvimento Social e Agrário. *Nota Técnica 2017/CGPVIS/DGSUAS/SNAS/MDS*. 2017a. Disponível em: https://aplicacoes.mds.gov.br/sagi/dicivip_datain/ckfinder/userfiles/files/Vigil%C3%A2ncia%20Socioassistencial/NT%20ID%20Conselho_jul_2017.pdf. Acesso em: 21 abr. 2021.

BRASIL. Ministério do Desenvolvimento Social e Combate à Fome. *Boletim BPC 2015*: Benefício de prestação continuada da assistência social. Brasília: MDS, 2016. Disponível em: https://www.mds.gov.br/webarquivos/arquivo/assistencia_social/boletim_BPC_2015.pdf. Acesso em: 14 ago. 2021.

BRASIL. Ministério do Desenvolvimento Social e Combate à Fome. *Caderno de Orientações Técnicas Sobre os Gastos no Pagamento dos Profissionais das Equipes de Referência do SUAS*. Brasília: MDS, 2015a. Disponível em: http://blog.mds.gov.br/redesuas/wp-content/uploads/2014/02/CADERNO-ARTIGO-6%C2%BAE-SNAS_1804.pdf. Acesso em: 6 ago. 2021.

BRASIL. Ministério do Desenvolvimento Social e Combate à Fome. *Caderno de Orientações sobre o Índice de Gestão Descentralizada do Sistema Único de Assistência Social – IGDSUAS*. Brasília, DF: MDS, maio 2012a. Disponível em: https://www.mds.gov.br/webarquivos/publicacao/assistencia_social/Cadernos/Caderno_IGDSUAS.pdf. Acesso em: 6 ago. 2021.

BRASIL. Ministério do Desenvolvimento Social e Combate à Fome. *Caderno SUAS VI*: Financiamento da Assistência Social no Brasil. Brasília, DF: MDS, Secretaria de Avaliação e Gestão da Informação; Secretaria Nacional de Assistência Social, 2013b. Disponível em: https://www.mds.gov.br/webarquivos/publicacao/assistencia_social/Cadernos/Caderno_SUAS-no06_final.pdf.pagespeed.ce.ITkZaFlImm.pdf. Acesso em: 7 jul. 2021.

BRASIL. Ministério do Desenvolvimento Social e Combate à Fome. Departamento do Cadastro Único. *Processos de qualificação do Cadastro Único de políticas sociais do Governo Federal*. Concurso Inovação: de 2006 a 2010. Brasília: ENAP, mar. 2008. Disponível em: https://repositorio.enap.gov.br/handle/1/247. Acesso em: 14 abr. 2021.

BRASIL. Ministério do Desenvolvimento Social e Combate à Fome. *Desenvolvimento Social e Combate à Fome no Brasil*: balanço e desafios. Brasília, DF: MDS, Secretaria de Avaliação e Gestão da Informação, 2010. Disponível em: https://aplicacoes.mds.gov.br/sagirmps/ferramentas/docs/24.pdf. Acesso em: 19 ago. 2021.

BRASIL. Ministério do Desenvolvimento Social e Combate à Fome. *LOAS Anotada*. Brasília, DF: MDS, Secretaria Nacional de Assistência Social, mar. 2009a. Disponível em: https://www.mds.gov.br/webarquivos/publicacao/assistencia_social/Normativas/LoasAnotada.pdf. Acesso em: 6 ago. 2021.

BRASIL. Ministério do Desenvolvimento Social e Combate à Fome. *NOB-RH/SUAS*: anotada e comentada. Brasília: MDS, 2011a. Disponível em: https://www.mds.gov.br/webarquivos/publicacao/assistencia_social/Normativas/NOB-RH_SUAS_Anotada_Comentada.pdf. Acesso em: 6 jul. 2021.

BRASIL. Ministério do Desenvolvimento Social e Combate à Fome. *Nota Técnica nº 27/2015/DGSUAS/SNAS/MDS*. Assunto: Metodologia de cálculo relativa aos novos indicadores de desenvolvimento das unidades CRAS e CREAS – IDCRAS e IDCREAS referentes ao ano de 2014. Brasília: MDS, set. 2015b. Disponível em: http://aplicacoes.mds.gov.br/sagi/dicivip_datain/ckfinder/userfiles/files/Vigil%C3%A2ncia%20Socioassistencial/NT%20IDCRAS%20e%20IDCREAS_final.pdf. Acesso em: 21 abr. 2021.

BRASIL. Ministério do Desenvolvimento Social e Combate à Fome. *Orientações Técnicas*: Centro de Referência Especializado de Assistência Social – CREAS. Brasília, DF: MDS, 2011b. Disponível em: https://aplicacoes.mds.gov.br/snas/documentos/04-caderno-creas-final-dez..pdf. Acesso em: 6 jul. 2021.

BRASIL. Ministério do Desenvolvimento Social e Combate à Fome. *Orientações Técnicas*: Centro de Referência Especializado para População em Situação de Rua – Centro POP. Brasília, DF: MDS, 2011c. Disponível em: https://www.mds.gov.br/webarquivos/publicacao/assistencia_social/Cadernos/orientacoes_centro_pop.pdf. Acesso em: 6 jul. 2021.

BRASIL. Ministério do Desenvolvimento Social e Combate à Fome. *Orientações Técnicas*: Centro de Referência de Assistência Social – CRAS. Brasília, DF: MDS, Secretaria Nacional de Assistência Social, 2009b. Disponível em: http://www.mds.gov.br/webarquivos/publicacao/assistencia_social/Cadernos/orientacoes_Cras.pdf. Acesso em: 2 jul. 2019.

BRASIL. Ministério do Desenvolvimento Social e Combate à Fome. *Orientações Técnicas sobre o PAIF*. Brasília, DF: MDS, Secretaria Nacional de Assistência Social, v. 2. 2012b. Disponível em: http://www.mds.gov.br/webarquivos/publicacao/assistencia_social/Cadernos/Orientacoes_PAIF_2.pdf. Acesso em: 2 jul. 2019.

BRASIL. Ministério do Desenvolvimento Social e Combate à Fome. Secretaria de Avaliação e Gestão da Informação. *O censo SUAS como processo de aprimoramento e institucionalização da política de assistência social no Brasil*. Concurso Inovação: de 2011 a 2015. Brasília: ENAP, mar. 2012c. Disponível em: https://repositorio.enap.gov.br/handle/1/374. Acesso em: 21 abr. 2021.

BRASIL. Ministério do Desenvolvimento Social. *Concepção de convivência e fortalecimento de vínculos*. Brasília, DF: MDS, Secretaria Nacional de Assistência Social, 2017b. Disponível em: http://www.mds.gov.br/webarquivos/publicacao/assistencia_social/Cadernos/concepcao_fortalecimento_vinculos.pdf. Acesso em: 2 jul. 2019.

BRASIL. Ministério Público Federal. Procuradoria Federal dos Direitos do Cidadão. *Nota Técnica nº 2/2020/PFDC, de 10 de fevereiro de 2020*. Assunto: Plano Mais Brasil. Brasília, DF: MPF, 2020b. Disponível em: http://www.mpf.mp.br/pfdc/manifestacoes-pfdc/nota-tecnica-2-2020-pfdc-mpf. Acesso em: 15 abr. 2021.

BRETTAS, Gabriela Horesh. *O papel das organizações da sociedade civil na política pública de assistência social no Brasil*: dilemas e tensões na provisão de serviços. 2016. Dissertação (Mestrado em Análise de Políticas Públicas) – Escola de Artes, Ciências e Humanidades, Universidade de São Paulo, São Paulo, 2016. DOI 10.11606/D.100.2016.tde-27072016-103637. Disponível em: https://teses.usp.br/teses/disponiveis/100/100138/tde-27072016-103637/pt-br.php. Acesso em: 6 jun. 2019.

BRITTO, Carlos Ayres. Distinção entre "controle social do poder" e "participação popular". *Revista de Direito Administrativo*, Rio de Janeiro, v. 189, p. 114-122, jul./set. 1992.

BUCCI, Maria Paula Dallari. *A PEC 241 (teto de gastos) ou como degradar a educação em política de governo*. 2016. Disponível em: http://www.direitodoestado.com.br/colunistas/maria-paula-dallari-bucci/a-pec-241-teto-de-gastos-ou-como-degradar-a-educacao-em-politica-de-governo. Acesso em: 17 jul. 2019.

BUCCI, Maria Paula Dallari. A Teoria do Estado entre o jurídico e o político. *In*: BUCCI, Maria Paula Dallari; GASPARDO, Murilo (org.). *Teoria do Estado*: sentidos contemporâneos. São Paulo: Saraiva, 2018. p. 27-74.

BUCCI, Maria Paula Dallari. *Fundamentos para uma teoria jurídica das políticas públicas*. São Paulo: Saraiva, 2013.

BUCCI, Maria Paula Dallari. Método e aplicações da abordagem Direito e Políticas Públicas (DPP). *Revista Estudos Institucionais*, v. 5, n. 3, 2019. Disponível em: https://estudosinstitucionais.com/REI/article/view/430/447. Acesso em: 6 maio 2021.

BUCCI, Maria Paula Dallari. O conceito de política pública em direito. *In*: BUCCI, Maria Paula Dallari (org.). *Políticas públicas*: reflexões sobre o conceito jurídico. São Paulo: Saraiva, 2006, p. 1-50.

BUCCI, Maria Paula Dallari. Quadro de referência de uma política pública: primeiras linhas de uma visão jurídico-institucional. *Revista Eletrônica de Direito do Estado*, n. 122, 27 mar. 2016. Disponível em: http://www.direitodoestado.com.br/colunistas/maria-paula-dallari-bucci/quadro-de-referencia-de-uma-politica-publica-primeiras-linhas-de-uma-visao-juridico-institucional. Acesso em: 6 maio 2021.

BUCCI, Maria Paula Dallari; COUTINHO, Diogo R. Arranjos jurídico-institucionais da política de inovação tecnológica. Uma análise baseada na abordagem de Direito e Políticas Públicas. *In*: COUTINHO, Diogo R.; FOSS, Maria Carolina; MOUALLEM, Pedro Salomon B. (org.). *Inovação no Brasil*: avanços e desafios jurídicos e institucionais. São Paulo: Blucher, 2017, p. 313-340.

CAMPANA ALABARCE, Melisa. Regímenes de bienestar en América Latina y el Caribe: notas para pensar lo contemporáneo. Trabajo Social Global. *Revista de Investigaciones en Intervención Social*, v. 5, n. 8, p. 26-46, junio 2015. Disponível em: http://revistaseug.ugr.es/index.php/tsg/article/view/3069/pdf. Acesso em: 6 jun. 2019.

CARVALHO, José Murilo de. *Cidadania no Brasil*. O longo Caminho. 3. ed. Rio de Janeiro: Civilização Brasileira, 2001.

CLUNE, William. H. Um modelo político de implementação para as políticas públicas: os papéis do direito e dos juristas. Tradução: Gabriela Azevedo Campos Sales, Bruno de Almeida Passador, Elisa Martinez Giannella, Kadra Regina Zeratin Rizzi. *Revista Brasileira de Políticas Públicas*, v. 11, n. 1, 2021. Disponível em: https://doi.org/10.5102/rbpp.v11i1.7329. Acesso em: 5 abr. 2021.

COLIN, Denise; JACCOUD, Luciana. Assistência Social e Construção do SUAS – balanço e perspectivas: O percurso da Assistência Social como política de direitos e a trajetória necessária. *In*: COLIN, Denise; CRUS, José; TAPAJÓS, Luziele; ALBUQUERQUE, Simone (org.). *Coletânea de artigos comemorativos dos 20 anos da Lei Orgânica de Assistência Social*. Ministério do Desenvolvimento Social e Combate à Fome, Brasília: MDS, 2013. Disponível em: https://www.mds.gov.br/webarquivos/publicacao/assistencia_social/Livros/20anosLOAS.pdf. Acesso em: 26 abr. 2021.

COLLIER, Ruth Berins; COLLIER, David. Framework: critical junctures and historical legacies. *In*: COLLIER, Ruth Berins; COLLIER, David. *Shaping the political arena*: critical junctures, the labor movement, and regime dynamics in Latin America. Indiana: University of Notre Dame Press, 2002. p. 27-39.

COMPARATO, Fábio Konder. Um quadro institucional para o desenvolvimento democrático. *In*: JAGUARIBE, Hélio; IGLÉSIAS, Francisco; SANTOS, Wanderley Guilherme dos; CHACON, Vamiré; COMPARATO, Fábio. *Brasil, sociedade democrática*. Rio de Janeiro: José Olympio Editora, 1985. p. 394-432.

COSTA, Patricia Vieira da; FALCÃO, Tiago. O eixo de garantia de renda do Plano Brasil sem Miséria. *In*: CAMPELLO, Tereza; FALCÃO, Tiago; COSTA, Patricia Vieira da (org.). *O Brasil sem Miséria*. Brasília: MDS, 2014. Disponível em: https://www.mds.gov.br/webarquivos/publicacao/brasil_sem_miseria/livro_o_brasil_sem_miseria/livro_obrasilsemmiseria.pdf. Acesso em: 28 abr. 2021.

COSTA, Pedro Henrique Antunes da *et al*. Sistema de referência e de contrarreferência na rede de atenção aos usuários de drogas: contribuições da análise de redes sociais. *Cadernos Saúde Coletiva*, Rio de Janeiro, v. 23, n. 3, p. 245-252, set. 2015. Disponível em: http://dx.doi.org/10.1590/1414-462X201500030129. Acesso em: 2 jul. 2019.

COSTA, Raquel Cristina Serranoni da; LEÃO, Paula Silva. Cidadania, direito social e proteção social. *In*: SPOSATI, Aldaíza (org.). *SUAS e proteção social na pandemia covid-19 - Nota Técnica do NEPSAS*. São Carlos: Pedro & João Editores, 2020.

COUTINHO, Diogo R. *Capacidades estatais no Programa Bolsa Família*: o desafio de consolidação do Sistema Único de Assistência Social. Rio de Janeiro: IPEA, v. 1, p. 1-50, ago. 2013a. Texto para Discussão n. 1852. Disponível em: http://repositorio.ipea.gov.br/bitstream/11058/1998/1/TD_1852.pdf. Acesso em: 9 set. 2020.

COUTINHO, Diogo R. O Direito nas Políticas Públicas. *In*: MARQUES, Eduardo; PIMENTA DE FARIA, Carlos Aurélio (org.). *A Política Pública como Campo Multidisciplinar*. São Paulo: Ed. Unesp; Rio de Janeiro: Editora Fiocruz, 2013b, p. 181-206.

COUTO, Berenice Rojas. O Sistema Único de Assistência Social: uma nova forma de gestão da assistência social. *In*: BRASIL. Ministério do Desenvolvimento Social e Combate à Fome. *Concepção e gestão da proteção social não contributiva no Brasil*. Brasília: Ministério do Desenvolvimento Social e Combate à Fome, UNESCO, 2009. Disponível em: http://www.mds.gov.br/webarquivos/publicacao/assistencia_social/Livros/concepcao_gestao_protecaosocial.pdf. Acesso em: 6 ago. 2021.

DEL PORTO, Erick Brigante. *A trajetória do Programa Comunidade Solidaria 1995-2002*. 2006. Dissertação (Mestrado em Economia Social e do Trabalho) – Instituto de Economia, Universidade Estadual de Campinas, Campinas, 2006. Disponível em: http://www.repositorio.unicamp.br/handle/REPOSIP/285608. Acesso em: 23 jun. 2021.

DELGADO, Rodrigo Morais Lima. *Emendas parlamentares ao orçamento da assistência social no Brasil e seus efeitos na implementação do SUAS*. 2016. Trabalho de Conclusão de Curso (Especialista em Gestão Pública) – Escola Nacional de Administração Pública, Brasília, 2016. Disponível em: https://repositorio.enap.gov.br/bitstream/1/2515/1/Rodrigo%20 Delgado.pdf. Acesso em: 1 maio 2021.

DELGADO, Rodrigo Morais Lima; BRITO, Rodrigo Lino de; SAGASTUME, Mariana Helcias Côrtes; MORAES, Bruno Pinto. Contribuição das emendas parlamentares ao orçamento do Sistema Único de Assistência Social. *Revista do Serviço Público*, Brasília, v. 68, n. 4, p. 889-913, out./dez. 2017. Disponível em: https://repositorio.enap.gov.br/handle/1/3255. Acesso em: 6 jul. 2021.

DI PIETRO, Maria Sylvia Zanella. *Direito Administrativo*. 27. ed. São Paulo: Atlas, 2014.

DRAIBE, Sônia. A política social no período FHC e o sistema de proteção social. *Tempo Social*. São Paulo, v. 15, n. 2, p. 63-101, nov. 2003. Disponível em: http://dx.doi.org/10.1590/S0103-20702003000200004. Acesso em: 6 jun. 2019.

DRAIBE, Sônia. Estado de bem-estar, desenvolvimento econômico e cidadania: algumas lições da literatura contemporânea, *In*: HOCHMAN, Gilberto; ARRETCHE, Marta; MARQUES, Eduardo (org.). *Políticas públicas no Brasil*. Rio de Janeiro: Editora Fiocruz, 2007. p. 27-64.

DRAIBE, Sônia; RIESCO, Manuel. Estados de bem-estar social e estratégias de desenvolvimento na América Latina: um novo desenvolvimentismo em gestação? *Sociologias*, Porto Alegre, v. 13, n. 27, p. 220-254, ago. 2011. Disponível em: http://dx.doi.org/10.1590/S1517-45222011000200009. Acesso em: 6 jun. 2019.

DULCI, Otavio Soares. Bolsa Família e BPC: a formação de uma agenda governamental de avaliação. *In*: Congresso Internacional da Rede Mundial de Renda Básica, 13, 2010, São Paulo. *Programa*. São Paulo, USP: Basic Income Earth Network, p. 1-19. Disponível em: http://www.sinteseeventos.com.br/bien/pt/papers/otaviosoaresdulciBOLSAFAMILIAEBPC.pdf. Acesso em: 26 abr. 2020.

DWECK, Esther; TEXEIRA, Rodrigo Alves. *A Política Fiscal do Governo Dilma e a crise econômica*. Texto para discursão do Instituto de Economia. Unicamp, n. 303, jun. 2017. Disponível em: https://www.eco.unicamp.br/images/arquivos/artigos/3532/TD303.pdf. Acesso em: 25 maio 2021.

ESPING-ANDERSEN, Gosta. As três economias políticas do *welfare state*. *Lua Nova*, São Paulo, n. 24, set. 1991. p. 85-116.

EWALD, François. A concept of social law. *In*: TEUBNER, Gunther (ed.). *Dilemmas of law in the welfare state*. New York: Berlin: Walter de Gruyter & Co. 1988.

FAGNANI, Eduardo. *O fim do breve ciclo da cidadania social no Brasil (1988-2015)*. Texto para Discussão. Unicamp. Instituto de Economia: Campinas, n. 308, jun. 2017. Disponível em: https://www.eco.unicamp.br/images/arquivos/artigos/3537/TD308.pdf. Acesso em: 5 abr. 2021.

FALEIROS, Vicente de Paula. Políticas para a infância e adolescência e desenvolvimento. Políticas Sociais: acompanhamento e análise. *IPEA*, n. 11, p. 171-177, ago. 2005. Disponível em: http://repositorio.ipea.gov.br/handle/11058/4569. Acesso em: 29 maio 2021.

FERNANDES, Anaïs; WATANABE, Marta. Família de uma pessoa prolifera no cadastro do Auxílio Brasil. *Valor Econômico*, São Paulo, 19 dez. 2022. Disponível em: https://valor.globo.com/brasil/noticia/2022/10/19/familia-de-uma-pessoa-prolifera-no-cadastro-do-auxilio-brasil.ghtml. Acesso em: 7 jan. 2023.

FERNANDES, Antônio Sérgio Araújo; TEIXEIRA, Marco Antonio Carvalho; PALMEIRA, Jamili da Silva. A longa conjuntura crítica brasileira desde 2013: crise e castigo. *Cadernos Gestão Pública e Cidadania*, São Paulo, v. 25, n. 81, p. 1-19, 2020. Disponível em: http://bibliotecadigital.fgv.br/ojs/index.php/cgpc/article/view/81577. Acesso em: 8 ago. 2020.

FERNANDES, Maria Nilvane; COSTA, Ricardo Peres da. O estatuto da criança e do adolescente de 1990, a extinção da FUNABEM e a criação da FCBIA: implementação de um modelo neoliberal. *Educação em Revista*. Marília, v. 22, p. 23-40, 2021. Disponível em: https://doi.org/10.36311/2236-5192.2021.v22nesp.p23-40. Acesso em: 20 jun. 2021.

FRANZESE, Cibele; ABRUCIO, Fernando Luiz. Efeitos recíprocos entre federalismo e políticas públicas no Brasil: os casos dos sistemas de saúde, de assistência social e de educação. *In*: HOCHMAN, Gilberto; FARIA, Carlos Aurélio Pimenta de (org.). *Federalismo e políticas públicas no Brasil*. Rio de Janeiro: Editora Fiocruz, 2013.

FRATINI, Juciane Rosa Gaio; SAUPE, Rosita; MASSAROLI, Aline. Referência e contra referência: contribuição para a integralidade em saúde. *Ciência, Cuidado e Saúde*, 7(1), p. 65-72, jan./mar. 2008. Disponível em: http://www.periodicos.uem.br/ojs/index.php/CiencCuidSaude/article/view/4908. Acesso em: 2 jul. 2019.

GOMES, Sandra. Políticas nacionais e implementação subnacional: uma revisão da descentralização pós-Fundef. *Dados*, Rio de Janeiro, v. 52, n. 3, p. 659-690, 2009. Disponível em: http://dx.doi.org/10.1590/S0011-52582009000300004. Acesso em: 2 maio 2020.

GOMIDE, Alexandre de Ávila; PIRES, Roberto Rocha C. Capacidades estatais e democracia: a abordagem dos arranjos institucionais para análise de políticas públicas. *In*: GOMIDE, Alexandre de Ávila; PIRES, Roberto Rocha C. (ed.). *Capacidades estatais e democracia*: arranjos institucionais de políticas públicas. Brasília: IPEA, 2014. Disponível em: http://www.ipea.gov.br/portal/index.php?option=com_content&view=article&id=22066. Acesso em: 6 jun. 2019.

GONÇALVES, Marcos. Caridade, abre as asas sobre nós: política de subvenções do governo Vargas entre 1931 e 1937. *Varia Historia*, Belo Horizonte, v. 27, n. 45, p. 317-336, jan./jun. 2011. Disponível em: http://dx.doi.org/10.1590/S0104-87752011000100014. Acesso em: 3 mar. 2021.

GOUVEIA, Felipe de Oliveira; SILVA, Henrique Manoel Carvalho; SOUZA, Lucinéia do Carmo; SANTOS, Márcia de Barros Lima; LIMA, Thiago Agenor dos Santos de. Trabalho e trabalhador do SUAS. *In*: SPOSATI, Aldaíza (org.). *SUAS e proteção social na pandemia covid-19 – Nota Técnica do NEPSAS*. São Carlos: Pedro & João Editores, 2020.

HALL, Peter A.; TAYLOR, Rosemary C. R. As três versões do neoinstitucionalismo. *Lua Nova: Revista de Cultura e Política*, n. 58, p. 193-223, 2003. Disponível em: https://doi.org/10.1590/S0102-64452003000100010. Acesso em: 15 jul. 2019.

HAURIOU, Maurice. *A Teoria da Instituição e da Fundação*. Porto Alegre: Sérgio Antônio Fabris Editor, 2009.

HEMERIJCK, Anton. A revolução silenciosa do paradigma de investimento social na União Europeia. *In*: RODRIGUES, Paulo Henrique de Almeida; SANTOS, Isabela Soares. *Políticas e riscos sociais no Brasil e na Europa*: convergências e divergências. 2. ed. rev. e ampl. Rio de Janeiro: Cebes; São Paulo: Hucitec Editora, 2017. Disponível em: http://cebes.org.br/site/wp-content/uploads/2017/12/welfare-web-2ed.pdf. Acesso em: 5 maio 2021.

HEMERIJCK, Anton; VYDRA, Simon. Navegando na análise da política de investimento social. *In*: RODRIGUES, Paulo Henrique de Almeida; SANTOS, Isabela Soares (org.). *Políticas e riscos sociais no Brasil e na Europa*: convergências e divergências. 2. ed. Rio de Janeiro: Cebes; São Paulo: Hucitec Editora, 2017, p. 61-80. Disponível em: http://cebes.org.br/site/wp-content/uploads/2017/12/welfare-web-2ed.pdf. Acesso em: 5 maio 2021.

IAMAMOTO, Marilda Vilela; CARVALHO, Raul de. *Relações sociais e serviço social no Brasil*: esboço de uma interpretação histórico-metodológica. 19ª. Ed. São Paulo: Cortez, 2006.

IMMERGUT, Ellen. O núcleo teórico do novo institucionalismo. *In*: SARAVIA, Enrique; FERRAREZI, Elisabete (org.). *Políticas Públicas*: Coletânea Volume 1. Brasília: ENAP, 2007. p. 155-195.

JACCOUD, Luciana. Instrumentos de coordenação e relações intergovernamentais. *In*: JACCOUD, Luciana (org.). *Coordenação e relações intergovernamentais nas políticas sociais brasileiras*. Brasília: IPEA, 2020. Disponível em: http://dx.doi.org/10.38116/978-65-5635-005-9/cap1. Acesso em: 12 abr. 2021.

JACCOUD, Luciana. Política pública e oferta privada: um desafio para a consolidação da Política Nacional de Assistência Social. *In*: STUCHI, Carolina; PAULA, Renato Francisco dos Santos; PAZ, Rosangela Dias Oliveira da (org.). *Assistência social e filantropia*: cenários contemporâneos. São Paulo: Veras Editora, 2012.

JACCOUD, Luciana; BICHIR, Renata; MESQUITA, Ana Cleusa. O SUAS na Proteção Social Brasileira: Transformações recentes e perspectivas. *Novos Estudos CEBRAP*, São Paulo, v. 36, n. 2, p. 37-53, out. 2017. Disponível em: http://www.scielo.br/scielo.php?script=sci_arttext&pid=S0101-33002017000200037&lng=en&nrm=iso. Acesso em: 6 jun. 2019.

JACCOUD, Luciana; HADJAB, Patricia Dario El-Moor; CHAIBUB, Juliana Rochet. Assistência social e segurança alimentar: entre novas trajetórias, velhas agendas e recentes desafios (1988-2008). *In*: *Políticas Sociais*: acompanhamento e análise. Brasília: IPEA, p. 175-250, 2009. Disponível em: http://repositorio.ipea.gov.br/handle/11058/4350. Acesso em: 26 abr. 2020.

JACCOUD, Luciana; LICIO, Elaine Cristina; LEANDRO, José Geraldo. Implementação e coordenação de políticas públicas em âmbito federativo: o caso da Política Nacional de Assistência Social. *In*: XIMENES, Daniel de Aquino (org.). *Implementação de políticas públicas*: questões sistêmicas, federativas e intersetoriais. Brasília: Enap, 2017. Disponível em: https://repositorio.enap.gov.br/handle/1/3364. Acesso em: 27 abr. 2021.

JACCOUD, Luciana; MENESES, Aérica; STUCHI, Carolina. Coordenação intergovernamental e comissões intergestores no SUAS. *In*: JACCOUD, Luciana (org.). *Coordenação e relações intergovernamentais nas políticas sociais brasileiras*. Brasília: IPEA, 2020. Disponível em: http://dx.doi.org/10.38116/978-65-5635-005-9/cap9. Acesso em: 12 abr. 2021.

JACCOUD, Luciana; MESQUITA, Ana Cleusa; LICIO, Elaine Cristina; LEANDRO, José Geraldo. Implementação e coordenação intergovernamental na política nacional de assistência social. *In*: JACCOUD, Luciana (org.). *Coordenação e relações intergovernamentais nas políticas sociais brasileiras*. Brasília: IPEA, 2020. Disponível em: http://dx.doi.org/10.38116/978-65-5635-005-9/cap4. Acesso em: 12 abr. 2021.

KERSTENETZKY, Célia de Andrade Lessa. *O Estado do bem-estar social na idade da razão*: a reinvenção do estado social no mundo contemporâneo. Rio de Janeiro: Campus; Elsevier, 2012.

LAVALLE, Adrian Gurza; CARLOS, Euzeneia; DOWBOR, Monika; SZWAKO, José. Movimentos sociais, institucionalização e domínios de agência. *In*: VALLE, Adrian Gurza; CARLOS, Euzeneia; DOWBOR, Monika; SZWAKO, José (org.). *Movimentos sociais e institucionalização*: políticas sociais, raça e gênero no Brasil pós-transição. Rio de Janeiro: EDUERJ, 2018. Disponível em: https://doi.org/10.7476/9788575114797. Acesso em: 6 maio2021.

LAVALLE, Adrian Gurza; SZWAKO, José. Sociedade civil, Estado e autonomia: argumentos, contra-argumentos e avanços no debate. *Opinião Pública*, v. 21, n. 1, p. 157-187, 2015. Disponível em: https://doi.org/10.1590/1807-0191211157. Acesso em: 19 jun. 2021.

LEANDRO, José Geraldo. O problema da coordenação federativa no âmbito do SUAS: uma análise dos pactos de aprimoramento da gestão. *In*: JACCOUD, Luciana (org.). *Coordenação e relações intergovernamentais nas políticas sociais brasileiras*. Brasília: IPEA, 2020. Disponível em: http://dx.doi.org/10.38116/978-65-5635-005-9/cap8. Acesso em: 12 abr. 2021.

LICIO, Elaine Cristina; MESQUITA, Camile Sahb; CURRALERO, Claudia Regina Baddini. Desafios para a coordenação intergovernamental do Programa Bolsa Família. *Revista de Administração de Empresas*, São Paulo, v. 51, n. 5, p. 458-470, set./out. 2011. Disponível em: https://doi.org/10.1590/S0034-75902011000500004. Acesso em: 28 abr. 2021.

LIMA, Thiago Agenor dos Santos de. Tendências normativas da SNAS/MC para o SUAS na pandemia da covid-19. *In*: SPOSATI, Aldaíza (org.). *SUAS e proteção social na pandemia covid-19 – Nota Técnica do NEPSAS*. São Carlos: Pedro & João Editores, 2020.

LINDBLOM, Charles E. Muddling through 2: a ubiquidade da decisão incremental. *In*: HEIDEMANN, Francisco G.; SALM, José Francisco (org.). *Políticas públicas e desenvolvimento*: bases epistemológicas e modelos de análise. Brasília: Editora UnB, 2009. p 181-203.

LIPSKY, Michael. *Burocracia em nível de rua*: dilemas do indivíduo nos serviços públicos. Tradução: Arthur Eduardo Moura da Cunha. Brasília: ENAP, 2019. Disponível em: https://repositorio.enap.gov.br/handle/1/4158. Acesso em: 1 maio 2021.

LOBATO, Lenaura de Vasconcelos Costa. Seguridade social e *welfare state* no Brasil. *In*: RODRIGUES, Paulo Henrique de Almeida; SANTOS, Isabela Soares. *Políticas e riscos sociais no Brasil e na Europa*: convergências e divergências. 2. ed. rev. e ampl. Rio de Janeiro: Cebes; São Paulo: Hucitec Editora, 2017. Disponível em: http://cebes.org.br/site/wp-content/uploads/2017/12/welfare-web-2ed.pdf. Acesso em: 5 maio 2021.

LOPEZ, Felix Garcia (org.). *Perfil das organizações da sociedade civil no Brasil*. Brasília: IPEA, 2018. Disponível em: https://www.ipea.gov.br/portal/index.php?option=com_content&view=article&id=33432. Acesso em: 24 set. 2021.

LOTTA, Gabriela Spanghero. Agentes de Implementação: um olhar para as políticas públicas. *In*: *Encontro da Associação Brasileira de Ciência Política*, Campinas, 6, 2008.

LOTTA, Gabriela Spanghero. *Implementação de políticas públicas*: o impacto dos fatores relacionais e organizacionais sobre a atuação dos burocratas de nível de rua no Programa Saúde da Família. 2010. Tese (Doutorado em Ciência Política) – Faculdade de Filosofia, Letras e Ciências Humanas, Universidade de São Paulo, São Paulo, 2010. DOI 10.11606/T.8.2010.tde-20102010-120342. Disponível em: https://www.teses.usp.br/teses/disponiveis/8/8131/tde-20102010-120342/pt-br.php. Acesso em: 13 ago. 2020.

LOTTA, Gabriela Spanghero. O que é sustentabilidade na política pública? *Nexo Políticas Públicas*, 26 out. 2020. Disponível em: https://pp.nexojornal.com.br/pergunte-a-um-pesquisador/2020/10/26/Gabriela-Lotta-a-sustentabilidade-na-pol%C3%ADtica-p%C3%BAblica. Acesso em: 12 dez. 2020.

MACEDO JUNIOR, Ronaldo Porto. O conceito de direito social e racionalidades em conflito. Ewald contra Hayek. *In*: MACEDO JUNIOR, Ronaldo Porto; LOPES, José Reinaldo Lima (coord.). *Ensaios de Teoria do Direito*. São Paulo: Saraiva, 2013, p. 57-107.

MACHADO, José Angelo; PALOTTI, Pedro Lucas de Moura. Entre cooperação e centralização. Federalismo e políticas sociais no Brasil pós1988. *Revista Brasileira de Ciências Sociais*, v. 30, n. 88, p. 61-82, 2015. Disponível em: http://dx.doi.org/10.17666/308861-82/2015. Acesso em: 8 jul. 2021.

MAHONEY, James; THELEN, Kathleen. A Theory of Gradual Institutional Change. *In*: MAHONEY, James; THELEN, Kathleen (ed.). *Explaining institutional change*: ambiguity, agency, and power. Nova York: Cambridge University Press, 2009. p. 1-37. Disponível em: https://doi.org/10.1017/CBO9780511806414.003. Acesso em: 7 maio 2021.

MARGARITES, Gustavo Conde. *A constituição da assistência social como um campo de ação estratégica no Estado brasileiro*. 2019. Tese (Doutorado em Sociologia) – Instituto de Filosofia e Ciências Humanas, Universidade Federal do Rio Grande do Sul, Porto Alegre, 2019. Disponível em: http://hdl.handle.net/10183/199141. Acesso em: 1 abr. 2020.

MARQUES, Eduardo César Leão. As políticas públicas na Ciência Política. *In*: MARQUES, Eduardo César Leão; PIMENTA DE FARIA, Carlos Aurélio (org.). *A Política Pública como Campo Multidisciplinar*. São Paulo: Editora Unesp; Rio de Janeiro: Editora Fiocruz, 2013a, p. 23-46.

MARQUES, Eduardo César Leão. Government, political actors and governance in urban policies in Brazil and São Paulo: concepts for a future research agenda. *Brazilian Political Science Review*, v. 7, n. 3, p. 8-35, 2013b. Disponível em: https://www.scielo.br/j/bpsr/a/ddTch5DSsbHSxgWZxsNYvQS/?lang=en#. Acesso em: 19 jun. 2021.

MARSHALL, Thomas Humphrey. Cidadania e classe social. *In*: MARSHALL, Thomas Humphrey. *Cidadania, Classe Social e Status*. Tradução de Meton Porto Gadelha. Rio de Janeiro: Zahar Editores, 1967. p. 57-114.

MEDAUAR, Odete. Segurança jurídica e confiança legítima. *Cadernos da Escola de Direito e Relações Internacionais da UniBrasil*, jan./jul. 2008.

MENDONÇA, José Vicente Santos de. Vedação do Retrocesso: melhor quando tínhamos medo? Uma proposta para um uso controlado do argumento. *In*: MENDONÇA, José Vicente; FERRARI, Sérgio (org.). *Direito em Público*: Homenagem ao Professor Paulo Braga Galvão. Rio de Janeiro: Lumen Juris, 2016, v. 1, p. 353-373.

MENDONÇA, José Vicente Santos de. Vedação do retrocesso: o que é e como perder o medo. *Revista de Direito da Associação dos Procuradores do Novo Estado do Rio de Janeiro*. Rio de Janeiro, v. 12. 2003. p. 205-236.

MESQUITA, Ana Cleusa Serra *et al*. Assistência social. *In*: INSTITUTO DE PESQUISA ECONÔMICA APLICADA. *Políticas Sociais*: acompanhamento e análise. n. 25. Brasília: IPEA, 2018, Disponível em: https://www.ipea.gov.br/portal/index.php?option=com_content&view=article&id=31656&Itemid=9. Acesso em: 28 abr. 2021.

MESQUITA, Ana Cleusa Serra *et al*. Assistência social. *In*: INSTITUTO DE PESQUISA ECONÔMICA APLICADA. *Políticas Sociais*: acompanhamento e análise. n. 26. Brasília: IPEA, 2019, Disponível em: https://www.ipea.gov.br/portal/index.php?option=com_content&view=article&id=34810&Itemid=9. Acesso em: 28 abr. 2021.

MESQUITA, Ana Cleusa; PAIVA, Andrea Barreto de; JACCOUD, Luciana. Instrumentos financeiros de coordenação no SUAS. *In*: JACCOUD, Luciana (org.). *Coordenação e relações intergovernamentais nas políticas sociais brasileiras*. Brasília: IPEA, 2020. Disponível em: http://dx.doi.org/10.38116/978-65-5635-005-9/cap6. Acesso em: 12 abr. 2021.

MESTRINER, Maria Luiza. *O Estado entre a filantropia e a assistência social*. 4. ed. São Paulo: Cortez, 2008.

MINAS GERAIS. Governo do Estado de Minas Gerais. Secretaria de Estado de Desenvolvimento Social. Subsecretaria de Assistência Social. *Caderno de orientações sobre a atuação socioassistencial em contextos de emergência e calamidades públicas*, Belo Horizonte, jan. 2020. Disponível em: https://social.mg.gov.br/images/SUBAS/calamidade_publica/Caderno-de-Orientaes_-Atuao-Socioassistencial-em-Contextos-de-Emerg_compressed.pdf. Acesso em: 4 abr. 2021.

MIOTO, Regina Celia Tamaso; NOGUEIRA, Vera Maria Ribeiro. Política Social e Serviço Social: os desafios da intervenção profissional. *Revista Katálysis*, Florianópolis, v. 16, n. spe, p. 61-71, 2013. Disponível em: https://doi.org/10.1590/S1414-49802013000300005. Acesso em: 6 jun. 2019.

MORAES, Fabiana Vicente de. Entes federativos e o SUAS: responsabilidade na pandemia. *In*: SPOSATI, Aldaíza (org.). *SUAS e proteção social na pandemia covid-19* – Nota Técnica do NEPSAS. São Carlos: Pedro & João Editores, 2020.

MORAND, Charles-Albert. *Le droit neomoderne des politiques publiques*. Paris: LGDJ, 1999. p. 125-211.

NATALINO, Marco; PINHEIRO, Marina Brito. *Proteção social aos mais vulneráveis em contexto de pandemia*: algumas limitações práticas do auxílio emergencial e a adequação dos benefícios eventuais como instrumento complementar de política socioassistencial. Nota Técnica n. 67. Brasília: IPEA, abr. 2020. Disponível em: http://repositorio.ipea.gov.br/handle/11058/9999. Acesso em: 10 abr. 2021.

NERI, Marcelo C. *Covid, classes econômicas e o caminho do meio*: crônica da crise até agosto de 2020. Rio de Janeiro: FGV Social, out. 2020. (Sumário Executivo). Disponível em: https://cps.fgv.br/pesquisas/covid-classes-economicas-e-o-caminho-do-meio. Acesso em: 19 dez. 2020.

PAIVA, Andrea Barreto de *et al*. Assistência social. *In*: INSTITUTO DE PESQUISA ECONÔMICA APLICADA. *Políticas Sociais*: acompanhamento e análise. n. 27, Brasília: IPEA, 2020, Disponível em: https://www.ipea.gov.br/portal/index.php?option=com_content&view=article&id=36260&Itemid=9. Acesso em: 28 abr. 2021.

PAIVA, Andrea Barreto de; MESQUITA, Ana Cleusa Serra; JACCOUD, Luciana de Barros; PASSOS, Luana. *O Novo Regime Fiscal e suas implicações para a política de assistência social no Brasil*. Nota Técnica n. 27. Brasília: IPEA, set. 2016. Disponível em: http://repositorio.ipea.gov.br/handle/11058/7267. Acesso em: 10 abr. 2021.

PAIVA, Andrea Barreto de; PINHEIRO, Marina Brito; LICIO, Elaine Cristina; NATALINO, Marco Antônio Carvalho. Assistência Social. *In*: INSTITUTO DE PESQUISA ECONÔMICA APLICADA. *Políticas sociais*: acompanhamento e análise. n. 28. Brasília: IPEA, 2021. Disponível em: http://repositorio.ipea.gov.br/handle/11058/10806. Acesso em: 12 set. 2021.

PAIVA, Ariane Rego de; LOBATO, Lenaura de Vasconcelos Costa. Formulação da lei do sistema único de assistência social e a legitimação da política de assistência social. *Ciência & Saúde Coletiva*, v. 24, n. 3, p. 1.065-1.073, 2019. Disponível em: https://doi.org/10.1590/1413-81232018243.04892017. Acesso em: 2 jul. 2021.

PALOTTI, Pedro Lucas de Moura; MACHADO, José Angelo. Coordenação federativa e a "armadilhada decisão conjunta": as comissões de articulação intergovernamental das políticas sociais no Brasil. *Dados*, Rio de Janeiro, v. 57, n. 2, p. 399-441, jun. 2014. Disponível em: http://dx.doi.org/10.1590/0011-5258201413. Acesso em: 12 abr. 2021.

PELIANO, Ana Maria T. Medeiros; RESENDE, Luis Fernando de Lara; BEGHIN, Nathalie. A Comunidade Solidária: uma estratégia de combate à fome e à pobreza. *Planejamento e políticas públicas*. n. 12, 2009. Disponível em: https://www.ipea.gov.br/ppp/index.php/PPP/article/view/139. Acesso em: 21 jun. 2021.

PIERSON, Paul. Retornos crescentes, dependência da trajetória (*path dependence*) e o estudo da política. *Ideias Revista do Instituto de Filosofia e Ciências Humanas*, São Paulo, v. 6, n. 2, p. 335-392, jul./dez. 2015.

PINHO DE BEM, Augusto. O ajuste fiscal pós 2015 e o novo regime fiscal. *Indicadores Econômicos FEE*, Porto Alegre, v. 45, n. 4, p. 9-26, 2018. Disponível em: https://revistas.dee.spgg.rs.gov.br/index.php/indicadores/article/view/4081. Acesso em: 3 jul. 2021.

PINHO, Clóvis Alberto Bertolini de. Medidas provisórias e políticas públicas: uma análise do papel do Congresso Nacional nas políticas de saúde no governo Dilma (2011-2016). *Revista Brasileira de Políticas Públicas*. Brasília: UniCEUB, v. 8, n. 3, p. 54-74, dez. 2018. Disponível em: https://www.publicacoes.uniceub.br/RBPP/article/view/4765. Acesso em: 21 ago. 2020.

PIRES, Roberto Rocha C.; GOMIDE, Alexandre de Ávila. *Burocracia, democracia e políticas públicas*: arranjos institucionais de políticas de desenvolvimento. Texto para Discussão n. 1940. Brasília: Rio de Janeiro: IPEA, mar. 2014. Disponível em: http://repositorio.ipea.gov.br/bitstream/11058/2939/1/TD_1940.pdf. Acesso em: 6 jun. 2019.

PIRES, Roberto Rocha C.; GOMIDE, Alexandre de Ávila. Governança e Capacidades Estatais a Partir da Abordagem dos Arranjos e Instrumentos de Políticas Públicas. *Boletim de Análise Político-Institucional*, Brasília, v. 19, p. 49-56, 2018. Disponível em: http://www.ipea.gov.br/portal/index.php?option=com_content&view=article&id=34491&Itemid=6. Acesso em: 6 jun. 2019.

PRATES, Ian; BARBOSA, Rogério Jerônimo (coord.). Nota Técnica n. 5: Dificuldades com aplicativo e não uso da rede de proteção atual limitam acesso ao auxílio de emergência. *Boletim da Rede de Pesquisa Solidária*, n. 5, 8 maio 2020. Disponível em: http://oic.nap.usp.br/wp-content/uploads/2020/05/BoletimPPS_5_8maio_FINAL.pdf. Acesso em: 1 ago. 2020.

RAIMUNDO, Licio da Costa; ABOUCHEDID, Saulo Cabello. *"Plano Mais Brasil" do Governo Federal*. Análise da PEC 187/2019 Extinção dos Fundos Públicos: desorganização do Estado e fragilização das políticas públicas. Brasília: FONACATE, fev. 2020. Disponível em: https://portal.sinal.org.br/wp-content/uploads/2020/02/Pec-187-Fonacate_2.pdf. Acesso em: 15 abr. 2021.

RENNÓ JUNIOR, Lucio Remuzat; PEREIRA FILHO, Carlos Eduardo Ferreira. Gastos públicos, emendas orçamentárias do Legislativo e inclusão dissipativa nos municípios brasileiros: 1998 a 2010. XVIII Prêmio Tesouro Nacional 2013. Escola de Administração Fazendária, 2013. Disponível em: https://www.camara.leg.br/internet/agencia/pdf/EmendasOr%C3%A7amentoEfeitoPositivo.pdf. Acesso em: 7 jul. 2021.

REZENDE, Flávio da Cunha. Da exogeneidade ao gradualismo: inovações na teoria da mudança institucional. *Revista Brasileira de Ciências Sociais*, v. 27 n. 78, p. 113-130, fev. 2012. Disponível em: http://www.scielo.br/pdf/rbcsoc/v27n78/v27n78a08.pdf. Acesso em: 22 ago. 2019.

RODRIGUES, Paulo Henrique de Almeida; SANTOS, Isabela Soares. Os novos riscos sociais não são só europeus, também chegaram ao Brasil e exigem respostas das nossas políticas sociais. *In*: RODRIGUES, Paulo Henrique de Almeida; SANTOS, Isabela Soares (org.). *Políticas e riscos sociais no Brasil e na Europa*: convergências e divergências. 2. ed. Rio de Janeiro: Cebes; São Paulo: Hucitec Editora, 2017, p. 61-80. Disponível em: http://cebes.org.br/site/wp-content/uploads/2017/12/welfare-web-2ed.pdf. Acesso em: 5 maio 2021.

SALES, Gabriela Azevedo Campos. *A institucionalização dos sistemas de políticas públicas no Brasil*: uma comparação entre saúde, assistência social e educação. 2022. 381 f. Tese (Doutorado em Direito do Estado) – Faculdade de Direito, Universidade de São Paulo, São Paulo, 2022.

SANTI ROMANO. *O Ordenamento Jurídico*. Florianópolis: Fundação Boiteux, 2008.

SANTOS, Alethele. O aspecto jurídico e institucional do SUAS. *In*: OLIVINDO, Karoline Aires Ferreira; ALVES, Sandra Mara Campos; ALBUQUERQUE, Simone Aparecida (org.) *Olhares sobre o direito à assistência social*. Ministério do Desenvolvimento Social e Combate à Fome. Fiocruz: Brasília, 2015.

SANTOS, Wanderley Guilherme dos. *Cidadania e Justiça*: a política social na ordem econômica. (Contribuições em ciências sociais, 1). Rio de Janeiro: Campus, 1979.

SARLET, Ingo Wolfgang. Notas sobre a assim designada proibição de retrocesso social no constitucionalismo latino-americano. *Revista do Tribunal Superior do Trabalho*, Brasília, v. 75, n.3, p. 116-149, jul./set. 2009.

SARLET, Ingo Wolfgang. Os direitos fundamentais (sociais) e a assim chamada proibição de retrocesso: contribuindo para uma discussão. *Revista do Instituto do Direito Brasileiro da Faculdade de Direito da Universidade de Lisboa*, v. 2, n. 1, p. 769-820, 2013.

SÁTYRO, Natália. Desigualdade: crônica de uma morte trágica anunciada. *In*: AVRITZER, Leonardo; KERCHE, Fábio; MARONA; Marjorie (org.). *Governo Bolsonaro*: retrocesso democrático e degradação política. Belo Horizonte: Autêntica, 2021.

SILVA, Almiro do Couto. O princípio da segurança jurídica (proteção à confiança) no direito público brasileiro e o direito da administração pública de anular seus próprios atos administrativos: o prazo decadencial do art. 54 da lei do processo administrativo da União (Lei nº 9.784/99). *Revista de Direito Administrativo*, Rio de Janeiro, v. 237, p. 271-315, jul./set. 2004. Disponível em: https://doi.org/10.12660/rda.v237.2004.44376. Acesso em: 29 abr. 2021.

SILVA, Enid Rocha Andrade da; MELLO, Simone Gueresi de. Contextualizando o "Levantamento Nacional dos Abrigos para Crianças e Adolescentes da Rede de Serviços de Ação Continuada". *In*: SILVA, Enid Rocha Andrade da (coord.). *O Direito à Convivência Familiar e Comunitária*: os abrigos para crianças e adolescentes no Brasil. Brasília: IPEA, 2004. Disponível em: https://www.ipea.gov.br/portal/index.php?option=com_content&id=5481. Acesso em: 31 jul. 2021.

SILVEIRA, Jucimeri Isolda. Assistência social em risco: conservadorismo e luta social por direitos. *Serviço Social & Sociedade*, São Paulo, n. 130, p. 487-506, set./dez. 2017. Disponível em: http://dx.doi.org/10.1590/0101-6628.120. Acesso em: 5 abr. 2021.

SKOCPOL, Theda. Bringing the State back in: strategies of analysis in current research. *In*: EVANS, Peter B.; RUESCHEMEYER, Dietrich; SKOCPOL, Theda (org.). *Bringing the State back in*. Cambridge: Cambridge University Press, 1985.

SOUZA, Ismael Francisco de. *O reordenamento do Programa de Erradicação do Trabalho Infantil (PETI)*: estratégias para concretização de políticas públicas socioassistenciais para crianças e adolescentes no Brasil. 2016. Tese (Doutorado em Direito) – Universidade de Santa Cruz do Sul, Rio Grande do Sul, 2016. Disponível em: http://hdl.handle.net/11624/1304. Acesso em: 23 jun. 2021.

SPÍNOLA, Paulo Asafe Campos; OLLAIK; Leila Giandoni. Instrumentos governamentais reproduzem desigualdades nos processos de implementação de políticas públicas? *In*: PIRES, Roberto Rocha C. (org.). *Implementando desigualdades*: reprodução de desigualdades na implementação de políticas públicas. Rio de Janeiro: IPEA, 2019, p. 329-348. Disponível em: https://www.ipea.gov.br/portal/images/stories/PDFs/livros/livros/190612_implementando_desigualdades.pdf. Acesso em: 6 maio 2021.

SPOSATI, Aldaíza. Modelo brasileiro de proteção social não contributiva: concepções fundantes. *In*: *Ministério do Desenvolvimento Social e Combate à Fome* (org.). Concepção e gestão da proteção social não contributiva no Brasil. Brasília: UNESCO, 2009, v. 1, p. 13-53.

SPOSATI, Aldaíza. Motivações desta Nota Técnica. *In*: SPOSATI, Aldaíza (org.). *SUAS e proteção social na pandemia covid-19 – Nota Técnica do NEPSAS*. São Carlos: Pedro & João Editores, 2020.

SPOSATI, Aldaíza. Transitoriedade da felicidade da criança brasileira. *Serviço Social &. Sociedade*, São Paulo, n. 130, p. 526-546, dez. 2017. Disponível em: https://doi.org/10.1590/0101-6628.122. Acesso em: 5 abr. 2021.

STOPA, Roberta. O direito constitucional ao Benefício de Prestação Continuada (BPC): o penoso caminho para o acesso. *Serviço Social & Sociedade*, n. 135, p. 231-248, 2019. Disponível em: https://doi.org/10.1590/0101-6628.176. Acesso em: 21 jun. 2021.

STUCHI, Carolina. A concretização constitucional da assistência social e sua afirmação como direito e política pública. *In*: STUCHI, Carolina; PAULA, Renato Francisco dos Santos; PAZ, Rosangela Dias Oliveira da (org.). *Assistência social e filantropia*: cenários contemporâneos. São Paulo: Veras Editora, 2012.

STUCHI, Carolina. O reconhecimento do direito à assistência social. *In*: OLIVINDO, Karoline Aires Ferreira; ALVES, Sandra Mara Campos; ALBUQUERQUE, Simone Aparecida (org.) *Olhares sobre o direito à assistência social*. Ministério do Desenvolvimento Social e Combate à Fome. Fiocruz: Brasília, 2015.

SZWAKO, José; LAVALLE, Adrian Gurza. Movimentos sociais e sociedade civil: reconfigurações da mobilização, repensando nossas lentes. *In*: AVRITZER, Leonardo; KERCHE, Fábio; MARONA; Marjorie (org.). *Governo Bolsonaro*: retrocesso democrático e degradação política. Belo Horizonte: Autêntica, 2021.

TAKAGI, Maya. *A implantação da política de segurança alimentar e nutricional no Brasil*: seus limites e desafios. 2006. Tese (Doutorado em Economia Aplicada) – Instituto de Economia, Universidade Estadual de Campinas, Campinas, 2006. Disponível em: http://www.repositorio.unicamp.br/handle/REPOSIP/286223. Acesso em: 26 abr. 2021.

TATAGIBA, Luciana Ferreira. A questão dos atores, seus repertórios de ação e implicações para o processo participativo. PIRES, Roberto Rocha C. (org.). *Diálogos para o desenvolvimento - efetividade das instituições participativas no Brasil*: estratégias de avaliação. Brasília: IPEA, vol. 7, 2011. Disponível em: https://www.ipea.gov.br/portal/index.php?option=com_content&view=article&id=10761&Itemid=2. Acesso em: 8 jun. 2021.

TATAGIBA, Luciana Ferreira. Desafios da participação e do ativismo progressista. Sobre trincheiras e esperança. *In*: SESC. *Cultura e participação*: políticas culturais no Brasil. São Paulo, 2021. Disponível em: https://centrodepesquisaeformacao.sescsp.org.br/uploads/BibliotecaTable/9c7154528b820891e2a3c20a3a49bca9/340/16141877261316631671.pdf. Acesso em: 8 jun. 2021.

TOMAZINI, Carla Guerra; LEITE, Cristiane Kerches da Silva. Programa Fome Zero e o paradigma da segurança alimentar: ascensão e queda de uma coalizão? *Revista de Sociologia e Política*, v. 24, n. 58, p. 13-30, set. 2016. ISSN 1678-9873. Disponível em: http://revistas.ufpr.br/rsp/article/view/48715. Acesso em: 6 jun. 2019.

TORRES, Iraildes Caldas. *As primeiras-damas e a assistência social*: relações de gênero e poder. São Paulo: Editora Cortez, 2002.

TRUE, James L.; JONES, Bryan D.; BAUMGARTNER, Frank R. Punctuated-equilibrium theory: explaining stability and change in public policymaking. *In*: SABATIER, Paul A. (ed.). *Theories of the policy process*. California: Westview Press, 2007. p. 155-187.

VAN STRALEN, Cornelius Johannes. O *welfare state* ontem, hoje e amanhã. *In*: RODRIGUES, Paulo Henrique de Almeida; SANTOS, Isabela Soares (org.). *Políticas e riscos sociais no Brasil e na Europa*: convergências e divergências. 2. ed. Rio de Janeiro: Cebes; São Paulo: Hucitec Editora, 2017, p. 9-24.

VENTURA, Deisy de Freitas Lima; AITH, Fernando Mussa Abujamra; RACHED, Danielle Hanna. A emergência do novo coronavírus e a "lei de quarentena" no Brasil. *Revista Direito e Práxis*, Rio de Janeiro, v. 12, n. 1, p. 102-138, jan. 2021. Disponível em: http://dx.doi.org/10.1590/2179-8966/2020/49180. Acesso em: 7 abr. 2021.

VIEIRA, Oscar Vilhena. Do compromisso maximizador ao constitucionalismo resiliente. *In*: VIEIRA, Oscar Vilhena; GLEZER, Rubens (org.). *Transformação constitucional e democracia na América Latina*. São Paulo: FGV Direito SP (Coleção acadêmica livre), 2017.

Esta obra foi composta em fonte Palatino Linotype, corpo 10
e impressa em papel Offset 75g (miolo) e Supremo 250g (capa)
pela Gráfica Formato, em Belo Horizonte/MG.